高职特色的创业教育和创业文化研究

陈 民 著

浙江工商大学出版社
ZHEJIANG GONGSHANG UNIVERSITY PRESS

图书在版编目(CIP)数据

高职特色的创业教育和创业文化研究 / 陈民著. —杭州 : 浙江工商大学出版社，2018.2
ISBN 978-7-5178-2174-8

Ⅰ. ①高… Ⅱ. ①陈… Ⅲ. ①大学生—创业—高等职业教育—研究—中国 Ⅳ. ①G647.38

中国版本图书馆 CIP 数据核字(2017)第 105778 号

高职特色的创业教育和创业文化研究

陈　民　著

责任编辑　沈敏丽　刘　韵
封面设计　许寅华
责任印制　包建辉
出版发行　浙江工商大学出版社
(杭州市教工路 198 号　邮政编码 310012)
(E-mail:zjgsupress@163.com)
(网址:http://www.zjgsupress.com)
电话:0571-88904980,88831806(传真)
排　　版　杭州朝曦图文设计有限公司
印　　刷　虎彩印艺股份有限公司
开　　本　710mm×1000mm　1/16
印　　张　12.25
字　　数　233 千
版 印 次　2018 年 2 月第 1 版　2018 年 2 月第 1 次印刷
书　　号　ISBN 978-7-5178-2174-8
定　　价　32.00 元

前　言

PREFACE

《中华人民共和国国民经济和社会发展第十三个五年规划纲要》(2016—2020)提出要深入推进大众创业万众创新,“把大众创业万众创新融入发展各领域各环节,鼓励各类主体开发新技术、新产品、新业态、新模式,打造发展新引擎”。创业在当今是一个十分重要的社会课题,已成为时代经济增长的原动力。诚如爱默生所言:“有如语言之于批评家,望远镜之于天文学家,文化就是指一切给精神以力量的东西。”创业需要相应的文化、系统的知识、内在的核心力量来支撑。

创业文化是体现一个人或群体在追求财富,创造价值,促进生产力发展,满足社会、群体及个人需求过程中所形成的思想观念、价值体系和意识的文化范畴。良好的校园创业文化是培养创新创业型人才的基础条件,也为创业教育与创业活动的有效开展提供适宜的土壤和氛围,它可以通过价值观导向、行为目标导向、规章制度导向,引导师生树立正确的价值观、创业观,启发学生创业的自我意识,培养学生创业的兴趣,产生创业的需求和动机。

21 世纪是知识经济的时代,同时也是创新创业的黄金时代,推动创新创业,关键在培养人才,教育应当肩负起培养具有创新精神的新一代的使命。高等教育承载着培养高素质人才的任务,只有使学生具备了创新创业精神和可持续发展能力,才能够将先进的知识和技术转化为生产力,实现其对经济增长的促进作用和对社会责任的承载与担当。在这样的背景之下,创业教育被历史赋予了新的任务。从 20 世纪 60 年代开始,创业教育在全世界范围内兴起,在我国,借助 20 世纪 80 年代改革开放的春风,伴随着信息技术的兴起和全区经济一体化的浪潮,创新创业教育在市场经济环境下风起云涌。创业教育的本质是向个体提供和培养如何在不确定的社会市场环境中识别与把握创新机遇,承担风险,整合资源并创造价值的知识和能力,提升劳动者的就业创业能力,使创业成为一种职业选择,大学毕业生将不仅是求职者,也可以是工作岗位的创造者。高职院校作为培养和输送高技能人才的基地,作为工学结合人才培养模式的实践者,要重视对学生创业精神的培养,积极借鉴国内外高校已有的创业教育模式，努力探索出适合高职院校创业教育的卓有成效的途径与方法。

子曰："我非生而知之者，好古，敏以求之者也。"孔子说，我不是生来就懂的人，只是喜好研究又勤奋好学而已。创业教育是一个广袤无际，充满惊奇和未知的领域，值得我们去研究，《高职特色的创业教育和创业文化研究》从创业教育与创业文化研究的背景和意义入手，分别对高职院校创业教育与创业文化培育的内涵、高职院校创业教育与创业文化培育的现状、人才培养优化融入创业教育的高职特色、高职特色的创业教育生态涵育创业文化、基于创业教育实践的创业文化培育体系建构，以及创业教育与创业文化的共生融合和创新发展做了详细的阐述，致力于为高职院校创业教育开创出一条具有特色的发展道路，使其成为高素质创新型人才培养的又一高地。

目录

CONTENTS

第一章
创业教育与创业文化研究的背景和意义

1989年，在“面向21世纪教育国际研讨会”上，联合国教科文组织首次提出“创新创业教育”的概念。创新创业教育又被称为教育的“第三本护照”，具有与学术教育和职业教育同等的地位。2000年1月，在全国高校技术创新大会上，教育部指出“要加强创新创业人才培养，增强大学科技园和各类成果转化基地建设”。会上印发的《教育部关于贯彻落实〈中共中央、国务院关于加强技术创新，发展高科技，实现产业化的决定〉的若干意见》（简称《意见》）中提出“允许大学生（包括硕士、博士研究生）保留学籍创办高新技术企业，增强提高学生创业意识和实践能力”。这些政策的发布为我国高校开展创新创业教育提供了改革、创新的平台和政策的绿色通道，将我国的高等教育推向全力开展如火如荼的创新创业教育的新阶段。就业是民生之本。当今社会经济高速发展而劳动力面临就业、再就业的巨大压力，创新创业教育模式在这种背景下被提出并发展起来具有相当重要的现实和理论意义。实施创新创业教育是世界高等教育发展的一种趋势，也是我国高职院校教育改革和发展的必然选择。高职院校开展创新创业教育不仅是高职院校自身发展和带动高职院校学生创业以创造更多就业岗位的需要，更是国家经济和社会发展的需要。

信息社会中，知识和技术在企业中的密集度越来越高，知识更新速度越来越快，结构性失业越来越明显。随着社会经济结构改革及产业结构的调整和升级，社会分工、工作岗位、社会职业和人力资源市场不断发生变化，毕业生面临充分就业的不确定性越来越大，以自主择业和被企业聘用为主导的就业模式不再是毕业生毕业选择的唯一选项，以创办企业为主导的自我聘用逐渐成为毕业生实现毕业后就业的新模式。在这种模式下，毕业生通过自主创业可以更好地服务祖国和人民，完成自我价值的实现。创新创业教育成为就业指导和就业服务的新指向。将创新创业教育和就业指导充分融合，把创新创业教育作为高职院校教育的组成部分，提升高职院校创新创业教育质量，使学生具备创业意识，创造就业机会，将成为高职院校供给侧结构改革的重大战略调整。就业是“找饭碗”，创业是“造饭碗”。在创业的过程中,毕业生不仅解决了自身就业的问题,同时也给其他人提供了就业机会和就业岗位,即“创业带动就业”。只有让更多的毕业生实现由“找饭碗”变为“造饭碗”,高职院校学生就业问题才能得到真正的解决。

高职院校承担着培养和教育青年人才的重要责任,使高职院校毕业生充分就业是高职院校培养专业人才并服务社会的重要体现。高职院校教育也应适应现代社会的发展,根据社会的需求,调整学科布局和结构。这关系着高职院校教育的可持续发展和科教兴国战略的实施。我国高职院校的创新创业教育应该首先转变教育思想,更新教育观念。在科学发展观的指导下,始终坚持以人为本的教育理念,将高职院校创新创业教育融入高职院校教育的目标和任务,全面提升大学生的创业素质和创业能力。始终把握高职院校的教育功能定位,培养学生的独立创造精神和科学精神,激发学生的创造性思维和创业灵感。坚持全面协调发展的思路,既要提高学生的创业知识、技术水平和实践能力,也要增强学生的社会责任感、创新精神和创业意识,改革人才培养模式和课程设置,大力推进高等学校创新创业教育改革,完善创新创业教育的内涵,不断提高我国人才培养质量。随着我国经济社会的不断发展,以创新创业教育提升大学生就业竞争力,以创业带动就业,提升就业质量是当前社会解决高职院校毕业生就业问题的重要方法。培养具有创新思维、创业精神和创业能力的优秀人才,不仅是解决高职院校学生就业问题的需要,而且是我国经济提质增效升级的需要。

创新创业教育的实施是一个系统的教育工程,需要整合多方力量、八方联动、互相配合,不仅需要高职院校转变教育机制和教学理念,更需要国家、地方政府的政策和制度支持。《中华人民共和国教育法》规定:高等教育的任务之一是培养具有创新精神和实践能力的高级专门人才。党的十七大报告指出,要实施扩大就业的发展战略,促进以创业带动就业。就业是民生之本。要坚持实施积极的就业政策,加强政府引导,完善市场就业机制,扩大就业规模,改善就业结构。完善支持自主创业、自谋职业政策,加强就业观念教育,使更多劳动者成为创业者。2012 年 8 月,教育部制订的《普通本科学校创新创业教育教学基本要求(试行)》中明确提出,高校要将创新创业教育纳入学校改革发展规划及学校人才培养体系,要面向全体学生单独开设创业基础必修课,把创新创业教育有机融入专业教育。2015 年 5 月国务院办公厅颁布了《关于深化高等学校创新创业教育改革的实施意见》,明确要求地方和高职院校要树立先进的创新创业教育理念,加强创新创业教育,增强学生创新精神和创新创业能力。国家还出台相关优惠政策鼓励有创业能力的高职院校学生进行自主创业,自谋职业,缓解就业压力,促进国家经济繁荣和社会稳定。加强和推进高职院校创新创业教育,既是推进我国高等教育科学发展的迫切需要,又是我国建设创新型国家和科技强国的迫切需要。

第一节　创业教育的含义

一、创业教育的概念

随着社会经济的发展，大学生就业观念的改变，自由职业和选择创业的观念已经被很多大学生所接受。特别是在大学生就业形势越来越严峻的情况下，很多学生不再羡慕“朝九晚五”的工作，希望通过创业活动体现个人价值。创业包含的范围广泛，涉及社会经济的各个方面，创业教育是一项系统工程，是现在教育体制的变革与创新。

（一）创业的概念与分类

1.创业的概念。

创业的含义因时期和地域的不同而异，汉语对“创业”一词有着较为宽泛的理解，“创”，即开始、创造、开创、设立之意；“业”，含义广泛，可指学业、事业、功业、家业、产业、职业、行业等。“闻道有先后，术业有专攻”（《师说》）是指学业；“先帝创业未半，而中道崩殂”（《出师表》）是指事业、基业；“武陵人，捕鱼为业”（《桃花源记》）是指职业。在我国几千年的封建社会体制中，“创业”的含义因主体的不同而异。应用于贵族、官僚、文人，主要是指创建基业和事业；应用于居民百姓则是操持家业。然而“创业”一词在很长的历史时期内都未能与工商业活动联系起来，直到资本主义制度的出现和市场经济的兴起，“创业”的主体逐渐确定，专指商业行为者。

在英语国家，表达创业概念的英语单词是“entrereneurship”和“vcnturc”。从词义上看，创业和企业（Enterprise）有较强关联，“entrereneurship”是名词形式，主要用于表示静态的“创业状态”，从“企业”和“企业家”的角度来阐述“创业活动”。“venture”以动词形式表达了“创业过程”，其中包含了“冒险”的含义。从英语单词的表面意思看，我们可以把“创业”理解为创立经营企业的过程，其中具有风险性。

2.创业的分类。

创业的概念可以分为两个层面：广义的创业是指创立事业的过程，主体和客体均较宽泛。狭义的创业专指在经济市场领域内创立商业组织，追求经济资源的活动，即创业主体在一定的市场环境中，发掘利用市场机会，以自身拥有的经济社会资源，通过组织运作和业务开展，实现资源升值的过程。狭义的创业均以追求商业利润为最终目的。

本文把创业分为传统技能型和开拓机会型两种，传统技能型创业以组织或个人拥有的知识或技术密集型要素为出发点，通过传统组织和运作模式，攫取商业利润。机会型创业通过创新思维，寻找和创造市场机会，为市场创造新价值的同时，实现组织自身盈利。这两种类型的创业往往相辅相成，相互交融，其主要区别表现在三个方面：区别一，技能型创业追求短期目标，盈利模式较为清晰，往往有成功经验可以借鉴。机会型创业追求长期目标，在开拓市场的过程中，未知因素较多，运作模式常会随着业务的开展而调整。区别二，两种类型的创业模式决定赢利的主要因素不同，传统技能型创业模式的赢利主要靠短期内的经营管理水平，市场渠道建设和各种生产要素的投入状况。开拓机会型创业模式主要靠思维的创新程度和战略方向的选取，以及开拓新兴市场的能力。区别三，技能型创业是参与市场内部的利润抢占与再分配，机会型创业具有帕累托改进效应，是对外部利润的开发过程，能够开拓扩张市场容量。

（二）创业的关键要素与判断标准

杰佛里·蒂蒙斯在其著作《战略与商业机会》中提出蒂蒙斯模型，认为商机、资源、创业团队是创业的重要因素。后来的一些专家对创业核心要素的研究基本上是对蒂蒙斯模型的扩展和深入，如华盛顿大学教授卡尔·维斯珀认为创业核心要素包括营利性的商业机会、创业者的技术专有知识、创业者的商业专业知识和创业者的创业动机 4 个核心要素。匹兹堡大学戴卫·格耶瓦里博士和丹尼尔·弗葛尔教授提出创业核心要素为创业机会、创业技能和创业意愿。总结各方观点，创业的核心要素可以概括为：创业主体的主观能动性、市场的客观机会、创业主体把握客观机会的能力。创业主体的主观能动性表现为创业意愿和精神，其中包含了冒险与放弃的精神，这种精神可以支撑创业主体坚持不懈，面对困难继续努力。创业者具有的主观能动性和商业目标性是创业区别于就业、谋生的关键因素。商业机会具有客观性，随着市场、经济、科技、消费的变化而发展，科技新品的面市、市场制度的革新、消费习惯的倡导都将有助于商业机会的产生。商业机会是市场经济发展的必然产物，不会随着个人主观意识的变化而变化，人的主观意志可以在一定程度上延缓或促进机会的出现，但不能从根本上决定商业机会产生与否。当机会出现时，创业主体运用自身拥有的创业资源和整合能力把握机会，这将是创业成功的前提。

西方市场经济理论认为社会化大生产包括四种要素，即劳动力、土地、资本和企业家才能，其中主体的创业能力即是企业家才能的代表与体现，土地和资本是包容在创业活动中的必要资源。基于以上原理，判断是否为创业的关键因素在于是否存在劳动力资源的参与，亦即创业组织提供就业岗位的能力。一个组织具有了提供就业岗位的能力，这个组织就具有了创业的性质，与自主就业或灵活就业区分开来。

（三）创业教育概念与性质

最早提出创业教育概念的柯林·博尔先生认为创业者应该具备如下素质：对待变化态度积极，具有自信，勇于冒险和尝试未知，善于提出创造性思想，善于交流和组织，坚定不移地将思想付诸实践。发达国家对创业教育概念的研究各有不同，但均强调对创业精神和素质的培养。澳大利亚教育委员会提出，创业教育是一种直接指向培养年轻人能力、技巧和革新性、创造性、开创性等个性品质的教育。日本的创业教育要求培养创业观，有针对性地教授学生创业方面的基本知识，尽可能组织实践活动，培养他们的创业思维和创业能力，是一个授人以渔的概念。欧洲委员会指出，创业不应仅仅看作是自己开公司，事实上，创业是每个公民日常生活和职业生涯取得成功所应具备的一种普遍素质。英国政府明确提出高校创业人才培养的根本目标在于在全社会形成一个激发创业、鼓励创新和奖励成功的文化。

创业教育以培养创业精神和品质为目标，是一种素质教育、扩展教育，其与专业教育既有区别又有关联。创业机会存在于任何专业领域中，因而创业教育具有普遍性。

创业教育是一种起始教育，或者说创业教育是为了让学生对创业有一定的认知，并不是通过创业教育培训就一定能成为商界精英，就像普通专业一样，通过大学学习只能让毕业生对所学专业有一定的认知和了解，要在专业领域内有所作为，还要靠后期的工作实践，创业教育亦是如此。创业教育是一种实践教育，即在创业教育的实施过程中，要注重对实践能力的培养，通过实践和实训教学锻炼学生的创业素质。创业形式多种多样，但是无论何种形式的创业教育都要通过实践环节的锻炼，才能达到良好的教学效果。

创业教育是一种素质教育，创业活动不等同于教会学生如何开公司挣钱，其包含的内容十分广泛。简言之，创业教育应该以培养具有企业家才能的人为目标，企业家才能是综合素质的一种体现。因此创业教育不光是对学生实践能力的培养，也是对大学生创业精神、价值观和人格品质的教育。

创业教育在国外的发展已经达到了一个较为成熟的阶段，而在国内还处于起步阶段，还需要各个高校根据区域发展情况，研究制订合理的教学体制，其中师资队伍建设、课程设置、培养模式等工作都需要多年的积累与积淀，是一项需要持续努力的系统工程。在创业教育的建设过程中，不要急于求成，刻意追求成果，应在体制建设上下功夫，理顺各参与部门的职能，分工协作，从学生素质提高和未来发展的角度出发，促进创业教育建设工作的稳步推进。

二、创业教育的内涵

国内外学者对“创业”及“创业教育”的内涵有着不同的解读，这是缘于对创业教育起源有不同看法。创业教育的内涵已经从商业领域的追求财富扩展到促进人的发展的本质价值。创业教育就是一种旨在培养教育对象现在或者未来开拓事业所需素质的教育活动。

创办、运营一个企业或者公司无疑是创业和创业教育的重要形式和内容之一,但远远不能涵盖创业教育的全部内容和深刻内涵。普通高等学校的创业教育应当是一个深层次的根本性的教育体制,而不是枝节性的、表层的教育环节。认真梳理、解读创业教育的内涵,探寻其内在价值,是高校开展创业教育首先要解决的问题。创业教育具有鲜明的实践性和主体性特征,对于促进大学生全面发展、社会文化观念进步与经济发展和高校自身发展有着重要意义。

(一)创业教育的起源及国外学者对内涵的解读

学者对创业教育的起源和内涵有不同的看法。有些学者认为"创业教育"是1989年联合国教科文组织(UNESCO)在北京召开的"面向21世纪教育国际研讨会"发表的《学会关心:21世纪的教育——圆桌会议报告》中第一次提出的;也有一些学者认为从1947年2月迈尔斯·梅斯在哈佛商学院开设"新企业管理"的MBA课程开始,创业教育就逐渐拉开序幕。因此,创业教育(Entrepreneurship Education)应该从1947年就产生了。可以看出,国内学者将"Enterprise Education"和"Entrepreneur ship Education"两个不同的词语都译为"创业教育",而"Enterprise Education"和"Entrepreneurship Education"有不同的侧重点,不尽相同。在商务印书馆2009年出版的《牛津高阶英汉双解词典》第666页"Enterprise"条目有四种解释:其一,公司、企业单位、事业单位;其二,规划、事业;其三,企业发展、企业经营;其四,事业心、进取心、创业精神。词典在第668页"Entrepreneur"条目是这样解释的:创业者,企业家(尤指涉及财务风险的)。派生词 Entrepreneurial, adj.(形容词):创办企业的。Entrepreneurship, noun(名词),并且解释中特意说明这个人是通过创建企业或者运营企业盈利的。从这些解释可以看出,"Enterprise"不仅涉及创办企业,而且强调事业心和进取心;"Entrepreneurship"强调的就是创办或者运营企业。那么,"Enterprise Education"和"Entrepreneurship Education"也就有所不同:"Enterprise Education"侧重于理念的转变,强调事业心和开拓技能,更关注受教育者个性品质的发展,而"Entrepreneurship Education"强调商业行为,应是"企业家教育"或者称为"商业教育"。国外也有学者注意到了这一点,埃尔基莱(Erkkilă)在她的著作《创业教育:美国、英国和芬兰的争论》中就提出,美国创业教育对应的是"Entrepreneurship Education",而英国和芬兰创业教育对应的是"Enterprise Education"。

国际上(特别是美国)对创业"Entrepreneurship"的含义也有不同的解释。在美国,"创业"这个概念最早是在商业领域使用,倾向于风险假设、资金提供和产品因子的协调。20 世纪 30 年代后和 50 年代后，“把创业与小企业的建立、管理联系起来”和“把创业作为一个过程来研究”是大多数人的观点。1994 年莫里斯(Morris)等人提出，创业是一个过程性的活动，涉及一系列的投入和产出，能带来新创的企业、新产品、利益。到了 2004 年，莫里斯(Morris)进一步提出，创业不单单是一个创新企业的行动，或者说是人们的一种行为方式，它更是一种人生哲学。其中所蕴含的态度和行为不仅会影响到一个人当前的专业和工作，而且会在各个领域发挥作用。创业不仅仅指创办一个企业，还包括接管在企业中或者其他专业领域创造性的工作。谢恩(Shane)等人在 2000 年提出“创业是两种现象的结合：有利机会的存在和有事业心的个体的存在”。从创业概念内涵的演变可以看出，产生于商业领域的“创业”作为一种独特的思考和行为方式，在人类事业的各个领域里都有存在的价值。这个观点正被越来越多的学者所认可。

联合国教科文组织亚太办事处在 1989 年“提高青少年创业能力的教育联合革新项目”(Joint Innovative Project on Education for Promoting the Enterprise Competencies of Children and Youth)中提出，“Enterprise Education”的主要目标是解决亚太不发达地区贫困群体的就业和生计问题。但于 1991 年在日本东京召开的中期研讨会上发表的会议报告——《通过教育开发创业能力》明确指出：“创业教育从广义上来说是培养具有开创性的个人，它对于拿薪水的人也同样重要，因为用人机构或者个人除了要求受雇者在事业上有所成就外，正越来越重视受雇者的首创、冒险精神，创业能力独立工作能力，以及技术、社交和管理技能……正因为如此，广义的创业教育在于为学生灵活、持续、终身的学习打下基础。而狭义的创业教育是与增收培训的概念联系在一起的。”

(二)国内学者对创业教育内涵的解读

国内一些权威的词典对“创业”的含义进行了阐述。上海辞书出版社 2011 年出版的《汉语大词典》(第二卷上册)第 726 页“创”条目解释为“始造；初始；建造；创作；超出”等义。第 729 页“创业”条目解释为“开创基业”。张衡的《西京赋》：“高祖创业，继体承基。”商务印书馆 2017 年出版的《现代汉语词典》第 1529 页“业”的解释为“行业；职业；学业；事业；产业；等等”，内容比较宽泛。汉语大词典出版社 2000 年出版的《现代汉语大词典》第 232 页对“创业”同样解释为“开创基业”。商务印书馆 2017 年出版的《现代汉语词典》第 205 页“创业”的解释为“创办事业”。国内学者对创业教育的定义也有不同的阐述。创业教育是培养具有开创性个人的教育。彭钢在他的著作《创业教育学》中描述道：“所谓创业教育，是指以开发和提高青少年的创业基本素质，培养具有开创个性的社会主义建设者和接班人的教育；是在普通教育和职业教育基础上进行的，采取渗透和结合的方式在普通教育和职业教育领域实施的，具有独立的教育体系、功能和地位的教育。”这是目前见到的对创业教育概念最早的解读。创业教育是生存教育、创新教育和素质教育。王彩华提出,创业教育是生存教育,是创新教育的延伸和深化,是素质教育的载体与体现。创业教育是培养企业家和工作岗位创造者的教育。侯定凯认为,创业教育就是培养未来企业家的教育思想与教育实践。创业教育是帮助学生提高创业能力,创造和把握新的商业要素的教育。张宁认为,创业教育是小企业教育的继续与升华。它有别于普通教育,担负着创业知识的传授及创业实践的积累,创业技能的训练和创业意识与态度的培养这三大重任。创业教育是培养大学生心理素质的教育。王树声认为,创业教育就是进行事业心、进取心、探索精神、开拓精神、冒险精神等心理品质培养的教育。

此外,席升阳和林文伟从价值的角度对创业教育进行了解读。席升阳认为:“创业是在社会经济、文化、政治领域内的行为创新,是创业主体为开辟或拓展新的发展空间并为他人和社会提供机遇的探索性行为。因此,创业教育是使受教育者能够在社会经济、文化、政治领域内进行行为创新,开拓或拓展新的发展空间,并为他人和社会提供机遇的探索性行为的教育活动。人的自由全面发展是创业教育的核心价值观。创业是人类特有的活动,并成为人实现价值的重要方式。”林文伟认为创业教育的价值理念是“以人为本”,创业教育的价值导向是“人的自由而全面发展”。

总结以上国际、国内学者关于“创业教育”概念的众多解读,可以得出三个结论。

第一,无论“Enterprise Education”还是“Entrepreneurship Education”,它们的提出背景都是从商业的角度考虑,是为了更好地解决人们的生计问题。后来东京会议提出的广义的“Enterprise Education”与国内传统观念中的“创业教育”相对应是“比较准确和宽裕的”。“Entrepreneurship Education”与东京会议提出的狭义的“Enterprise Education”是相对应的,准确地说应该翻译为汉语的“企业家教育”或者“商业教育”。而目前绝大多数学者将“Enterprise Education”和“Entrepreneurship Education”不加区别地都翻译为“创业教育”,并且在实际操作中多从狭义的创业教育角度出发。

第二,现在出现了一种奇怪的现象,国际上对创业教育的解释由侧重承担风险、获取盈利转向创新、创造与价值的广义化倾向。在我国,对创业概念的理解正处在由中国古文化的传统解释向西方的狭义解释迅速靠拢的过程中。也就是说,国际上从狭义的创业教育向广义的创业教育靠拢,而我国学界是从传统的广义的创业教育向狭义的创业教育靠拢。“作为一种独特的思考和行动模式,创业可以应用到任何人类事业中。”谢恩(Shane)等人的观点代表了国外学者观点的转化。国内由于就业的巨大压力和高校现有教育模式的局限,正越来越将国内高校的“创业教育”引向“商业教育”，走向功利化的道路。

第三，创业教育的内涵已经从商业领域的追求财富扩展到促进人的发展的本质价值。从创业教育内涵的解读及其发展来看，创业教育的本质是培养具有开拓性素质的人才。所以，创业教育就是一种旨在培养教育对象现在或者未来开拓事业所需素质的教育活动。与之相对应，大学生创业教育就是一种在高校实施的开发和提高大学生综合素质，使他们形成开创型个性，为终身可持续发展奠定基础的教育活动。大学生创业教育不是针对少数特定对象的技能性教育，而应是以全体大学生为教育对象的综合性教育，应该为大学生灵活、持续、终身的学习打下基础。大学生创业教育应包含两个层面的内容：第一个层面是指导大学生创办、运营企业；第二个层面是培养大学生开创型个性。大学生创业教育应该以第一个层面的内容为切入点，以实现第二个层面的内容为目的。大学生创业教育不同于社会上以解决生存问题为目的的就业培训，也不应是一种“企业家速成教育”。大学生创业教育有别于单纯的知识教育、能力培养和思想教育，着眼于大学生综合素质的培养。也就是要充分挖掘大学生的各种潜能，注重激发和调动他们积极进取、自觉追求、勇于探索的创造意识和创造精神，注重对大学生优秀的心理品质、积极健康的思想情感和高尚的精神境界的培养。而不是急功近利，仅仅开设几门与创业有关的课程，将创业教育局限于操作层面和技能层面。所以，教育者要站在培养大学生综合素质，促进大学生全面发展的高度，在大学人才培养体系的整体框架内思考创业教育，以求得大学生创业教育目标的全面实现。

第二节　国外关于创业教育与创业文化研究的背景

创业教育是目前国内外教育理论研究和教育实践探索的一个崭新领域。1989年11月在北京召开的面向世纪教育国际研讨会发表的会议报告中，第一次正式提出了 Eneterprise Education，即创业教育。

1995年联合国教科文组织发表了关于高等教育的变革与发展的政策性文件，指出：在“学位＝工作”这个公式不再成立的时代，人们希望高等教育的毕业生不仅是求职者，而且也是成功的企业家和工作岗位的创造者。在这里，创业教育包括两个方面，即求职和创新的就业岗位。

1998年10月联合国教科文组织召开的世界高等教育会议发表了《21世纪的高等教育：展望与世界行动宣言》，明确提出了为方便毕业生就业，高等教育应主要关心、培养学生的创业技能和主动精神。毕业生不仅要成为求职者，而且要逐步成为就业岗位的创造者。从此开始，创业教育在全球范围内被列入政府的高等教育行动计划。在这样的背景下,创业教育的理念逐渐被各国学术界接受并成为学术界的一个十分活跃的研究领域。与此同时,各国政府与高等院校也开始了创业教育实践的积极尝试。

国外创业教育研究概况及水平等创业教育理论在西方发达国家首先形成。美国是最早兴起创业教育研究和实践的国家,不管是理论研究还是创业教育的实践都处于世界领先地位。理论研究方面,美国有大量的创业学术期刊,其研究内容主要体现在创业教育的含义、创业教育的重要性、大学创业教育的课程设计与教学方法、大学创业教育的评估与未来发展等方面。如《成功》及《创业者》杂志每年都要进行全美创业教育项目的排名,并且已经开始影响到各校的招生情况与经济收入。这种做法也极大地调动了美国高校实施创业教育的积极性。在创业教育实践方面,截至 2005 年,在美国的 2000 多所高校中,大约有 1600 所大学开设了 1600 多门关于创业的课程。其中许多大学和学院还开设了创业学或创业研究专业,成立了创业教育中心、创业教育研究会等。但美国的创业教育的重点是在商学院,教育内容主要是围绕如何创业而进行的,日益向专业化方向发展。国内创业教育研究概况及水平等创业教育理论研究起步较晚,目前还只处于起步阶段。在 1990 年下半年,中国作为提高青少年创业能力的教育联合革新项目国家,由原国家教委基础教育司劳技处牵头,以北京、江苏、湖北、四川、河北、辽宁为项目单位,进行了创业教育的实验和研究,并发表了相关研究成果。创业教育的理论与实验研究被列为国家教委"八五"教育科学规划项目。经过两个阶段的研究,该项目取得了一批研究成果,主要有毛家瑞、彭刚、陈敬朴等发表的《关于创业教育的若干问题》(教育研究 1992 年第 1 期)、《创业教育的目标、课程及评价》(教育评论 1992 年第 1 期),1993 年出版的创业教育系列丛书,等等。以上研究成果对创业教育的目标、课程设置、素质教育与创业教育、创业教育实验等问题进行了有益探索。随着高等教育大众化和高校毕业生就业形势越来越严峻,人们把关注毕业生就业的目光投向创业教育理论研究和实践的探索。1999 年 1 月,我国政府公布的《面向 21 世纪教育振兴行动计划》提出:加强对教师和学生的创业教育,鼓励他们自主创办高新技术产业。这标志着创业教育也将成为我国高等教育改革中的重要发展方向,并被纳入工作重点。2002 年,教育部确定九所创业教育试点院校,召开了全国高校创业教育研讨会,九所试点院校开始对创业教育进行进一步的研究和探索,高校创业教育研究和实践蓬勃发展起来。

一、美国大学创业教育研究

西方发达国家尤其是美国的创业教育起步早,发展快。美国大学在创业教育实践探索中已经积累了丰富的经验,源源不断地培养出大批的具有创新、创造和创业能力的人才，这些群体对整个社会创业活动的相关影响及其对经济的贡献有力地促进了美国社会与经济的发展。美国大学创业教育在社会、政府和高校的多元主体支持下，得到蓬勃发展，取得了良好的成效。在新的历史时期，研究美国高校创业教育的成功经验及其运行模式，对于继续推进我国大学创业教育持续性发展，大力培养具有创新、创造、创业能力的高素质人才，为建设创新型国家贡献才智，无疑具有重要的战略意义和深远的社会影响。

（一）美国大学生机蓬勃的创业教育环境

20 世纪的最后 25 年中，美国创业一代创造了当今美国超过 95%的财富，这些创业者和变革家改变了美国和整个世界经济。直到 2000 年，美国 10%的成年人(18—64 岁)都计划开办自己的新企业。因为这一群体在不断地创造财富和社会价值的过程中，发挥了他们的智慧和能力，所以，美国的创业研究者和学者认为，国家和经济发生深远变革是因为创业改变了人们的生活、工作、学习和领导方式。

1994 年联合国大会通过一项决议，支持并鼓励所有新兴国家和发达国家把促进创业作为一项国策。1996 年美国国家公共广播公司在考夫曼创业领导中心的支持下，首次编制了一个关于“创业者及其创业活动”专辑节目《All Things Considered》，以此向民众宣传创业对社会的贡献。1997 年美国国家公共广播系统播出《创业革命》的新影片。1999 年美国成立了“创业学委员会”(National Commission on Entreprenceurship)，目的在于建立创业教育体系，帮助立法者和政府乃至政策制定者了解创业对经济的贡献和对未来的重要意义，并致力于发展创业教育和创业研究，逐步成为创业的有力倡导者。2001 年 6 月，美国参议院小企业委员会更名为“小企业与创业委员会”(U. S. Senate Committee on Small Business and Entreprenceurship)。2001 年美国政府为感谢创业者提供了 75%的就业岗位，创造了 50%以上的国内生产总值的贡献，由布什总统宣布 5 月 6 日至 12 日为小企业周(Small Business Week)。通过以上事实，我们可以清楚地看到，创业作为推动经济发展的重要动力，给美国的就业模式和经济带来了巨大的变化，促使美国政府意识到其公共决策必须与创业活动密切联系，鼓励民众创业以促进国家和社会的繁荣。

美国创业教育也随着创业者及创业活动对社会经济的推动，发生了“革命性”的变化。从最初开设创业课程的大学屈指可数，到 1977 年开设创业学相关课程的高校有 50—70 所，1982 年增加到 315 所，1986 年有 590 所，1989 年数量达 1060 所。2001 年，美国超过 1500 所四年制大学和学院开设了创业课程，美国的创业教育几乎涵盖了从小学、初中、高中、大学专科、本科直到研究生的正规教育，其中许多高校还开设了创业研究专业。美国创业教育由此步入了快速发展阶段，成为社会的新热潮。

美国非营利性的基金和组织(如考夫曼)也进行了大量的创业活动和创业研究,联邦教育部批准考夫曼研究中心开发出了美国的第一门创业学课程“YESS/Miss Society”,并出版了一系列的学术成果。美国创业学教育基金会(NFTE)制订的校外教育计划,要求每年培养1万名学生创业者,旨在帮助年轻人通过创业寻求自给自足和自我尊重。1997年百森商学院建立了全球创业监控系统(Global Entrepreneurship Monitor,简称GEM),该计划凝集全球创业学领域的专家、学者的力量,研究创业与经济发展之间的关系,提供关于全球创业状况的信息。为了进一步促进全美学者和公共部门对创业的研究与支持,2001年4月,肯尼迪政治学院与美国NCOE共同主办了“21世纪的创业学与公共政策”的研讨会,邀请了全美政策制定者、学者和企业家参与讨论。创业推动美国教育、社会与经济等领域产生了革命性变化,创业与创业精神一直是支撑美国经济繁荣的重要力量。正如杰弗里·蒂蒙斯所言:“创业革命和创业教育为21世纪的美国经济和全球经济设定了发展方向,新的创业一代的首要任务是为21世纪和未来建立一个创业型社会,他们创造出新的技术、产品、流程和服务,这些将成为下一轮经济发展的新兴产业。”美国高校创业教育得到政府和企业乃至社会的大力支持,取得了显著的教学和研究成果。它培育了创业文化,激发了大学生的创业思维和创造力,并推动了科技创新和科技成果的商品化。

(二)美国大学生创业教育的主要做法和经验

国外大学生创业教育开始于美国,经过60多年的发展,美国高校创业教育已经形成了较为成熟和高效的运作体系和组织结构:美国2600多所非盈利高校中,80%的高校至少开设了一门创业课程,300多所高校可授予创业方面的学士学位;800多个MBA项目中,有347个项目提供创业学方向,还拥有30多个PhD的创业学方向。目前,创业教育已成为美国高等教育发展最快的学术领域之一。

1.充分动员,政府和社会合力支持创业教育。

一是政府提供大力的政策支持。美国政府对大学生创业是十分支持的,不仅仅要求学生所在的学校必须予以支持,更鼓励社会组织机构、成功企业家参与或者帮助指导大学生,希望他们能为学生创业提供好的平台和媒介,相关部门还制定了资金支持以及税务减免等一系列优惠政策,鼓励和帮助大学生创业。比如美国的中小企业管理局(SBA)对大学生创业的行政审批手续快捷方便,并提供低收费甚至免费的咨询和服务;中小企业发展中心(SBDC)在各主要高校内设立服务于大学生创业的专门机构,提供技术支持和服务。二是社会提供不断的资金保障。以风险投资基金为主,大力支持大学生创业。如美国国家独立企业联合会、新墨西哥企业发展中心、科尔曼基金会(Coleman Foundation)等机构多年来一直坚持为创业教育课程开发、大学生创业大赛和创业奖金等提供经费支持。社会资金既解决了大学生创业的资金瓶颈，也促成了不少大学生成功创业，如杨致远创立雅虎公司、戴志康的康盛创想、休利特与帕卡德合作的硅谷惠普公司。

2. 夯实根基，建立系统完备的创业教育体系与组织。

一是系统的创业教育体系。美国高校的创业教育体系较为系统和普及，并贯穿教育全过程。美国在基础教育阶段、大学及研究生阶段都普遍开设就业与创业教育课程，高校创业课程已经趋于完善。如全球创业教育、研究和管理最著名的百森商学院，有本科、MBA 和高层经理研修三个主要的培养计划，培养学生创业的进取心、思维方式、创造力、灵活性、冒险精神以及捕捉市场商机的能力。二是完备的创业教育组织。美国创业教育组织主要包括教师组织和学生组织，分属不同层级，如全国级、州级等，这些教育机构大多从事非营利性教育和培训工作，负责课程的研发和讲授，提供各种实习机会，与政府、基金会等保持广泛联系，为大学生创业提供各种便利和服务。如总部在美国的国际创富组织致力于提高各国创业扶持机构的专业能力，针对不同创业人群和行业，设计和编写不同类别和层次的创业教育课程。

3. 科学设计，创业教育课程体系内容丰富、特色鲜明。

一是课程设计科学合理。从学生实际情况和兴趣出发，按照创业的顺序设计不同课程。随着创业教育深入推进，越来越多的创业项目体现出跨学科特征，与不同专业相结合的创业课程也更多。创业教育的案例教学注重选取具有时效性和典型性的创业案例，以拉近学生与创业者的距离。二是课程设计内容丰富、形式多样。创业课程包括培养创业意识、传授创业知识、训练创业技能等，并将教学和创业实践紧密相连。美国各大学开设的创业课程已达 2000 多门，课程内容涵盖创业构思、设立、融资、管理等各方面。三是课程设计各具特色。一些大学根据自身培养方向不同，开设了一些有特色的创业课程，如麻省理工学院的创业教育注重高科技创业，华盛顿大学圣路易斯分校注重生命科学应用，印第安纳大学 Bloomington 分校注重新企业创立和创新。

4. 多方参与，营造浓厚的校园创业文化和氛围。

一是鼓励学生在学习之余能够将自己所学的知识用于创业，这不仅拓展了学生的资金来源，更可以提高学生的动手实践能力。二是鼓励教师和学生一起创业，因为教师有很好的教学成果，通过实际产品的开发，不仅可以解决学生的就业压力，更能在实践之中指导学生，为学生提供好的方案，更好地指导学生。三是广泛发挥校友作用。校友通过担任兼职教师、资助创业中心建设、提供创业教育案例等形式，积极参与高校创业活动。如斯坦福大学通过实施各项鼓励创业的政策，培育学生创业精神，激发创业兴趣，磨砺创业心理，锻炼创业能力，营造出了许多创业文化元素，以至于“创办自己的公司”已成为每个斯坦福大学人的理想。在这样的创新、创业精神为目的的创业课程在大学吸引了许多有志创业的学生。部分文科大学、研究生院为适应现实社会的需求，也推出创业培养讲座。

(四)创业教育理念践行阶段

法人化改革后，日本大学为了在竞争中取得优势，必须要学会在市场中生存，因此许多大学将创设新企业作为目标，开始争取创设风险企业的机会。中央教育审议会将“大学风险企业创设”作为突破口，通过“创业教育激励计划”的平台，改善学校环境，构建了一个适应创业教育的三维体系。这一体系由几个相互交叉的部分构成，中间交叉的部分是大学风险企业，构成了一个完整的创业教育理念框架。下面就该“计划”的框架做一个简要说明。第一，学生创业教育开展以大学生和研究者为对象，主要通过要求学生必修一定科目的课程，邀请国内外著名企业家到校讲学，到国内外风险企业见习，取得一定学分，开展创业计划设计大赛等途径加以实施。第二，通过大学校园内的指定空间，即通过开放校园的方式，为研究室、研究者、学生、企业人士提供社交性质的论坛，通过学科交叉、文理互动、交流创业计划等广泛的形式开展活动，实现大学资源的综合利用，在师生之间建立一个广泛的网络，形成一个包括校友在内的创业互助体系。第三，提供服务网络，即为创业者的创业实践构筑服务体系，如通过校内企业孵化设施、创业辅导机构、种子资金服务机构等，为创业者提供咨询、服务，为比较有潜力的创业计划提供种子资金和运营资金。第四，从社会力量上来说，通过利用学校的校友网络、地域性企业支援机构、非营利机构等社会资源，实现学校和企业、社会的对接，共同完成学校创业基础设施的完备、创业课程教材的设计、创业风险资金的融资。同时，积极反馈社会，促进地域经济的发展。第五，从数据库资源和信息网络上来说，建立关于创业管理经营的专门数据库，为广大创业者提供创业知识的资源库。与此同时，建立针对风险企业的程序库，把握风险企业的发展动向。这一模型的构想有两个支撑点：一是基于官、产、学密切配合的支撑体系。离开了产学合作、官产学互动，创业教育不但缺少了支持的动力，也缺少了实质的内容。许多措施，必须通过企业和大学之间的协调来实现，例如学生的企业见习制度、创业风险支援、创业风险资本融资等。二是不同的学校开展创业教育时存在着理念定位或者说培养目标上的差异。从总体上来说，日本大学的创业教育定位分为五个层次，分别为创业重视型、地域连接型、全球战略型、日本本土型、理论活用型。

三、印度创业教育的研究

综观世界各国的创业教育，一些欧美工业强国起步较早，在亚洲，印度的创业氛围也非常浓厚。2006 年，印度全国创业观察显示，每 10 个印度人就有一个参与创业活动，在参加“全球创业观察活动”的 37 个国家和地区中，印度的创业活跃程度排名第三。活跃的创业经济推动了印度经济持续增长，也为解决人口大国的就业问题提供了新思路。印度与中国在内外环境方面有很多相似之处。中国和印度都是东方古国，都是人口大国，都是发展中国家，都拥有较大的国土面积，近年来的GDP增长速度都名列世界前茅，都被视为未来发展潜力最大的国家.都被公认为第三世界中全球化的“成功案例”，都具有比较发达的高等教育。基于两国之间的相似之处，印度创业教育的经验和教训，对中国的借鉴意义非常大。

（一）印度高校开展创业教育的环境分析

1.人口的急剧增长导致全国就业形势严峻。

印度是世界第二人口大国，并且每年净增人口1500万左右，约占世界年度人口增长总量的五分之一。激增的人口进一步加剧了印度严峻的就业状况，印度政府发动了各种社会机构来为自主创业者寻找各种工作机会。严峻的就业形势促使人们更多地争取自雇型的就业机会，创业型的劳动模式逐渐成为一种趋势。

2.自主经营者在国民经济中的影响力和地位非常突出。

印度是自主经营者的王国，因为印度经济中相当大的一部分份额是由兼任工薪阶层和股东的自主经营者所贡献的。在印度国民经济中，独资企业和合资企业所占的份额为35%，公司制约为15%，政府部门约为25%，农业部门为25%。如果把农业和自主经营的工业和服务业联合起来，就有将近60%的国民收入是由自主经营者所创造的，这无论是在资本主义社会还是在社会主义社会都是罕见的。

3.自主创业成为一种共同的生活和工作方式取向。

虽然印度的就业形势日趋严峻，但是自主经营项目的“就业率”仍在上升。并且印度的自主创业涉及任何一个可能的领域，主要围绕IT支柱产业来展开。印度的自主创业包括所有可能的工作类型，如摄影、设计、教学、数据输入等。

4.高等教育快速发展导致毕业生选择自主就业。

印度共有30多所综合性大学和500多所专科性质的学院。近20年来，大学入学率以每年5%的速度增长。但由于经济条件的制约，印度的就业岗位不足，企事业单位不能完全吸纳毕业生，大量大学毕业生就业困难。不断恶化的就业状况使得大学生不得不自主创业，大学生创业教育应运而生。

5.高校毕业生的就业模式主要定位于自主就业。

与其他国家不同，印度高校毕业生的就业采取“4＋1联动模式”。“1”是指高校毕业生以自主就业为中心，强调大学生就业的自主化和市场化，鼓励毕业生自主创业。“4”是指印度中央政府、教育主管部门、高校和社会就业服务系统为高校毕业生就业提供各种服务平台。由于这种以自主就业为核心的高校毕业生就业模式，相当一部分高校毕业生最终走上自主创业之路。

(二)印度高校开展创业教育的特点分析

1. 印度创业教育的发起与组织主体。

印度高校的创业教育多由学校组织或者由教师自发发起。各种全国性甚至国际性的创业大赛、创新大赛经常由教师从民间发起,由学校自主举办,而很少通过教育主管部门发起或有其他行政部门参与。课程的协调、活动的组织、项目的选择和资源的分配等环节都由学校成立创业中心来负责。这就充分调动了学校和教师进行创业教育的自主性,有利于倡导创业、促进创新。

2. 印度创业教育的师资配备。

印度大学的创业教育课程由本校教师和访问教授共同承担,本校的教师主要承担理论部分,访问教授主要承担实践部分,两部分通常各占一半左右的课时。这一特点得益于印度长期以来形成的访问制度,访问制度为创业教育的师资提供了保障。在印度,除大学教授可做访问教授外,具有丰富实践经验的企业界人士也可以做访问教授。

3. 印度创业教育的教学模式。

印度的创业教育模式大致可分为师徒制被动学习策略模式和导师制自主学习策略模式。师徒制模式主要应用在创业基础学习阶段,这种模式在师生关系上表现为:以师傅(或教师)为主导,学习内容和方式都由师傅制订,学徒(或学生)是被动的接受者。在学习目的上,以学习创业的基本技能为出发点。人才培养目标是实用型的技术工人或小作坊主。导师制自主学习策略模式更多地强调在教学过程中以学生为主体,将技术教育和学历教育有机结合,将理论学习与案例教学有机结合,将项目指导和活动推广相结合。

(三)印度高校创业教育的经验及启示

1. 创业教育能够发展成为国家经济增长的源泉。

从广义的创业角度来说,自主创业成为在极其严峻的就业形势下人们所向往的一种生活工作模式,近60%的印度国民收入由自主经营者所创造,并且创业教育为印度迅速发展成为世界IT大国做出了突出的贡献。中国“十五”期间高校毕业生为1090万人,“十一五”期间高校毕业生约2500万人,人才供给规模庞大,宏观就业形势不容乐观。在建设创新型国家和培养创新型人才的政策指引下,如果能够使更多的大学生成为工作岗位的创造者,就必然对国家有重大发展意义。在类似的环境下,印度的自主经营给国民经济带来的发展,启示中国也必须重视自雇和创业的重要意义,中国高校也必须认识到创业教育的重要意义。

2. 创业教育的路径选择要与社会经济环境相符。

开展创业教育的举措有很多种,从教育知识模块可以分为创业意识、创业精神、创业知识、创业经验等;从教育方法可以分为创业理论教学、创业实训、创业实践等。印度创业教育的路径选择是根据主导经济类型来突出其教育的针对性的。印度政府在1998年提出了建设IT超级大国的构想，很多高校直接将创业教育局限于信息技术相关领域，其借鉴意义在于：集中优势力量，把握历史机遇，专注行业发展，形成自己的支柱产业。如果从某几个行业着手，结合国家的行业发展传统、历史机遇以及产业附加值等因素，重点扶持有志于加入这些行业的自主创业者，则更容易营造良好的氛围，取得更好的成果。此外，印度在创业教育的过程中充分考虑到家族经济的特征，在课程设置和项目培训等方面突出家族企业管理项目教育，切实使创业教育与自身经济环境相适应。可以说，印度创业教育的路径选择结合了其促进IT行业和家族企业兴旺的政策方针，是紧扣其经济社会大环境的成功案例。

3.创业教育教学模式要依据学习生命周期进行设计。

印度的师徒制模式和导师制自主学习策略模式都考虑了学习者在认知、行为、生理方面的因素，在不同学习阶段采用不同的学习策略，这是完全符合教育规律的。高校应当注重区分不同的学历层次、学习阶段的学生，循序渐进地推进大学生创业教育，树立全程化的创业教育理念。第一步可以培养大学生良好的自主创业意识，树立全新的就业观念；第二步可以构筑大学生合理的创业知识结构，提高创业的基本素质；第三步可以指导大学生掌握创业的基本方法，提高其创业技能；第四步才是促进大学生进行创业实践活动，培养真正的创业者。

4.创业教育的成效要依靠实施主体的多层次性。

各国创业教育的实施主体不尽相同，可以分为政府机构、民间组织、高校等，但绝大多数创业教育的实施主体仍然是高校教师。印度创业教育由本校教师和访问教授共同承担，多层次的师资队伍是印度创业教育的重要保障。高校一方面要充实创业课堂教学专家队伍，另一方面要尤其注重完善创业讲座和实践训练的专家库。只有从各个高校的实际出发，整合自身资源以建设包括经济管理类专家、技术信息类专家、政府经管部门专家、成功企业家、孵化器管理专家、风险投资专家等在内的创业教育师资队伍，才能让学生接触不同层次的创业知识和方法，才能更有效地发挥师资队伍对创业教育的主体作用。

5.高校创业教育要与毕业生就业模式的定位相结合。

印度高校毕业生的就业模式主要定位于自主就业，基于这种以自主就业为核心的“4+1联动模式”，高校就必然对学生的创业意识、素质和能力的培养高度重视。高校学生创业教育模式不能仅限于在学生毕业时提供一些帮助，更重要的是要有前瞻性，要从人才培养的第一个环节就与学生就业模式紧密结合。

为此，我国部分高校可以将创业教育与绝大部分学生面向基层就业的模式结合，分别引导学生在基层岗位、到西部、到农村去创业，依据学校和区域经济发展情况进行准确定位，制定一套合适的创新创业人才培养方案，实现创业教育模式与主流就业模式的有机联动。

第三节 国内的创业教育与创业文化研究

经过几年的探索，我国创业教育已经成为高等教育改革发展的亮点，在“创业教育研究、创业教育（培训）、创业教育支持环境”方面取得了突出的阶段性成绩。但是，与成熟的国际创业教育相比，我们仍面临“创业教育研究、创业教育教学（培训）以及创业教育环境”方面的战略挑战。

一、我国创业教育的兴起与发展

（一）中国创业教育的兴起

加强创业教育，鼓励自主创业，已经成为世界各国教育领域的共识。就我国来说，开展创业教育，既是顺应新经济时代的必然选择，更是缓减就业压力的现实问题。

1. 新经济时代需要创业教育。

20 世纪 90 年代后以信息社会和知识经济为代表的新经济时代的到来，对企业家精神教育的繁荣产生了巨大的推动作用。首先，它在改变产业结构的同时，也改变了企业的生存法则，企业竞争优势的核心资源由有形向无形转变，竞争优势的生成重点由效率、质量和价格向变革与创新转变；其次，动态复杂环境、竞争加剧要求越来越多创业型的管理者。创业型管理者区别于传统管理者的重要特征是，他们用创新性眼光审视环境，用创造性方式解决企业的生存问题，强调如何在动态复杂环境中识别机会、把握机会的能力，强调理性的冒险而不是如何规避风险。

2. 严峻的就业形势需要创业教育。

我国是青年人口大国。青年就业日益成为重大的经济和政治问题。社会需要更多的创业人才去创造就业岗位，这就要求高等教育要把“培养创业精神和创业能力”的创业教育纳入教育计划。

（二）中国创业教育的发展

中国创业教育的发展主要体现在三个方面：创业教育研究的发展、创业教育教学（培训）的发展及创业教育支持环境的改善。

1. 创业教育研究的发展。

国内对创业教育的研究逐渐活跃，研究队伍正在扩大，研究范围比较广泛，研究内容不断丰富，研究成果数量逐年增长，质量不断提高，创业教育专业学术会议逐步展开。这些均表现出我国创业教育研究已经有了良好的发展，并呈现出“百花齐放”“百家争鸣”的发展态势。

(1)创业教育论文(期刊)数量：从无到有，从有到多。

通过在“中国期刊全文数据库”以“创业教育”作为主题词，对1989—2007年发表于核心期刊的论文进行了检索，共检索出311篇文章。创业教育论文每年发表数量见表1-1。

表1-1　创业教育论文每年发表数量

年份	篇数	年份	篇数	年份	篇数
1989	0	1996	2	2003	25
1990	0	1997	1	2004	59
1991	0	1998	4	2005	46
1992	5	1999	8	2006	73
1993	1	2000	17	2007(非全年)	25
1994	1	2001	24		
1995	2	2002	19		

数据来源：中国学术期刊全文数据库

1992年以前，核心期刊没有发表过“创业教育”方面的论文，创业教育研究处于空白阶段。1992年—1999年，核心期刊发表24篇“创业教育”论文，年均3篇，创业教育研究处于萌芽起步阶段。2000—2007年，核心期刊共发表288篇“创业教育”论文，年均40篇左右，基本呈逐年递增势头，创业教育研究处于快速成长阶段。

就刊载的核心期刊而言，1999年以前，创业教育研究论文被零散发表在19种教育类核心期刊上。2000年以来，创业教育论文除密集发表在占主导地位的教育类核心期刊外，还散见于一些经济类核心期刊和其他综合类核心期刊上。

(2)创业教育研究内容：向广度和深度发展。

“创业教育”研究面广点多，国内学者的研究主要涉及创业教育体系、创业教育的国际经验以及创业教育面临的挑战。完善的创业教育体系，应当包含六点。

①创业教育的内涵。对创业教育内涵的认识，随着我国创业教育活动的发展经历了一个逐步深化的过程。尽管各人研究的角度和观点并不完全相同，但大多数学者从“创业”的语义入手，从广义和狭义两个视角来理解创业教育，认为广义的创业教育是“培养具有开创性的个人，通过相关的课程体系，提高学生的整体素质和创业能力，使其具有首创精神、冒险精神、创业能力、独立工作能力以及技术、社

交和管理技能”。狭义的创业教育则指“为创办企业所接受的职业教育”。

②创业教育的目标。创业教育的目标是创业教育所要达到的目的和标准，既是创业教育课程设置的依据，又是教育效果评价的导向。

③创业教育的教学内容。基于创业教育目标认识的大同小异，创业教育的教学内容设计也基本一致，只是提法有所区别。创业教育的教学内容是围绕“培养成功的创业者或创新者”这个目标而设计，包括“创业者特质教育”“创业知识教育”“创业技能教育”三个维度的内容，通过“课堂教学、课外实践、企业实习”方式来完成这些内容的学习。

④创业教育的教学方法。基于成人学习原理，学者们普遍认为，创业教育教学方法除传统的讲授外，更应鼓励采用头脑风暴、讨论、练习、角色扮演、商业游戏、案例分析、企业家座谈等参与式方法。

⑤创业教育的质量控制。李国平等人基于模糊综合评判方法，建立了大学生创新创业教育的质量评价指标体系，包括教师能力、教学环节和教学效果三大指标。借鉴国际劳工组织 KAB (know About Business)创业教育项目质量控制体系，刘帆等人开发了本土化的 KAB 创业教育项目质量控制体系，包括开课前的学生创业知识测试、开课中的课后意见反馈表、课程结束时的课程培训绩效评价表。

⑥创业教育的实习实践。薛友辉提出了实践性创业模式，认为这种模式不是仅仅要求学生写商业计划报告，相反，这种模式要求学生在一个有所控制的环境中将他们学习到的创业理念与技巧应用到实践中。黄亲国探讨了利用大学科技园，实现对学生进行学术性科技创新项目开发研究、创业计划大赛、创业实践训练等。

③创业教育专业学术会议。南开大学举办“首届创业学与企业家精神教育研讨会”(2003)，浙江大学举办“人力资源与创业管理研讨会”(2004、2005)、“创业与家族企业研讨会”(2005)，清华大学举办“亚洲创业教育会议”(2005)，吉林大学举办“创新与创业国际研讨会”(2005)，以及共青团中央与国际劳工组织举办了首届“联合国青年就业网络中国项目合作办公室年度总结会暨青年创业教育国际研讨会”(2006)。

2. 创业教育教学(培训)的发展。

近几年，创业教育(含培训)已经引起教育部、全国青联、劳动社会保障部等部门的高度重视和积极参与。

(1)教育部创业教育试点。

2002 年教育部确定了中国人民大学、清华大学、北京航空航天大学、黑龙江大学、上海交通大学、南京经济学院、武汉大学、西安交通大学等 8 所高校率先进行创业教育的试点工作，这些高校有步骤有层次地进行创业教育的探索，形成了几种比较典型的创业教育模式。

第一种课堂式创业教育。以中国人民大学为代表，强调创业教育“重在培养学生创业意识，构建创业所需知识结构，完善学生综合素质”，将第一课堂与第二课堂相结合来开展创业教育。鼓励学生创造性地投身于各种社会实践活动和社会公益活动，通过开展创业教育讲座，以及各种竞赛、活动等方式，形成以专业为依托，以项目和社团为组织形式的“创业教育”实践群体。

第二种实践式创业教育。以北京航空航天大学为代表，以提高学生的创业知识、创业技能为侧重点。其特点是商业化运作，建立大学生创业园，教授学生如何创业，并为学生创业提供资金资助以及咨询服务。学校成立了“创业管理培训学院”，专门负责与学生创业有关的事务，学校还设立 300 万元的创业基金，对学生的创业计划书经评估后进行种子期的融资。

第三种综合式创业教育。以上海交通大学为代表，一方面将创新教育作为创业教育的基础，在专业知识的传授过程中注重学生基本素质的培养；另一方面，为学生提供创业所需资金和必要的技术咨询。学校投入 8000 多万元建立了若干个实验中心和创新基地，全天候向全校各专业学生开放，以培养学生的动手能力。由该校研究生成立的上海学子科技创业有限公司，已经入驻上海慧谷科技创业基地。

（2）KAB 创业教育中国项目。

KAB 创业教育项目是国际劳工组织为培养大中学生的创业意识和创业能力而专门开发的课程体系，与已经在各国广泛实施的“创办和改善你的企业”项目（Start and Improve Your Business，SIYB 项目）共同构成一个完整的创业培训体系，目前已在全球 30 多个国家开展。该项目通过教授有关企业和创业的基本知识和技能，帮助学生对创业树立全面认识，切实提高其创业意识和创业能力，培养有创业和创新精神的青年人才。

KAB 创业教育（中国）项目是共青团中央、全国青联与国际劳工组织合作的国际项目。截至 2007 年春季，KAB 创业教育（中国）项目已培训讲师 100 余名，预备培训师 20 名，高级培训师 3 名，并在清华大学、中国青年政治学院、北京航空航天大学、浙江大学等 50 所高校开设了“大学生 KAB 创业基础”课程。院校反馈，课程内容和授课方法受到师生热烈欢迎，选课学生人数大大超过课程容量。

（3）SIYB 项目培训。

“创办和改善你的企业”中国项目由中国劳动和社会保障部和国际劳工组织共同实施，由英国国际发展部提供资金支持。

SIYB 项目的总体目标是为消除社会贫困和创造就业机会做出贡献。项目的直接目标是通过培训和技术支持提高失业人员，尤其是下岗工人的能力和技能，使他们能够创办和发展自己的微型和小型企业，并在此过程中为社会上的其他人提供就业机会。

SIYB项目实施3年多来，取得了积极的成果，培训对象范围不断扩大，地域不断拓展，促进就业效果凸显。从对象上看，已从下岗失业人员逐步扩展到青年学生、农村转移劳动力以及残疾人、刑满释放人员等特殊群体；从地域范围看，不仅项目地区，在全国其他地区SIYB培训也在广泛地开展，目前包括西藏在内的各个省、区、市都不同程度地引进了SIYB培训技术。据统计，2004—2005年，全国共组织43万人参加SIYB培训，其中，项目省市共组织9.5万人参加培训，培训后成功创业率达到60%，并实现了平均1人创业带动至少3人就业的倍增效应。

(4)中国青年创业国际计划(Youth Business China)。

中国青年创业国际计划是共青团中央、中华全国青年联合会、中华全国工商业联合会共同倡导发起的青年创业教育项目。该项目参考总部在英国的青年创业国际计划(Youth Business International)扶助青年创业的模式，动员社会各界特别是工商界的力量为青年创业提供咨询以及资金、技术、网络支持，以帮助青年成功创业。

YBC自2003年11月启动以来，经过三年的实践，已经将这项源起英国、并在全球39个国家运行的扶持青年创业的项目在中国培育存活，并在探索适合中国本土化特色方面进行了创新。截至2006年底，YBC已在上海、山东、陕西、福建和北京设立了5个地方办公室，共扶持青年创业项目104个，带动就业人数超过1000人，创业项目涉及多个领域，包括中式餐饮、DV拍摄、手工设计制作、小百货连锁、家政服务等18个行业。

3. 创业教育支持环境的改善。

创业教育支持环境是创业教育成功开展的重要制约因素。目前，我国开展的创业教育有比较开放的外部支持环境和逐步改善的内部支持环境。外部支持环境为我国创业教育提供了借鉴，主要体现为“国外创业教育的先进理念、成熟的创业教育国别模式”；内部支持环境主要体现为“政策支持、创业支持政策以及创业文化支持氛围”。

(1)国际创业教育的先进理念。

1989年11月底联合国教科文组织在北京召开了“面向21世纪教育国际研讨会”，会上正式提出了“创业教育”这一概念。1995年在联合国教科文组织发表的《关于高等教育的变革与发展的政策性文件》中全面阐述了完整的“创业教育”概念，指出“高等教育的毕业生不仅是求职者，而且也是成功的企业家和工作岗位的创造者”。1998年联合国教科文组织在巴黎召开首次世界高等教育会议，在会上发表的《21世纪的高等教育：展望与行动世界宣言》中又进一步指出：“为方便毕业生就业，高等教育应主要培养创业技能与主动精神：毕业生将愈来愈不再仅仅是求职者，而首先将成为工作岗位的创造者。”这些会议的理念为我国启动和推进创业教育奠定了思想基础。

(2)成熟的创业教育国别模式。

美国、德国、澳大利亚等国成熟的创业教育模式对我国创业教育产生了积极影响。我国一些高校引进美国高校创业教育模式,建立创业教育中心、科技园、孵化器等,为实施创业教育、科技成果商品化、创办学生公司创造了良好的环境。例如,2004 年 12 月 9 日—22 日,教育部高教司邀请国内积极探索创业教育的试点院校,组成创业教育考察团前往美国访问了 7 所大学:加州大学洛杉矶分校(UCLA)、加州大学圣伯蒂诺(San Bernardino)分校、哈佛商学院(Harvard Business School)、百森(Babson)学院、仁斯里尔(Rensselaer)理工大学、斯坦福(Stanford)大学。访问期间创业教育考察团同美国著名的大学中创业教育的同行就创业教育开展过程中涉及的教学大纲、课程设置、创业辅导、创业先导资金筹集等方面进行了广泛交流。

(3)创业教育国内政策支持。

伴随创业教育的世界性潮流,我国高等教育对创业教育理念也积极做出回应,1998 年公布的《关于深化教育改革,全面推进素质教育的决定》指出,"高等教育要重视培养大学生的创新能力、实践能力和创业精神"。1999 年公布的《面向 21 世纪教育振兴行动计划》比较完整地提出创业教育概念,提出"加强对教师和学生的创业教育,鼓励他们自主创办高新技术企业"。2001 年 2 月,教育部印发的《关于中等职业学校德育课课程设置与教学安排的意见》提出开展创业教育。

(4)逐步改善的国内创业支持政策。

逐步优化的创业支持政策包括建立专项基金,提供小额贷款等降低青年创业门槛的系列配套政策措施。例如,国家工商总局根据《国务院办公厅关于做好 2003 年普通高等学校毕业生就业工作的通知》的有关规定,出台了对 2003 年普通高等学校毕业生从事个体经营有关收费的优惠政策。国家工商总局要求各级工商机关不折不扣地落实高校毕业生从事个体经营有关收费优惠政策,大力支持、促进高校毕业生自谋职业、自主创业。

(5)国内支持创业文化氛围。

通过打造创业文化品牌、传唱青年创业歌曲、统一青年创业标识、举办青年创业论坛、树立青年创业典型、举办创业事迹报告会等途径,创造一种崭新的创业文化,提高社会对企业家价值的认识,激发青年的创业热情,增强青年自主创业的信心和决心,营造鼓励青年创业的文化氛围,使创业成为青年可以接受的职业选择。以创业计划大赛为例。1997 年,清华大学的几个青年学生从美国把创业计划竞赛引入中国,并于 1998 年在清华大学举办了竞赛活动。1999 年,团中央、中国科协、教育部、全国学联与清华大学联合发起"'挑战杯'全国大学生创业计划竞赛",将该项竞赛从一个大学推向全国,使之与"'挑战杯'全国大学生课外科技作品竞赛"(又叫“大挑”)一起成为中国大学校园文化的龙头活动,并催生了一批大学生创办的公司。该项赛事是大学与社会、大学生与企业之间的互动与沟通,吸引了众多媒体、专家、企业家和风险投资家,成为中国社会各界关注的焦点之一。

二、我国创业教育的现状

创业教育在我国还是一个新生事物,经过几年的探索,已经成为高等教育改革发展的亮点。但是,与国际比较成熟的创业教育实践相比,我国的创业教育还处在初级阶段,需要解决在创业教育研究、创业教育教学(培训)及创业教育环境方面面临的战略型挑战。

(一)创业教育研究整体还很落后

创业教育研究取得了一些初步的成绩,但研究整体上还很落后。这主要体现为:

1.理论研究缺乏专业深度。

从深度上讲,国内创业教育研究大多是对创业教育涉及问题的表层论述,缺乏“创业教育体系”中涉及要点“目标定位”“创业教育内容体系”“创业教育方法体系”“创业教育质量控制体系”以及“创业教育实习实践体系”的专业深度分析。

2.教学教改研究大多缺乏可执行性。

关于创业教育的教学教改研究日益增多,可以说这些研究并没有从国家层面上形成“创业教育的国家标准体系”;对高等学校而言,大多也是借鉴参考,没能研究出本土化较强的教学教改模式。

3.研究方法单一。

国内创业教育理论研究大多是文献归纳式的定性研究,极少用到定量方法,缺乏实证研究。

4.缺乏稳定成熟的专业队伍。

从事创业教育研究的大多数学者都是“兼职”学者,专业对口不高,且研究缺乏稳定性。

(二)创业教育还没有融入正规教育体系

由于没有融合于学校整体育人的体系之中,创业教育与学科专业教育并未形成有机联系,基本游离于“正规教育”之外,大多是利用课余时间进行的“业余教育”。这种舍本逐末、注重形式的做法使创业教育失去了学科专业这一最有力的依靠,致使创业学子们激情有余而内功不足。这主要是因为决策者对创业教育重要性的认识不够。决策者还没有认识到在知识经济和全球化时代,创业教育所培养的“企业家精神”通过“岗位创造”“生产力增长”以及“创新”等方式,可以培育国家的竞争优势;相对“劳动力”“资本”等生产要素,“企业家精神”在创业型经济中更是稀缺的关键要素。

（三）创业教育支持环境需要大力改善

创业教育的成功开展，需要良好的创业教育支持环境。这涉及法律环境、政策环境、社会环境等诸方面。因为思想认识存在偏差，我国创业教育的支持环境需要大力改善。就政策环境方面看，政府和有关教育部门在推行创业教育宏观决策方面缺乏足够明确的、强有力的政策和规定；出台的一些鼓励政策，也难以真正贯彻执行。就社会环境方面看，不少教育部门和学校领导对创业教育心有顾虑而抱观望态度，迟迟不能有效开展工作；多数家庭仍希望学生毕业后找个稳定的工作，对自我雇用、自主创业认识不足；崇尚创业的社会主体价值观念尚未形成，甚至公众对小企业经营者或创业失败者还存在一定的偏见。

三、国外的创业教育与创业文化研究对我国的借鉴意义

（一）倡导科学的创业教育理念

理念是行动的先导，缺乏先进的理念也就难以在行动上实现跨越。我国各级政府部门、高职院校、高职学生都应及时调整，树立科学的创业教育理念。要在全社会宣传适应社会主义市场经济体制要求的创业教育理念，为高职院校开展创业教育提供宽松的舆论环境。高职院校应在对创业教育规律和时代特征深刻认识的基础之上，树立先进的现代教育理念，即强调创业教育的非功利性，揭示创业的一般规律，传授实施创业的基本原理和方法，培养学生的创业意识、创业品格和创业能力。

（二）改善与创业教育相适应的内外环境

创业教育是一个系统工程，仅仅依靠学校是难以达到目的的，全社会都要对高职院校的创业教育予以关注和支持，为创业教育营造良好的社会环境。高职院校则应结合创业教育的内容，根据自身的特点，加强内部创业教育软环境、硬环境的建设。软环境，即高职院校通过建立创新创业论坛、完善相关制度建设、发布创新创业信息等措施营造有利于学生创业的校园文化氛围；硬环境，即高职院校通过加强与政府和企业的合作，为高职学生提供在校创业的场所与设备，提供创业资金和创业奖励基金，建立虚拟公司与创业园，提供与企业建立的产学研合作基地，等等。

（三）加强创业教育师资队伍建设

教师是学校教育的主体和关键。但是，目前多数高职院校教师缺乏创业知识和创业体验，成为制约发展创业教育的瓶颈之一。因此，提高创业教育课程师资水平、构建创业教育师资队伍体系是当前高校开展创业教育急需解决的问题。借鉴国外创业教育的经验，引进企业行业专家担任兼职老师，或者让教师到企业行业锻炼，亲身体验创业实践，然后才有能力更好地教授学生。从而构成一个内外结合的

创业教育教师队伍。

(四)创新创业教育课程

创业教育课程是高职院校开展创业教育活动的载体,是实现创业教育目标的关键。一个合理、优化的创业教育课程体系可以最大限度地发挥创业教育的整体功能。创业的基本素质分为四个要素:创业意识、创业心理品质、创业能力、创业知识结构和技能。这四个部分相互依存,缺一不可。创业教育课程的设置应围绕这四个要素展开,成为其基本内容。高职院校创业教育课程的设置和分类有多种方式,无论采用何种形式,都应该是最适合本校学生培养创新、创业精神和能力的课程体系。

(五)构建创业教育评价机制

目前,高职院校创业教育还处在探索阶段,缺乏切实可行的创业教育评价机制。创业教育要想得到长足发展,必须进行有效的评价和持续的改进。科学构建创业教育的评价机制应解决评价的目的、评价的原则、评价的主体、评价的主要内容、评价方法等问题。规范高职院校创业教育行为,增强高职院校间的竞争意识,从而促进创业教育快速发展。要让被评价对象真正感到评价是为了改进而非处罚或责备,并能自觉按照考核要求和指标进行,评价的真正效力才会得以实现。

第四节　创业教育与创业文化研究的意义

改革开放以来,我国的就业模式发生了翻天覆地的变化,个体化就业趋势愈加明显,这种就业趋势不仅要求大学生具备较高的自主性,同时还催生出了自主创业的就业形式。自主创业是社会主义制度革新、产业升级的重要表现,它一方面解决了大学生的就业难问题,另一方面又刺激了社会发展,加快了产业结构的优化升级,创造了众多新的职业。创业为社会发展提供动力和基础,标志着国家综合实力的提高,促使全体国民参与社会实践,发挥创新能力,所以联合国教科文组织把创业称为教育的"第三本护照"。因此,研究如何打造高校创业文化从而提升创业能力就显得尤为重要。

一、高职大学生创业文化的现状

(一)创业教育教学体系不完善,形式单一

创业与其说是一种过程,还不如说是一门学问,应该将其视为一门理论联系实际的课程。从理论上讲,创业理论涉及广泛的知识领域。但是,我国的高校在创业教育方面没有一本科学的教材,现在采用的教材要么过于笼统单一,要么过于理论化，这种教材对创业教育的影响甚微。另外，我国的大多数高校仅仅将创业相关的课程设置为选修课程，并且没有开设足够多的课程种类与课程学时，这就使得绝大多数的学生接受不到创业的正规课程教育。而目前已开设的创业教育课程过分重视传授创业知识，忽视大学生创业的实际需要。创业教育如果需要做大做好，仅仅通过开设几门课程的办法是无法实现的，更多的是进行教学系统的改革，将创业教育渗透到教学的细枝末节，渗透到学生培养过程的各个环节，这就需要教育部门和学校从教学模式的改革和学生培养模式的改革着手。

（二）创业教育师资力量薄弱，资金短缺

创业教学涉及内容具有广泛性、实践性，这就对教师的综合素质提出了更高的要求，但是，我国大多数高校教师自己根本没有创业活动、企业管理经验，大多数高校都存在对教师的高要求与教师的薄弱能力之间的矛盾，这制约着创业规模的扩大。另外，创业资金短缺进一步遏制了创业教育的发展。目前解决学生创业实践的资金主要有政府设立的创业基金、民营企业家设立的投资风险基金以及学校设立的创业基金。从总体情况看，这类基金不是很多，设立的门槛也很高，学生很难获得。

（三）对创业教育认识不足，定位不准

我国大多数家庭保留着传统的择业观，家长们更希望学生进入大公司、大企业工作，他们将创业视为找不到工作的无奈之举。高校的就业创业管理机构对于大学生创业教育的认识有局限，他们将开展创业教育、鼓励学生自主创业视为提高本校毕业生就业率的手段，就业率较高的高校甚至不开展创业教育。与此同时，一些学生普遍认为学习了创业基本知识就能创业成功，这种偏差容易使得大学生在创业过程中忽视实际问题，他们可能将自主创业看作通向个人成功的捷径，选择了盲目跟风创业，脱离了自己的实际情况，难免遭遇创业失败的困境。

二、高职大学生创业难的原因分析

（一）缺乏创业信念

大学生在接触创业实例的过程中，往往更倾向于接触成功者的事迹，而忽略了成功者背后的失败与心酸。这就使得大学生在进行创业的过程中缺乏社会经验和必要的心理准备，一旦在创业过程中遇到困难与挫折就沮丧消沉、一蹶不振。大学生创业信念巩固与弥补，需要的不仅是乐观的心态，更多的是来自家庭和朋友的支持。

（二）想法幼稚，脱离实际

大学生由于社会经验少，通常对创业的理解停留在美好的想象中。在很多大学生的创业目的和创业途径的问卷调查中，我们会发现这些大学生天真地希望利用自认为很新奇的创意来吸引投资，却忽略了投资者重视的问题。针对这些现实问题，创业者应该罗列出一套完整的、细致周密的可行性论证与实施计划，来满足投资者的需求，这些计划能让投资人看了之后产生对这个计划的前景展望，而不是为之担忧。

（三）创业行为盲目

在接触了一些成功企业家的事例之后，创业者们便对“老板”这一职位产生了幻想。大学生普遍认为创业就可以成为老板，指挥手下的员工工作，这表明大学生对创业的认识还处在模糊的状态，这种想法不但幼稚而且不合实际，这种认识误区会导致创业者做出一些盲目的行为。

（四）资金缺乏，社会环境不完善

大学生在刚刚进入社会时，缺乏的不只是创业经验，还包括创业资金。“钱”是大学生创业的关键，由于社会生存条件的压力，很多家庭没有勇气给予创业者们提供充足的资金支持，创业者通过自己的力量去吸引投资也是困难重重。而社会由于正处在转型期，创业所需要的各种服务体系还没有正式形成，例如银行贷款、申请工商注册等环境因素都还不成熟，这也让大学生的创业雪上加霜。

三、打造高职创业文化，提升创业能力

（一）鼓励和帮助大学生创业

创业可以分为两大类：生存型创业和机会型创业。在零售、租赁、个人服务、保洁和娱乐业等部门开展起来的是生存型创业；以金融、保险、地产为主的商业性服务业属于机会型创业。相关调查表明，与其他大多数国家相比较，中国的生存型创业更多。大学生创业需要一个良好的创业环境，社会支持正是提供创业环境的最佳途径。相关调查显示，我国的创业综合环境的综合评分仍然处于一般水平，排在世界第17位，与发达国家相比，我们仍然处于劣势。我国的金融、教育及培训环境相对落后，大学生在当前的创业环境下，需要得到政府政策的支持、开放市场的支持；同时在面对较差的环境条件时，政府、社会、学校都有着改善创业环境的共同责任，通过他们共同努力来启发大学生扬长避短，发展机会型创业，提高创业的成功率。

（二）优化创业环境

学校要根据创业教育的目标和内容，在学校的制度、环境上尽力体现创业教育的目的和宗旨。学校在进行学籍管理时，应该更加灵活、更加便利，可以允许大学生在保留学籍的同时停学创业。学校要善于利用各种宣传工具，例如通过校园广播、宣传板报、校园网络等去打造有利于创业的校园环境。学校要对成功者创业事迹进行宣传，知名校友的创业成功事迹可以唤醒大学生们创业的意识和愿望，为大

学校园营造出一种浓郁的创业文化气息。学校要完善网络环境，健全校园创业主网，将其与专门的创业网站关联起来，为学生提供创业咨询、创业指导等服务，解决大学生创业初期的后顾之忧，培养学生的创业热情和积极性。学校还要构建出一个具有浓厚创业文化氛围的环境，让独立创业的精神和行为得到学校和社会的认可和支持，以提高大学生创业的积极性，使创业人才随着经验的积累脱颖而出，最终达到提高创业成功率的目的。学校要在精神上和舆论上将创业的性质提升到为社会创造财富、为社会分忧、对社会做贡献的高度。学校应该通过物质支持或精神支持来帮助鼓励学生创业，如提供创业咨询。在营造自主宽松的创业环境的同时，政府也应该发挥自己的作用。政府在扩大市场准入范围的同时，必须保证社会的公平正义。在鼓励大学生创业时，应该本着公平、公正的原则，适当简化毕业生新创企业的审核步骤，减少一些不必要的障碍，让学生享受自由宽松的创业环境。政府也可以在税收和经济补贴方面对大学生新企业进行补助，通过放宽某些限制标准来帮助新创企业顺势成长发展。

（三）完善大学生创业教育文化体系

创业文化是创业成功者和创业失败者在创业过程中积累起来的一种经验文化，我们可以认为创业教育是创业文化的沉淀物。高校不断推进创业教育的目的主要是通过创业将大学生更好地输送到社会上。创业文化体系的创建有利于大学生创业理念、创业能力、创业知识、创业行为的获得。同时，创业文化体系在建设大学校园的创业制度、开展大学校园的创业文化活动、研究大学校园的创业策略和文化模式等方面也担当着重要的指导角色，创业教育文化体系能够帮助在大学校园里营造一个符合大学生创业热情的文化环境。创业文化体系的建设，应该以鼓励创新、激励创业、执着进取、艰苦奋斗、团队协作、勇于承担社会责任、允许和宽容失败为核心内容，从而让大学生们在这种文化中受熏陶、受教育、受磨砺，提高创业者的素质，丰富创业者的智慧。

（四）加强大学生创业教育保障体系

任何一种教育或者教育模式的建立都不是孤立的，创业教育模式时刻受着社会的影响，尤其受国家内部的政治、经济、文化和教育等诸多因素的制约和束缚。单从教育方面来看，要想在高校中开展创业教育，必须具备一定的条件。首先，要制定正确的教育政策。政府制定正确的教育政策，督促教育政策真正实施和落实的社会环境对创业教育的发展有着重要的激励和引导作用。其次，教育机制的运行要良好。高校相关的内部教育模式、高校的管理体制、高校塑造的文化氛围等因素，在发展创业教育过程中都承担着重要的角色，这些因素对创业教育事业起着重要的护航作用。再次，教育的投入要充足。教育正逐步发展为一门产业工程，这门工程有着明显的输入与输出过程，社会和国家通过对人力、财力、物力的投入来换取社会经济的发展，换取对国家未来有着重要影响的人才。

在大学校园里建设良好的创业教育文化的目的是帮助大学生树立创业意识，使大学生产生远大的创业理想信念，帮助大学生制订长远的创业目标，并不断强化、不断培育学生的创业精神。卡耐基说过："在现实生活中，许多人的价值观念不是不正确，而是不明确。"更准确地说，是由于很多人的自我意识淡薄才使自己的价值观念模糊不清。所以，高校要注重营造创业文化氛围，促使大学生在创业的过程中认清自己，在不断的打磨中实现创业梦。

第二章
高职院校创业教育与创业文化培育的内涵

第一节 高职院校创业教育的内涵

一、创业教育的含义和特征

(一)创业和创业教育

创业是一个人发现商业机会,捕捉机会,并付诸行动创造出新颖的产品或服务的复杂过程。在这个复杂的过程中,可以实现产品或服务的潜在价值。杰弗里·提蒙斯在《创业创造》中将创业定义为:创业是一种思考、推理结合运气的行为方式,它为运气带来的机会所驱动,需要在方法上全盘考虑并拥有和谐的领导能力。科尔在1965年把创业定义为:发起、维持和发展以利润为导向的企业的有目的性的行为。通俗来讲,创业包括从创业者的创业意识产生到企业持续健康成长的全部过程。

创业者通过对自己的资源或努力获取的资源进行优化组合,运用生产和管理方法,创造出更大的经济和社会价值。在创业过程中,创业者需要付出大量的精力和时间。只有成功的创业者才是英雄,空有满腔热情而不付出努力是不可能成功的。甚至很多时候,在创业初期,创业者的生活和工作环境十分艰苦,需要极大的毅力和忍耐方能坚持。

分析创业的概念,创业有以下几方面的特征:

1. 创业有风险,输赢须自负。

创业是一种高风险活动。创业的风险各种各样,有主观原因,也有客观因素,这取决于创业的行业以及创业团队和团队拥有的资源。创业需要全盘考虑,它涉及人、财、物、行业、产品、机会和管理等多个环节。如果一个环节没有处理好,就会导致满盘皆输。通常的创业风险主要包括财务风险、市场风险、技术风险、人力资源风险、外部环境风险、合同风险等几个方面。创业者应具备超强的成就动机，勇于开拓、甘愿冒险的精神，敢于承担令人望而却步的事业风险。

2.创业具有回报性。

对于创业者来说，创业成功后首要的回报就是从中得到独立自主以及伴随而来的个人在物质财富方面的满足。金钱的回报对追求利润的创业者而言无疑是很重要的，一般来说，面临的风险和获得的回报成正比。从创业中获取的回报包括物质方面的回报和精神方面的回报，这些是创业者创业驱动力的来源。

3.创业是一种价值创造过程。

创业是一种复杂的创造性的活动，在创业的过程中需要创造出一种具有价值的新鲜事物。这种具有价值的新事物是指不仅对创业者本身具有价值并且要具有社会价值。创业的重要社会属性是价值属性，同时，价值属性也是创业行为的意义及价值之所在。

柯林·博尔最早提出创新创业教育的概念。1989 年，他向经济合作和发展组织教育研究与革新中心提交了一份报告。在这份报告中他指出，未来人们都应当掌握三本“教育护照”，其中创新创业教育就是他所说的第三本“教育护照”。

1989 年，“面向 21 世纪教育国际研讨会”在北京召开，参会代表讨论了柯林·博尔提出的创新创业教育的新观点，他提出“第三本教育护照”可以用来证明一个人的事业心及其开拓能力。因此，创新创业教育的理念被大家广泛熟知，而高职院校开展的创新创业教育进一步扩大了创新创业教育的内涵和范畴。简单地讲，通过改革课程体系、教学内容和方法以及开展第二课堂实践，创新创业教育旨在培养学生的创新和实践能力，提高学生的综合素质，激发学生的创业激情。

1999 年颁发的《中共中央、国务院关于加强技术创新，发展高科技，实现产业化的决定》(中发〔1999〕14 号)，鼓励技术创新和高新技术企业的发展，大力推进科技创新和创业活动。随着社会创业活动的进行，高校学生也积极投身到创业活动中去，创新创业教育在高等教育中的地位和意义越来越重要。在高校开展创新创业教育是高校素质教育在经济全球化和信息国际化背景下步入深化的重要标志和必然选择，也是高校素质教育大众化和国际化的必然要求。

21 世纪是知识经济和信息经济占主导的时代，创新创业教育是从实际出发、符合时代发展要求的产物，创新创业教育是我国社会经济顺利转型和高等教育战略调整的必然要求。在“十三五”期间，创新将成为每个人的关键词。创新创业教育需要高校的传统教育在教育观念上做出重大转变，要求高校学生从岗位接受或选择向岗位创造转变。在这个意义上，就是要高职院校教育从“就业教育”向“创新创业教育”转变。创新创业教育不仅认可传统教育对高职院校学生的知识积累、工作技能和职业素养等方面的基础教育作用，同时本身又更加强调要把创业素质教育渗透到传统教育各方各面，更加注重综合实力和能力的培养。因此，在某种程度上，创新创业教育既把传统教育作为基础，又超越了传统教育。

（二）创新创业教育的目标

创新创业教育的目标是高职院校所要解决的创新创业教育的定位问题，是实施创新创业教育要达到的目的和标准。联合国教科文组织在研讨面向21世纪国际教育发展趋势时提出了“创新创业教育”这一新概念。联合国教科文组织将创新创业教育定义为：“创新创业教育，从广义上来说是指培养具有开创性的个人，它对于拿薪水的人同样重要，因为用人机构或个人除了要求受雇者在事业上有所成就外，正在越来越重视受雇者的首创、冒险精神，创业和独立工作能力以及技术、社交、管理技能。”

美国考夫曼企业家精神研究中心把创新创业教育定义为：向受教育者传授创业理念和技能，使他能够识别被其他人所忽视的机会、敢于做被其他人所质疑或怀疑的事情。这些机会或事情包括机会认知、有风险地整合资源、开创新企业和新创企业管理等内容。

国内外对创业理论的研究不断深入，同时对大企业生存问题的关注也越来越多。以往国外的企业家精神教育强调基于创新冒险为核心的精神教育，现在企业家精神教育已扩大了内涵，融合了企业家精神和大企业管理相关内容，增设了企业家型战略、企业家型领导、企业家型营销等课程。这些课程的目标是培养富有企业家精神和企业家技能的管理人才，使知识经济时代的工作者掌握企业家所应当具有的知识和技能。这使得基于创业导向和公司型创业的创新创业教育逐渐形成。

因此，创新创业教育的主要任务就是揭示创业活动的一般性规律，教授创业实践的基本原理和方法，培养高职院校学生企业家型的创业素质。创新创业教育的目标是培养高职院校学生的创业意识，增强其创业个性和心理品质，提高其创业的能力。创新创业教育的最终目标是使大学生可以像企业家一样从事各种企业的实践活动，并具备以后所从事职业所需的知识、技能和综合能力。

具体到我国的创新创业教育，高职学校的创新创业教育的目标包括以下几个：

1.提升高职学生的就业能力。

提升高职学生的就业能力就是使学生能够熟练、符合标准地完成企业中的岗位工作，并在严峻的就业环境以及缺乏正规就业机会的形势下高效率、高产出地工作。

2.培养高职学生的创业意识和创业精神。

培养高职学生的创业意识和创业精神就是使学生正确认识岗位提供者和岗位

找寻者的关系以及在社会中企业的作用。

3.鼓励高职院校毕业生把创业作为优先职业选择。

鼓励高职院校毕业生把创业作为优先职业选择就是让学生实现自我雇佣，并创造更多的就业机会。

4.培养高职学生在创业过程中所需要的基本知识和技能。

要坚持培养高职学生在创业过程中所需要的基本知识和技能。例如如何创办和经营企业。

（三）创新创业教育的内容

在当前我国严峻的就业形势和巨大的就业压力下，创新创业教育不仅要使学生认识到创业是解决高职院校学生就业问题的重要途径，能使高职院校学生理智、客观看待创业问题，而且还要培养高职院校学生创业的意识、素质和相关知识。创新创业教育的主要内容如下：

1.激发创业意识。

创业意识是形成创业能力和产生创业行为的内在动力，是创业活动的内驱力。创业意识由创业需要、动机、兴趣、意向和理想等几个方面的内容组成。只有创业者拥有良好的社会责任感和社会道德感，创业的行为才有可能获得成功。因此，要培养良好的创业意识不仅要培养创业的自我意识，还要培养创业的社会意识。

营造良好的校园创业氛围，培养高校学生的创业精神和创业意识，转变高校学生的就业观念，这是高校创新创业教育的主要任务。而创业意识的主要培养内容包括：自信心和毅力的培养，社会责任感的培养，竞争意识和竞争精神的培养，以及不畏艰难、愈挫愈勇的精神的培养。

2.教授创业相关知识。

与创业相关的基础知识包括专业知识、经济理论、管理知识和创业方面的政策法规等。

(1)扎实深厚的专业知识是高职院校学生成功创业的基础，也是其创业的优势。而全面丰富的非专业知识也为高职院校学生创业创造了有利条件，同样也是创业的基础。

(2)创业活动是一项系统的经济行为，创业者必须了解市场经济背景下的商品交换和流通的相关理论。同时，创业活动涉及人事、财务、营销等多方面，因此高职院校学生也必须学习有关企业管理方面的知识。充分学习和了解这方面的知识，可以帮助高职院校学生合理规划、利用自身和外部资源，提高创业企业的运行效率。

(3)在创业过程中，与创业活动有关的各项法律法规知识必不可少。新创企业要进行工商注册登记，需要接触合同法、财税法、专利法等多种法律知识。创业法和相关的创业政策中规定了有利创业的优惠政策和条件，这些都为高职院校学生顺利进行创业奠定了基础。

3.培养创业能力。

创业能力是一项特殊的能力，这种能力往往会影响创业活动的效率和成功与否。尽管创业能力的高低并不是创业成功与否的决定性因素，但创业能力的高低强弱确实从根本上影响创业成功的概率，以及新创企业的发展和壮大。创业能力的增强可以通过课堂教学来完成，但课堂教学并不是唯一的途径。提高创业能力的最佳平台和途径是创业实践和创业经历。因此，在高职院校开展创业实践活动是一种重要的教学形式，不仅可以为培养高职院校学生的创业能力创造条件，而且可以锻炼学生的创业能力。通过真实地模拟创业环境，高职院校学生可以了解创业的全过程，增加毕业后主动选择创业的机会。

创业能力包含的内容很多。它包括专业技术能力、学习能力和社会能力三大类。

(1)创业活动的实践需要具备一定的专业技术能力。专业技术能力是创业者掌握和运用专业知识进行专业生产的能力。高职学生在创业过程中，在掌握基本知识的同时，还必须具备和了解经济学常识和经济政策，市场和投资的知识，市场营销和广告知识，企业管理和企业战略规划，文史知识和法律知识。对于书本上的知识和经验要在加深理解的基础上加以提高和拓展。对于书本上没有的知识和经验，要进行探索，在探索的过程中详细记录、认真分析，进行归纳、总结，上升为理论，并形成自己的经验，积累起来。不断提高自身的专业技术能力，是创业者能力提升的重要方面。

(2)联想控股董事长、联想集团创始人柳传志认为，创业者能否成功转变为企业家重要的是要有学习能力，包括智商、情商，知道遇到什么事情该怎么调整自己、怎么制订战略、怎么带好队伍。学习能力是指创业者在创业过程中所需要的工作方法。柳传志说："要能经得住打击。即使能经得住打击、有追求的人，失败的可能性还是非常大的……所以光有机会是不够的。"因此，学习能力是创业的基础能力。创业黑马董事长牛文文在第三届黑马运动会上表示，学习能力是创业者最大的竞争力。学习能力是培养创新能力的重要方法和途径。

(3)社会能力是创业的过程中需要的行为能力，主要指与非智力因素有关的能力。这是一种实践能力，需要在社会实践活动中学习，不断积累经验。社会能力最重要的一点就是交际协调能力。创业者要妥当处理自身与外界、公司与政府部门之间的关系。在处理这些关系时，要善于把原则性和灵活性巧妙有机地结合起来。协调交际能力是在社会经历中慢慢积累起来的，是通过后天学习而不断加强和培养的。

4.培养创业心理品质

创业之路，充满艰险，会遇到困难和挫折，甚至有失败的可能，这就需要创业学生在创业过程中拥有良好的创业心理品质和强烈的心理调控能力。创业心理品质很大程度上决定了创业的成功与否。创业心理品质主要由意志和情感组成,包括创业者的独立性、敢为性、适应性、合作性和健康情感等。

只有拥有顽强的意志和良好的心理素质,不受传统和世俗偏见的左右,不受舆论和环境的影响,凭借自己的努力和奋斗,把握自己的人生航向的人,才能在创业这艘大船的航行中越走越远。乘风破浪会有时,直挂云帆济沧海。要相信自己有能力成为创业的成功者。在高职院校的创新创业教育中,培养学生优良的心理品质需要根据学生的不同特点,通过科学的方法帮助学生正确认识自己、社会以及创业的艰难,形成吃苦耐劳、宽容忍耐、敢做敢闯的创业心理,提高其承受风险的心理应变能力。创业心理素质的培养为创业打下良好的身心基础,是决定创业成功的必不可少的力量。

(四)创新创业教育的分类

1.以知识为导向的创新创业教育。

以知识为导向的创新创业教育的特点是将创新创业教育活动充分融入高校素质教育中。这种类型的创新创业教育强调"重在培养学生创业意识,构建创业所需的知识体系,提高学生的综合素质"。开展创新创业教育时将第一课堂与第二课堂结合起来。

中国人民大学和南开大学在这方面做了成功实践和有效探索。在第一课堂方面,调整教学方案,加大创业公共选修课程的比例。把创新创业教育融入专业教育之中,拓展了学生自主选择课程的空间。在第二课堂方面,开展创新创业教育讲座以及各种竞赛、活动。鼓励学生积极投身于各种社会公益活动和社会实践活动中。学校不以功利性为目的,通过多种形式的活动使创业知识得到全面传播,保证了创新创业教育的深度和广度。

2.以社会和学生为导向的创新创业教育。

以社会和学生为导向的创新创业教育的特点是以学校为依托,采用商业化运作模式设置专门机构,开设创新创业教育课程,建立大学生创业园,为学生开辟实习场所,并为学生的创业活动提供资金资助以及咨询服务。广西工学院职业技术学院在建立创业园区、培养学生创业创新能力方面做出了有效的尝试:学生自行确定创业园区中的经营项目,并自筹资金、自主经营、自负盈亏,同时学院也可提供少量的贷款。从2001年10月开始,该创业园区已有十多个项目着手运行。该校学生科技创业园区的建设、社会工作人才培养及市场开拓的发展历程和取得的成就为高职院校创新创业教育积累了宝贵的经验。

3.综合式的创新创业教育。

综合式的创新创业教育的特点是:一方面将创新教育作为基础融入专业教学,

在专业知识的传授过程中注重学生基本素质的培养；另一方面，为学生提供创业所需要的资金和必要的技术咨询。这种创新创业教育类型的代表有温州科技职业学院。2016 年 11 月，在北京国家会议中心举行的 2016 年高职院校创新创业传播论坛开幕式上，温州科技职业学院入选 50 所“2016 高职院校创新创业示范校”。学校的“温州产业科技众创空间”被评为“2016 年度省级优秀众创空间”，成功入选国家级众创空间，并成为全省首家运营“中小企业公共服务平台”的高职院校，孵化出 50 余家具有成长性的科技型小微企业。温职院倡导新技术应用的创业人才培养模式，出台《关于在人才培养中加强创新创业教育的指导性意见》(温科职教〔2012〕19 号)等指导性文件，将创新创业教育由第二课堂向第一课堂延伸，培养高职学生的创新精神，掌握基本知识和技能，提高创业能力，激发创业热情，提升人才培养质量，促进学生全面发展。温职院以浙江中小企业创业基地、温州市大学科技园等创业资源为依托，构建了理论与实践并举，课堂与课外联动，教师与学生互动的创新创业教育体系。在该校创建的创业园中，呈现“分层次化”创业理念。学院每年投入大量支持学生创业的经费，鼓励学生创业。在工业 4.0 和“互联网＋”的时代背景下，温职院特别强调以新技术应用为导向的创新创业教育，学院摸索出一套“三师三生”的培养模式以期为创业学生提供技术支持和咨询。“三师三生”模式的含义是以教师的科研项目带动学生参与研发，或以学生为主教师给予技术指导，或学生与教师按股份制形式共同创业。

二、高职院校创业教育的含义及特征

(一)高职院校创业教育的含义

联合国教科文组织 1991 年在东京指出创业教育广义的内涵是指培养具有开创性的个人，用人机构或个人不仅要求受雇者在事业上有所成就，还越来越重视受雇者的首创、冒险精神、创业和独立工作能力以及技术、社交、管理技能，强调创业教育对于拿薪水的人同样重要。而狭义的内涵是把创业教育与增收培训的概念紧密联系在一起，即通过创业教育培训提供急需的技能、技巧和资源，让目标人口尤其是贫困和不利人口能够自食其力。另一种更为狭义的内涵定义是把创业教育视为企业家速成教育或创办企业的教育。学者们从多重视角来分析定义创业的相关概念，各有鲜明特征。通过研究我们认为，我国经济和社会发展处于重要转型期，应该深入分析高校实施创业教育的理论和实践，高职院校的创业教育应该从引领的视角，紧密结合新形势下的人才战略进行一些基本理论研究，提出定义，引导高职院校创业教育找到更为清晰的工作目标，培养更加适应社会的高技能创业型人才。

(二)高职院校创业教育的特征

1.创业教育是一种思想政治教育,具有政治性和规范性,重点是加强大学生对马克思主义的理解与运用。

创业教育必须以思想政治教育为基础,才能确保创业者遵循马克思主义,在创业的过程中,才能始终保持积极向上的热情和坚定的政治立场,才能成为国家经济社会建设的贡献者。如果创业教育失去思想政治教育的牢固根基,那么,创业教育将无从谈起,创业意识和创业技能的培养将会成为破坏社会主义经济社会建设的"帮手"。

2.创业教育培养的目的必须以实现共产主义为奋斗目标。

崇高的理想是奋斗的最大动力。有位诗人曾经讲过:"理想是石,敲出星星之火;理想是火,点燃熄灭的灯;理想是灯,照亮夜行的路;理想是路,引你走向黎明。"创业教育通过与思想政治教育的结合,培养大学生为实现共产主义事业而奋斗的远大理想,并充分地认识实现这理想的长期性和艰巨性,并立足于当前我国正处于社会主义初级阶段的基本国情,结合创业活动,将创业当成事业,自强不息,努力奋斗,为社会主义现代化建设贡献一分力量,为实现共产主义奋斗终生。只有这样,大学生在创业的过程中才能始终保持社会主义的正确方向,始终保持社会主义市场经济的性质不变,才能在创业的过程中激发创业热情并产生源源不断的动力,才能在创业的过程中最大限度地实现自我价值。

三、高职院校创业教育的必要性

高职院校创业教育的目标是培养高级技术应用新型人才,实施创业教育是高职院校人才培养的重要内容。

1.实施创业教育是落实高职院校专业教育有关精神的需要。

职业教育指出的,实施职业教育必须贯彻国家教育方针,对受教育者进行思想政治教育和职业道德教育,传授职业知识,培养职业技能,进行职业指导,全面提高受教育者素质。

2.实施创业教育是适应社会主义市场经济体制发展的需要。

在社会生活中,越来越多的经济要素在我们的生活中发挥非常重要的作用。随着市场经济的不断完善和发展,也随着中国经济的不断发展,中国经济发展提出"一部分人先富起来,鼓励资本、技术等生产要素参与收益分配"的重要提法。高级实用型人才是创业教育必要的主力军。

3.实施创业教育是主动适应社会就业体制的需要。

目前,我国就业形势非常严峻,高职学生在就业市场上有着先天的逆势。而目前就业制度采取的是"自主择业"的方式,高职院校的学生因为自身能力不足,实践经验少，技术不全面，学历偏低，缺乏有效的职业指导等存在就业难的问题。

4. 实施创业教育是高职学生综合素质提高的客观要求。

实施创业教育是经济社会发展、高职教育改革和发展的需要，也是高职学生自身发展的需要。

前面我们讲到高职学校的学生在就业市场上的逆势，但同时高职学生又有很强烈的创业愿望，以及比较强烈的独立性、敢为性、外向性、适应性等职业素质，因此要顺应高职学生的自身条件，实施创业教育改革，促进高职学生自身素质的进一步提高。

四、高职院校创业教育的可行性分析

（一）从培养目标上看

《教育部关于加强高职高专教育人才培养工作的意见》明确指出，高职职业教育是要培养适应生产技术、建设、管理、服务第一线需要的德智体全面发展的高职技术应用性人才。创业教育的培养目标在于提高学生的创业能力和创业素质，使其具有较强的实践能力。因此，高职院校职业教育、创业教育是社会、个体必要的教育目的，具有共同的目标价值。

（二）从创业教育运行载体上看

由于创业教育在目前没有形成独立的学校制度和体系，高等职业教育恰好为创业教育提供这样一个平台。高等职业教育与创业教育无论在性质、任务、培养目标等方面，还是在课程设置、实习实训等方面存在着许多共同点和相通之处。此外，高职院校一般都有一定数量的“双师型”教师，有较好的实习、实验条件，具有广泛而稳定的社会实践基地、实训基地，从而可以保证实施创业教育必需的实践教学顺利进行。

（三）从高职院校学生的特点来看

一般说来，高职院校学生具有较强的人际交往能力和实践动手能力，有吃苦耐劳的精神，这有利于创业教育的开展。特别是高职院校的毕业生继续求学深造的机会较少，大多直接走向社会，在当前严峻就业形势下，危机感尤其强烈，具有潜在的创业意向，这就成为对他们进行创业教育的良好契机。

第二节　高职院校创业文化培育的内涵

一、高职院校创业文化的含义和特征

高职院校创业是指个人先天具有的生理、心理特点和通过后天的环境及教育的影响，形成并发展起来的相对稳定的基本品质。人的素质是一个开放、有序、分层次的身心、智力、技能系统，它有无限的丰富性和多样性。一般认为，人的素质包括三个层次：一是生理素质（包括生理解剖特征、生理机能特征），二是心理素质（包括智力因素、非智力因素），三是社会文化素质（包括科学素养、文化水平、道德素质、心理品质、伦理素质、审美能力、劳动技能等）。上述三个层次中各个要素相互渗透、相互依存、相互制约、相互促进，共同形成人的素质结构，制约和促进人的整体素质的发展与提高。创业者素质的发展与提高是一个渐进的过程，又是与时代发展、社会进步紧密相关的。综观古今中外成功的创业者，都是在历史风云和时代沧桑中磨砺出来的，大多是素质全面发展而又出类拔萃的人物。

创业文化是指在人的生理素质、心理素质和社会文化素质的基础上，在环境和教育的影响下形成发展起来的，在创业实践活动中全面地、较固定地表现出来并发挥作用的身心素质要素、结构及其质量水平。它既可以指人的素质中有待开发的创业基本素质潜能，又可以指已经内化形成的人的创业基本素质；既可以指个体的创业基本素质，也可以指群体的创业基本素质。从众多创业者成功或失败的经验和教训来看，创业者的基本素质与创业活动之间存在相互联系、相互制约、相辅相成的关系。创业文化是创业者进行创业活动所必需的基本条件。成功的创业者虽然在思维方式、个性、气质、经历、智力和年龄等方面存在差异，所接受的教育和成长的环境也有所不同，但是他们又不可避免地存在着许多共同的特征。

创业文化是一个内容丰富的概念，它的主要特征有以下几点：

第一，专业性。创业素质是个体从事创业活动的基础与保障条件，并且与专业密切相关。不同的专业（行业）对素质的要求是不同的，例如，教师、律师的专业素质要求与工程师、设计师的专业素质要求是有区别的。就创业领域而言，贸易与服务领域、工农业产品生产与文化精神产品生产领域对创业者的素质要求显然是有别的。它不仅表现在专业素质方面的不完全一致，还表现在职业道德素质要求方面的不尽相同，如果趋同就会抹杀了专业特性，作为个体将丧失专业优势和成功的优势。

第二，全面性。所谓全面性，是指创业者素质的各个要素不可或缺，要形成一

个有机的系统、完整的结构。如前所述，人的素质是一个多元、完整、协调的结构系统，是由生理素质、心理素质和社会文化素质三个子系统构成的，每个子系统又包含了多个元素，各个元素是相辅相成、相互制约的结构系统；元素残缺不全，或各个元素参差不齐，会影响整个系统整体功能的发挥。一个全面发展的人、一个成功的创业者应该具有全面的素质。因为，在复杂多变、充满机遇与挑战的艰难环境中创业，不仅要有良好的专业技能素质，还要有良好的思想道德素质和心理生理素质。

第三，稳定性。个体的素质是经过较长时间的教育培训，以及在长期社会实践锻炼中逐渐形成和发展的。它一旦形成，便具有相对的稳定性，会存在并表现于个体的一切活动和行为中，决定着个体创业活动和创业行为的效果和质量。这种稳定性是创业者进行成功有效创业的基本条件和保证。

第四，层次性。创业者的素质不仅是个多维结构，而且又是一个多层次结构系统。在生理素质、心理素质和社会文化素质三个层次中，生理素质是基础层，健康的体魄、良好的体质是胜任创业的基本保障，是发展和提高其他方面素质的物质基础。心理素质是核心层，良好的心理素质是创业者必备的条件。创业者都会面临困难、压力，甚至失败，也许缺资金、技术，但是所有这些并不重要，至关重要的是不能缺信心、精神、意志、毅力。物质的力量与作用是有限的，而精神的力量与作用则是无穷的。健康的心理所激发的伟大的精神力量、顽强的意志，可攻无不克，战无不胜。所以，心理素质的优劣是决定创业成败的关键。社会文化素质是调节层，道德、伦理、文化、法律、礼仪、诚信等素质，是约束、调控创业者创业行为、规范人际关系、化解矛盾冲突、实现创业目标与自我价值的润滑剂与助推器。

第五，发展性。随着现代社会经济、科学技术的发展与进步，新兴的学科、产业不断涌现，新技术、新产品层出不穷，因而必然带来创业领域的日益宽广和急剧变化，这种变化使得对创业者的素质要求也随之变化。创业是一个终身学习、不断发展的漫长过程，因此，创业者要坚持终身学习、终身发展，不断地优化自己的素质结构，增强自身的综合素质，以适应时代、社会的发展，应对各种新的挑战，开创新的事业。

二、高职院校创业文化培育的含义及特征

创业文化是指人们在创业活动中所表现出来的价值观念、思想意识、基本态度、行为方式等与创业有关的精神状态，以及由它产生的相应创业成果、鼓励创业的社会心理、社会制度等的总和。“创业文化”一词，由美国在20世纪30年代最早提出，之后是日本，创业文化促进资源优化整合，进而形成最佳的资源配置方式。我国创业文化的理念包含开拓进取、敢于创新、敢冒风险、敢为人先等创业品格。

（一）高职院校创业文化培育目的的特征

校园创业文化的目的性不强，源于高校创业教育的角色定位和创业人才培养目标模糊。在实践中，某些高校往往纠结于这些问题：创业教育到底是为了培养创新型人才还是培养创业型人才，是为了提升学生的就业能力、促进人的全面发展还是培养学生成为真正的老板，等等。甚至某些人质疑创新创业教育是否符合高等教育人才培养的职能目标。这种创业人才培养目标定位上的模糊不清，导致校园创业文化缺乏明确的建设目标导向性。在笔者看来，大学生自主创业能够很好地解决大学生就业难问题。但是创业教育绝对不能以“解决就业”为最终目标，也绝不能和就业指导一概而论。目前，盲目地跟进创业浪潮、急于求成是某些大学生自主创业的通病。某些大学生没有树立很好的风险防范意识，也没有形成承受风险和失败的能力，恰恰说明了有些大学生的创业心理还很不成熟，也从另一方面反映出我国高校创业文化的某些目标不明确。

（二）高职创业文化资源整合能力有限的特征

校内外资源整合是大势所趋，是增强教育效果的有效途径之一。但是某些高校在创业文化建设的过程中，资源整合能力有限，创业教育缺乏畅通渠道而未能形成校地联动的局面，比如某些院校缺乏统一的组织部门专门负责创业人才培养工作，导致有限的创业资源不能发挥作用。另外，政府、学校、社会之间没有形成统一协作的局面。高校创业文化整合能力的缺失，造成学校只是凭借自身的创业人才培养资源，如政府和社会不提供相关的支持性服务，就容易导致学校创业教育的理论知识内容和实践技术内容教条化、局限化，不利于校园创业文化的建设和团队精神的培养。

（三）高职创业文化实效性的特征

创业教育作为培育创业人才的主要载体，其教育实效性程度对创业文化构建有极大的影响。国外创业教育已取得成效，而中国大学生面对越来越大的就业压力及整个民族需要创新的推动，必须接受创业教育。1997 年清华大学举办第一届创业计划大赛，2002 年教育部选择 9 所大学进行创业教育试点，试点学校通过不同方式对创业教育进行试探性探索。近 20 年的探索与实践，某些中国高校实施创业教育所取得的成效并不显著。在高校创新创业人才培养过程中，某些学生根本没有从自己是否需要进行创业的实际需求出发，只是为了拿学分才去完成创业教育课程。目前创业教育课程的教学方式主要还是以教师讲授为主，主要内容为一些大学生创业政策和一些创业成功与失败的案例分析。这些理论课程只能让学生学到创业的理论知识，并不能提高学生的创新创业能力。创业教育不是纸上谈兵，它需要付诸实践，服务实体经济，只有这样，创业文化的实效性才能有所提升。

（四）高职创业文化过于功利化

某些高校创业文化过于功利化，使得现有教育评价机制对创业人才培养目标产生误读，也使得创业人才培养过于功利化。创业教育的长期性，决定了其在短时间内不会有明显收效。但中国某些传统的应试教育评价机制，仅仅把学生参加创业教育学习取得的学分、创办多少公司、赚得多少钱、增加多少就业岗位等作为评价创业教育实效性的标准，导致创业教育急于求成，轻过程重结果。某些人认为高校创业教育就是为了培养学生成为老板，为了赚钱，为了追求利益最大化，从而忽视创业对就业的带动作用，以及对促进学生全面发展、增强学生的社会责任感的积极作用，导致校园创业文化过于功利化，不利于构建健康的校园创业文化。

三、高职院校创业文化培育的必要性和可行性

（一）高职创业文化培育的必要性

1. 创业是实现大学生就业的新途径。

当前，大学毕业生就业难已是不争的事实。创业为大学生就业和个人发展提供了新的途径，大学生可以先就业、后择业、再创业，以创业带动就业。

2. 创业可以培养学生的综合素质和能力。

创业可以培养学生的创新能力、组织管理能力、决策能力、综合协调能力、人际沟通能力、团队协作意识、诚信守法意识以及坚持不懈、永不言弃的良好品质。

3. 创业可以为国家积累储备创新人才。

创业可以促进人力资本质量和技术的进步，为国家积累和储备各类创新人才。

4. 创业可以发现和培育新的经济增长点。

经济新常态下，经济发展将从传统经济增长点转向新的经济增长点，而新的经济增长点必须要靠产业化的创新来培育和形成。

5. 创业教育应当成为思想政治教育的重要组成部分。

创业教育可以引导学生准确把握我国当前经济社会发展的机遇和挑战，正确认识全面建成小康社会、全面深化改革和全面依法治国的内在联系，认识、适应、引领中国经济发展的新常态，积极培育和践行社会主义核心价值观，坚定实现中华民族伟大复兴和“中国梦”的信心与决心。

（二）高职创业文化培育的可行性

1. 从学生层面来看。

一是学生没有认识到创业对于国家发展的重要意义。很多学生没有认识到经济新常态下“大众创业、万众创新”赋予大学生的时代责任。二是学生没有认识到创业对于个人发展的重要意义。很多学生认为创业和自己学习生活相距较远，在校期间只需要认真学习书本知识就足够了，创业对自己未来发展没有益处。三是

学生就业观念尚未完全转变。相当一部分学生还处在被动就业的状态，一味地追求物质待遇和地域条件，只寻求稳定体面的工作。四是学生创业时应具备的创新勇气不够，面对失败的心理承受能力较差。部分学生缺乏创业的自信和勇气，对创业将要面临的挑战感到无助和害怕，缺少艰苦奋斗的精神。五是学生的创业能力不足。部分有意愿创业的学生，缺乏专业的指导和帮助，创业能力不足。

2. 从学校层面来看。

一是学校对学生创业教育的重视程度不够。相当一部分高校认为，学生创业教育会在一定程度上冲击学校正常的教学和科研秩序，挤压学生的课堂学习时间。二是学校没有形成系统的学生创业教育体系。很多高校没有建立专业的创业导师队伍，没有设置创业课程，没有举办过创业讲座，没有将创新创业教育融入日常思想政治教育中，对学生创业意识、创业精神和创业能力的培养不足。三是学校对学生创业工作的资金投入不够。一方面，学校财政对学生创业的资金扶持力度不够；另一方面，学校不善于利用市场化机制，整合政府、企业、社会团体、校友等校外资源，或争取创业小额贷款等扶持措施。四是学校针对学生创业工作的配套制度不完善。很多高校没有出台支持学生创业的学籍学分管理制度，没有制订校内导师指导学生创业的激励措施，没有制订学生创业先进典型的宣传和奖励办法，没有建立学生创业作品转化和项目孵化机制。五是为学生提供的创业机会和平台不够。如今国家和省级的创新创业竞赛逐渐增多，但很多高校却没有组织开展相应的高水平创业竞赛，对各类创业社团协会的重视和指导不够，也没有建立校内创业实践场所和校外创业实践基地。

3. 高校创业文化培育的措施。

(1)培养学生创业意识，引导学生将实现个人“创业梦”自觉融入实现中华民族伟大复兴的“中国梦”中。

一是转变学生就业观念。在当今时代，个性化、多元化的需求更加凸显，但个性化、多元化的产品和服务还远远不足，这实际上正是大学生创业的有利时机，与其被动地找一份工作，不如自己创造一番个性化的事业。二是将创新创业教育融入日常思想政治教育中。利用团课、团日活动、班会、主题教育活动，教育引导学生正确认识我国经济发展的新常态，自觉投入国家创新创业大潮，在实现自己“创业梦”的同时助力中华民族伟大复兴“中国梦”的实现。三是举办系列创业讲堂。积极邀请党政专家、经济学者、企业精英、创业先锋举办各类创业讲堂，通过宣讲解读创业形势、讲述传授创业知识、分享交流创业经历等形式，为学生创业释疑解惑，激发学生创业意识和创业热情。四是推动开设创业课程。推动开设一批针对性强、实践性强、趣味性强的创业课程，涵盖创业模块培训、创业案例教学和创业实务训练，并纳入学校创业必修或选修课程体系。五是寻访选树创业典型。以五四评优、大学生年度人物评选、寻访中国大学生自强之星、寻访中国大学生创业榜样等各类评比活动为抓手，及时发现、培养、树立、激励各类大学生创业典型。通过报告会、座谈会、推介会等形式，大力宣传创业典型先进事迹，发挥学生创业典型的引领作用。

（2）培养学生创业精神，引导学生积极培育和践行社会主义核心价值观。

①培养学生的爱国精神。培养学生对祖国的忠诚和热爱，帮助学生树立正确的世界观、人生观和价值观，引导学生自觉将个人“创业梦”与中华民族伟大复兴的“中国梦”紧密结合，与全面建成小康社会，全面深化改革，坚定走中国特色社会主义道路，加快社会主义现代化建设进程紧密结合。

②培养学生的敬业精神。首先要培养学生的创新勇气，自信、认真地面对创业，敢想、敢做、敢闯；其次要培养学生的责任意识，敢于担当和负责；最后要培养学生良好的心理品质，引导学生正确看待创业过程中的艰难坎坷，勇于承受挫折，坚持不懈，永不言弃。

③培养学生的诚信精神。要引导学生牢固树立诚信创业意识，创业策划不弄虚作假，创业宣传客观真实，资金运用规范合法，经营过程诚实守信，产品和服务保质保量。

④培养学生的友善精神。创业过程是一个需要团队合作的过程。要引导学生树立共同的创业理念、价值观和创业愿景，通过科学有效的管理方式增强团队的凝聚力和向心力，相互信任，互帮互助，团结有爱，精诚合作，共担责任。

⑤培养学生的法治精神。在全面推进依法治国的背景下，一定要引导学生守法创业。要增强学生法治意识，善于利用国家扶持大学生创业的优惠政策；引导学生在创业中合法经营、依法办事，自觉接受法律的约束；当合法权益受到侵犯时，教会学生合理利用法律武器维护自己的合法权益。

（3）培养学生创业能力，让大学生成为经济发展新常态下“大众创业、万众创新”的主力军和佼佼者。

①发展各类创业社团协会。注重发挥学生主体作用，指导创业社团协会开展形式多样的活动，广泛吸引凝聚有创业意愿的学生，营造良好的创业氛围，增进学生创业交流，提升学生创业能力。

②完善各级创业竞赛体系。以“创青春”全国大学生创业大赛、“挑战杯”全国大学生课外学术科技作品竞赛、国家级大学生创新创业训练计划为龙头，完善学校和学院一级的创业竞赛体系，以赛促创、突出品牌、扩大参与，强化创新创业赛事育人功效，紧密结合学校特点和专业特色，大力推动跨专业跨学科交叉创新创业。

③进行模拟企业运营训练。组织学生成立模拟公司，通过角色扮演、撰写商业计划书、模拟谈判、模拟签约、模拟交易、模拟结算等方式，使学生身临其境体会创

业和企业运营的过程，训练大学生的市场敏锐性和企业经营能力。

④设立校内创业实践场所。利用学校内部资源，充分挖掘和开辟校内创业市场，组织大学生进行微型创业体验。指导学生成立自主管理、自主经营的创业团队，建立学生书亭、家教服务中心、爱心超市、计算机服务中心、校园物流中心等等，让学生体验创业实践的全过程。

⑤开发校外创业实践基地。同政府、企业、社会团体、高新技术园等单位联合开发创业实践基地，引导学生到政府部门、街道社区、企事业单位进行志愿服务、勤工助学、挂职锻炼、顶岗实习、产品营销等实际工作，使青年学生将书本知识和实验技能灵活运用到实际课题中，在实践中受教育、增知识、长才干。

(4)完善创业配套机制，营造良好创业氛围，为学生创新创业提供有力保障。

①争取创业资金支持。广泛吸纳校友、企业、社会团体等各方面资源，争取政府部门和学校财政支持，推动设立大学生创业基金，通过赛事奖励、专项支持、重点帮扶等方式，加强对学生创业项目的资金扶持；充分利用市场化机制，争取创业小额贷款扶持，重点支持学生初创企业。

②组建创业导师团队。充分发挥校内专家、校友、企业家、经济学者、创业培训师的作用，组建涵盖不同创业阶段、不同行业领域、不同创业需求，具有丰富创业经验、有强烈社会责任感的创业导师团队，组建创业导师资源库，通过建立专业化、常态化的导师辅导机制，为创业学生进行政策、项目、市场、金融等方面的“一条龙”指导。对于校内导师，要出台相应的激励制度，例如指导学生创新创业可以折算一定课时量等激励措施。

③构建政策服务平台。积极把握学生创业诉求，推动出台支持学生创业的学籍学分管理制度；运用手机 APP、微信公众号等网络新媒体，建立服务学生创业的“一站式”综合信息服务平台，汇集国家部委和所在地区扶持大学生创业的政策信息，为创业学生提供便捷实用的政策咨询、信息查询、智能提醒和沟通协办等服务，努力打通创业公共政策落地的“最后一千米”。

④完善作品转化和项目孵化机制。积极寻求学校、政府、企业、社会团体等多方资源支持，重点依托大学科技园、高新技术园、中小企业创业基地、创新型企业孵化器等孵化机构，联合打造一批创业实训、孵化基地，将创业实训、创业指导、创业孵化相结合，建立全方位、阶梯化、专业化的创业孵化服务体系，为创业学生在办公场地、提供孵化平台、市场对接等方面的需求提供便利。

⑤注重舆论宣传和引导。及时总结推广学生创业的成功做法、典型范例、先进经验，积极扩大社会影响；充分利用广播、电视、报刊、网络、手机等宣传媒体，丰富宣传形式，弘扬企业家精神，努力营造良好创业氛围。

第三节　高职创业文化教育教学的机制研究

一、高职创业教育推进机制的科学内涵

（一）机制与教育机制

“机制”一词指的是机器的构造及其动作原理。引申到教育领域，便是教育机制，是教育现象各个部分的相互关系及其运行方式。按照孙绵涛等人的分类，教育机制分为层次机制、形式机制和功能机制。层次机制是指不同层面对各部分的整合，比如宏观机制、中观机制和微观机制。形式机制是指教育内容的联系及其运行方式，包括行政—计划机制、指导—服务机制和监督—服务机制。功能机制是指教育现象各部分的运行关系，比如激励机制、制约机制和保障机制。通常所谈论的教育机制，指的是某个方面或者是一部分，也或者是各类机制的不同组合，使之服务于特定的目的，承载特定的内容，实现特定的功能，实际上蕴含了过程的意思。相对而言，呈现过程的动力机制、过程形成机制、评价机制等实现某种功能为目的的机制更为学者们所熟知，也具有更为清晰的学术指引价值。

（二）创新创业教育的推进机制

20 世纪 40 年代后期，在奥地利经济学家约瑟夫·熊彼特提出“创新”理论之后，诞生了创新教育，70 年代后，创新教育在美国和西欧迅速兴起。1989 年，联合国教科文组织会议在北京召开，即“面向 21 世纪教育国际研讨会”，提出了“创业教育”的概念。联合国教科文组织在 1998 年巴黎会议上发表了《21 世纪的高等教育：展望与行动世界宣言》，其中提出“高等教育要主动适应创新精神和面向岗位的创造精神”。如今创新创业教育已成为全球性的教育浪潮，如日本在 1998 年制定《大学技术转移促进法》，倡导创业教育；法国成立创业计划培训中心；英国成立科学创业中心并建立大学生创业委员会（NCGE）；等等。国外多年的创新创业教育丰富了学生的创新创业经验，产生了大量具有实际贡献能力的创业者，形成了一大批有影响力的企业，推动了经济的持续繁荣。如美国当代许多著名的高科技大公司，都产生于大学生与风险投资公司的合作，其形成的“硅谷模式”，至今都是创新创业的典范。我国也出现了一批以“清华大学创业计划大赛”为例的促进计划，培养创新创业能力，形成了中关村这样的创新创业集中场所。

在完善的创新创业能力培养框架方面，始于 1999 年教育部发布的《面向 21 世纪教育振兴行动计划》，完整地提出了“加强对教师和学生的创业教育”的愿景。2006 年，国务院发布《国家中长期科学与技术发展规划纲要（2006—2020）》，提出

建设创新型国家的重要战略；随后，胡锦涛在十七大报告中提出“促进以创业带动就业，完善支持自主创业、自谋职业政策，加强就业观念教育，使更多劳动者成为创业者”的明确要求，催熟了我国创新创业教育体系，建设了大量创新创业方面的课程，积累了大量的创新创业教育经验，但其运行体制和课程体系，显然不能满足“互联网＋”时代的要求；2012 年，教育部提出了“面向全体、注重引导、广谱施教、结合专业、强化实践”等五条教学原则，将创新创业教育落实到具体的实践要求框架中来，强调通过建立机制落实创新创业教育。随后，国务院印发《关于深化高等学校创新创业教育的实施意见》，明确了建立创新创业教育体系的任务和具体措施，在学校建立创新创业的推进机制，并将校长明确为学校机制建设的负责人。按照机制的内涵，创新创业教育的推进机制是以建立创新创业教育体系为目标的创新创业各个相关方面的相互作用系统。创新创业教育机制包括了动力激发机制、过程形成机制和功能保障机制。

二、高职创业教育的动力激发机制

高职创业教育的动力决定了机制建设的结构和相互关系，以及其间发生的各种变化。尤其是作用主体和外部条件改变促使的内部相关结构的变化，是创新创业教育机制运转的动力，也是创新创业教育机制建设的实质要件，具有指引性、基础性功能，对创新创业教育推进机制有决定性意义。

（一）高职创业教育的内生动力激发机制

从整个人类的进化过程来看，人总是自觉按照追求自由的方向前进，正是人类对自身不断要求，不断地改造世界和自我，才造就了色彩斑斓的世界。按照认识论的观点，主观主义强调认知是一个创造过程，是个体在自己特定的经验基础上与环境相互作用建构出来的主观产物，具有个人性、情境性、动态性等特征。自觉参与创新是人的本性。随着工业革命对人类体力劳动的释放，尤其是信息时代对人自由本性的释放，创新速度前所未有。追求自由的本性也在新一代学习者中得到充分印证，他们渴望更少的束缚，渴望通过自主创新创业，实现思想和行为上的自由。

在创新创业教育推进机制中，要实现学习者主动参与到创新创业教育中来，理解创新创业对社会、国家和个人的重要意义，首先要激发学习者参与创新创业的积极性。在以往专业教育中，学习者容易落入为知识而学习、为分数而学习的“窒息”环境。学习者常常磨灭了对自由的冲动，产生一些不那么激动人心的学习愿望，如“找一个好的工作”。那种“为中华崛起而读书”“改变世界”的理想在现实生活中寥寥无几。究其原因，并不是因为学习者失去创新动力，而是没有将这种动力激发出来。其次，学习者在参与创新创业教育的过程中，需要将内在的创造激情转化为学习动力。创新创业动力只是初始的兴趣。但初始的兴趣不能保证学习者的持续参与，要实现后者需要在内生的自我情感驱动下，对个人化现象、多元化对象和创新创业的价值悬疑进行有意识的引导，将兴趣转化为改变世界、改变社会、改变自我的价值支持和终极意义感。当然，这种价值支持和终极意义感很难通过特定的教育内容来激发。借用教育学家杜威的思想，教育者需要提供一种让兴趣“不期而至”的环境。一般来说，广泛的兴趣、博雅的基础、丰富的经历、持续的好奇心是创新创业的基础。因此，创新创业参与的热情，需要从通识教育、校园文化和专业价值指向等多向度着手，营造能激发学习者参与创新创业的环境，进而主动寻求创新创业教育作为自身构建创新创业能力的支撑，将被动变为主动。

（二）创新创业教育的外生动力激发机制

如果说学习者自主参与创新创业教育的动力是主观的，创新创业教育的外生动力却是客观的。这种客观性主要体现在以下方面：第一，学习型社会的客观需求。有学者将社会形态分为生产型社会、服务型社会和学习型社会。生产型社会是指社会靠生产驱动，全力生产仅能满足基本生活需求的社会形态；服务型社会是指少量人从事生产即可满足社会物质需求，服务消费成为主流的社会形态；学习型社会是指科技成为第一生产力，自主创新成为社会主流的社会形态。按照这种形态划分，我国正处于服务型社会，并急速向学习型社会迈进。要实现社会转型，需要提升自身的创新能力。第二，国家政策对创新创业体系构建的要求。国家结合现行创新创业教育体系的弊病，密集发布相关文件，提出一揽子政策，可以说，这些政策旨在培育创新精神，提升创业能力，推动“大众创新、万众创业”势态形成。第三，家长对人才培养观念的转变。中华人民共和国成立初期，进入党军政系统被认为是成才的标志；改革开放以来，跨国企业成为家长对孩子的期许；近年来，更多家长渴望自家孩子能独立自主，并理解和鼓励孩子自主参与创新创业。在高等教育大众化的今天，学校由原来的“卖方市场”向“买方市场”转变，满足家长对教育的诉求成为获取支持和提升社会资源、政府资源获取能力的关键，这也是学校推进创新创业教育的动力。因此，建立多元利益主体的沟通渠道，将社会需求、国家需要和家长价值理念变化结合起来，促进创新创业教育推进的外在动力机制发挥作用，是推进创新创业教育的关键。

三、高职创业教育的过程形成机制

创新创业的意识、能力并不会随社会变化、国家政策诉求、家长观念和学习者自我驱动进入学校教育系统，而是受到多种机制的制约，尤其是要改变创新创业教育本身的形成机制才能使其发挥明显作用。要推进创新创业教育在学校系统中的进行，需要与创新创业本身相关的形成机制的共同作用和相互协同，保障创新创业教育过程的落实。

(一)创新创业意识的嵌入机制

创新创业意识的嵌入机制实际上是创新创业教育实现的形式机制。其目标是使学习者在创新创业教育过程中嵌入对创新创业的意识。这种意识对于教师来说,是关注对学生创新创业教育的培养意识,对于学生来说,是自身参与创新创业学习、体验、实践的意识。

“嵌入”最初是一个生物学术语,指的是放线菌素将分子插入并结合到DNA链的碱基对中,引发DNA的变性从而改变物种的形态。后作为社会学词汇被广泛使用,意为外部异质元素进入内部体制,引发了社会结构的变化。按照社会学家格兰诺维特的观点,嵌入可以划分为“关系嵌入和结构嵌入,其方式是信任、文化和声誉”。嵌入机制是指将创新创业意识通过关系嵌入和结构嵌入的办法,进入学校教育体系,使学校原有文化环境发展转变的机制。关系嵌入是指将国家政策通过政府权力和政策指引,学校组织变革和专家学者对学生创新创业能力意识的培养,通过政策指挥棒、组织机构作用力和研究机构理论支撑力传递到教育体系,并逐步改变原有人才培养意识的过程。比如在政策指引下,教师和学生关注创新创业现象,并尝试纳入自身思考和知识结构,就实现了意识在头脑中的初步植入。

结构嵌入是指创新创业意识通过设立特定的课程、组织机构、教学方法和评价方法,引起学校空间变化和内容变化的办法。如在人才培养方案中嵌入专业导论课、跨专业创新课、概观类选修课、创新创业能力培育课、专业课融入创新创业的内容等;也包括在学校设立“众创空间”等创业平台,加入指导学习者创新创业的“导师”,为学习者创新创业提供平台支持,引发学习者创新创业意识的形成等组织上的嵌入;同样也包括让学习者深度体验工作全过程、参与工作实践等涉及创业实践行为的实训教学方法等教学方法上的嵌入。这种通过新机构的设立、新人员的加入、新内容新方法的介入以完成与原有文化对接和整合的方式,是促进创新创业意识在教育中嵌入的机制。

(二)创新创业内容的生成机制

新元素嵌入教育系统之后,需要与创新创业教育进行整合,形成内容载体,从而整合成新的内容形态。按照文化模式论的观点,一种文化是一套内部要素相互关联的价值母体,是一套理解和组织人们活动的方式。这种文化通过价值母体来整合外来文化。循此思路,创新创业内容的生成是依托现有关联的“价值母体”而来的,通过现有教育体系融入创新创业的内容,实现基于创新创业的整合,使之不颠覆原有教育体系的框架。从现实意义讲,具有普遍意义的创新创业内容固然重要,但立足于专业成长,满足社会发展的支撑型人才是学校人才培养的首要目标。因此,创新创业内容的生成应该是以嵌入为标志、以整合为手段的内容载体。那么,创新创业内容又以什么样的生成机制作为运作的保障呢?

1.要明确创新创业的范畴。

按照黄兆信等人的研究,创新概念的范畴涵盖了社会技术的、组织的、方法的、系统的变革及其价值实现全过程,创业更是推动创新和推动创业实践的动态组合,是创新精神、意识和能力转化为创业实践的过程,以及对时机的把握和社会资源的整合。这就要求我们将创新创业教育从组建公司等实践范畴中解脱出来,将创新创业教育的构建定位为更为宏观和系统性的创新创业能力培育,如创造性和远见能力。创造性的培养在于广博视野和专业知识以及跨界知识方面的培养;远见能力是对社会和业界发展趋势的把握能力。同时,创新创业的核心不仅是技术上的发明,更是将技术发明转化为经济生活中具有现实价值物质或者是服务方式与存在形态的能力。这就需要创业者具有在各种不确定性的环境中寻求机会的能力,并引领更多的追随者进入领域,建立相应的生态,扩大创新创业产品所指向的市场范围。这需要领导力、洞察力等能力的融合。在实现这个过程的同时,失败是难以避免的,适当的抗压能力和强大的反思能力是创新创业教育的组成部分,而不是千篇一律的"创业"。

2.要明确创新创业教育的目标。

明确了创新创业教育的范畴,其内容范围还需要建立在特定的目标之下。目的性是人类实践的根本特性,教育目标是教育过程对人的质量和规则的把握。创新创业教育的首要目的是使学习者深刻理解他们所生活的世界,并培养整合可以利用的资源,拥有自身知识技能改变世界的意识。从美国高等教育的创新创业教育形态来看,这种目标能有效提升创新创业教育的实效,以硅谷为代表的创新创业教育成果也反映了美国高等教育创新创业体系的建设成效。同时,创新创业教育是实现具有实践性、个体性、多样化的人才培养愿景的方式。1988年,柯林·博尔提出创业教育是"第三本护照",与学术教育和职业教育具有同等价值,其实质是培养事业心和开拓技能,这就是一种知识结构上的要求,如对社会态度的习得,经济政策的掌握,想象力、洞察力、领导力、数据力等能力的培养。

再次,要形成创新创业教育内容的生成机制。创业教育起源于商学院和与工程相关的学院,但商业运作模式和技术与工艺并不是创新创业内容的全部,文化、价值观、政策和个体行为在创新创业教育中有着复杂的触动点和作用机理,体现为对世界消费趋势的把握、人类行为的复杂性认知和数据挖掘、计算与建模处理方式以及对事态发展的把控能力。因此,创新创业教育的内容不应该只是知识内容,更应该是对想象力、洞察力、创造力和实践能力的把握,是对事物新形态的探索及对不确定性情境的调适。从创新创业教育的经验来看,创新创业教育没有一个放之四海而皆准的"真理"模式,同样也没有固定的内容。一般来说,设置专门的通识教育和在专业教育中融合创新创业的内容是创新创业内容的大致组成成分,但也没有特定的标准。唯一需要肯定的是学生需要一种动态的、有效的、更容易被接受的方式来促进创新创业教育的实施。如跨学科的整合知识、核心文化价值在人类行为中的释放、依托任务的创业技术与方法等，这些需要对不同层次、不同风格的学习者个体建立与之相符合的教育内容。

（三）创新创业行为的淬炼机制

在创新创业实践中，学习者面临的是不可确定的情境和不可控的路径，学习者只有在学习过程中不断实践各种创造性行动，反复整合各种资源，体验整个创新创业的过程，反思自身在创新创业中的知识缺陷和能力缺陷，才能在真正的创业机会到来之时，获取成功。因此，创新创业的淬炼机制显得尤其重要。

1.创新创业平台建设。

创新创业平台指的是用来提供学习者创新创业体验的环境。在创新创业教育的推进机制中，创新创业平台包括三个层次：首先是解决问题的课堂创新创业体验学习；其次是以实践共同体构建为手段的模拟创新创业；再次是设立“众创空间”等创新创业孵化平台，支持学习者以赢利为目标的创新创业实践平台。课堂创新创业体验学习指的是在教育体系中，通过将已有知识或复制任务还原为可以体验的路径，教师通过引导学习者发现和探究，将学习者的创新创业情绪从知识学习中释放出来，进行基于问题的观察、思考和感受，其目的是构建创新创业能力的成长平台，提升学习者创造性解决问题的能力。以实践共同体构建为手段的模拟创新创业指的是构建游戏、比赛、案例等平台，将学习者通过组建实践共同体的方式，促使学习者理解团队协作意识和问题解决意识，体验创新创业中遇到的各种问题，并尝试使用各种资源解决的实践平台。相对课堂创新创业体验学习而言，模拟创新创业实践平台更接近创新创业实践，更能体会到创新创业过程汇总的具体问题。

“众创空间”等孵化平台的创新创业活动。基于“众创空间”的创新创业，是一种完全基于创新创业气氛的创业环境。学校通过提供场地支持、创业资金支持、创业基础条件支持、实训室与实验室支持等方式提供支持平台；通过建立多元融合、多元合作的机制，推动众创空间与政府、学校的联动；发挥校企合作优势，广泛参与与校企合作企业的合作等手段促进创新创业学习共同体的实践，对培育成熟的组织鼓励注册为公司，与外界进行资本接触和技术接触。这是一种无限接近创业的平台，甚至就是创业平台，其方法、过程和经验对创新创业能力有极大的淬炼作用。

2.创新创业教育的激励机制。

激励机制是指利用激励手段、发挥激励功能来调动教育各个方面的积极性，从而统整教育体系并使其发挥作用的办法。创新创业教育的激励机制是指通过对学习者参与创新创业的激励以调动学习者的积极性,来促进学习者对创新创业的实践。对于创新创业行为本身而言,参与创新创业的学习者可能会在一定时间内获取成功,有的可能面临一种不太确定的自然状态,会导致学习者在参与创新创业的时候犹豫不定。这就需要教师对创新创业事实进行激励,免除创新创业实践者的后顾之忧。从高校创新创业的实践来看,创业事实激励一般包括对创新创业行为的激励、指导的激励、身份的激励。

创新创业的行为激励是指针对组织或者个人参与某种创新创业行为,予以相应的表彰、认同或其他体现尊重的行为等,给行为主体继续按照被激励的行为实施某类事件的激励手段。如对创新创业的人员予以校长接见、参与学校外事活动、参与学生创新创业讲座的分享等方式,促进创新创业行为在学习者中产生示范以起到机制建设的作用。创新创业的指导激励是指在创新创业过程中,对表现突出的创新创业共同体提供导师指导服务的激励。比如对创新创业大赛中表现突出的团队(个人)或者方案,提供相应的导师,以帮助其解决创新创业过程中的思想困惑、行动困惑和现实资源调配困境等问题。导师的来源可以是学校有创新创业能力的教师,但最好是从校友资源中挖掘的有创新创业经验的典型学长、校企合作的企业人士和各类风险投资公司的职业创新创业指导人,创新创业指导的激励属于一种效果激励。

创新创业的身份激励指的是在创新创业过程中,对表现突出的创新创业共同体或个人赋予创新创业身份,以表彰其创新创业行为,促使其自身对创新创业兴趣的保持和积极进取的一种方式;也可以通过创新创业身份的认定促使其自身获取相应的自我效能感,提升自身对创业理想的保持,获取创新创业的成功。

四、创新创业教育的保障与反馈机制

(一)创新创业教育的保障机制

保障机制是指对组织开展某类行为提供主体之外的、以确保主体行为顺利推进的相关方法、物质条件及其他外围环境。在创新创业教育的推进机制中,其主要的保障来源是为创新创业教育提供相应的场地资金保障,为参与创新创业的人群提供灵活的学习制度保障,为创新创业行为提供良好的外部环境保障。

1. 场地资金保障。

在学生群体的创新创业行为中,学生有大量贴近实践的想法,部分学生掌握了相应的技术,具备了创新创业实践的一些重要条件,具备了一些核心竞争力。但大部分学生在获取创新创业资金和场地时会遇到各种问题,为学习者的创新创业实践提供场地和起步资金是促使其参与创新创业学习和实践的有效办法,如为学习过程提供足够的实验耗材,为进入创新创业孵化平台的创新创业群体提供办公室、无线网络和办公设备等基础条件，这对创新创业能起到实际的支持作用。

2.学习制度保障。

在学生群体的创新创业能力培育中，跨界创新往往比基于专业的创新更能产生成果，提供跨专业学习和灵活的转专业制度，为学生自身设立的创新创业目标提供制度上的便利是促进学生参与创新创业行为的良好机制。发生在“众创空间”的创新创业行为，更需要弹性的学习指导支持，如参与创新创业实践必然会牺牲部分正常的上课时间，予以参与 MOOC 等在线学习替代课堂教学是一种方法；对关键时间节点的创新创业共同体，给予其弹性学制、灵活休学制度，也是非常有必要的制度保障。

3.外部环境保障。

外部环境保障是指在创新创业过程中，通过与工商管理部门的有效沟通和相应的会计支持等外围环境的支持与保障，创新创业者能按照自身的目标开展创新创业行为。在创新创业过程中，创新创业实践者不可避免地需要与工商和税务部门发生关系，工商和税务部门提供相应的支持，能显著降低其创新创业的难度，促使创新创业者在创业初期将精力集中在创新创业行为上。

除此之外，给予参与创新创业行为的学习者利用学校实训室、实验室、学校网站等场所的便利也是保障创新创业教育顺利推进的有利条件。

（二）创新创业教育实践的反馈机制

推进机制的魅力在于目标与系统之间的相互联系。但创新创业教育的实效，并不是按照特定路径推进的有序行为，根据行动提供不断的反馈与反思，是促进创新创业实践走向更高层次的有效办法。

1.聚焦于结果的反馈。

聚焦于结果是创新创业教育实践的第一步，是检测创新创业行为是否符合学习者需求和社会真实创业环境，评价创新创业教育实践的实现程度是否对学习者、学校、家长和社会负责任的态度和行为的重要方式。同时，也是判断创新创业教育是否有效的客观标准。学生在创新创业知识构建和行为体验中的成长，教师在支持创新创业行为中的充分发挥，学校体制机制在支持创新创业教育中的变革，建立在创新创业实效上的学校发展声誉和育人质量的提升以及培养理念的多元化，都是创新创业实践的效果，能促进行为主体立足于自我，进行思想上、观念上的反思。

2.基于大数据的驱动。

2012 年以后，由于数据存储技术的发展，收集、管理和分析数据能力加强，大数据受到普遍重视。在创新创业教育体系的推进中，大数据可以勾勒出完整的情状，学校只需要做好寻找、开发、收集数据的工具，即分析哪些数据对改善创新创业教育有实质性、显著性、关键性的作用，数据形成的支撑是什么；建立基于数据的评估体系，即评估哪些是推进创新创业的有效行为，如何评价它；有效进行基于数据评估的资源分配，即在实施数据评价之后，利用资源调配来改善创新创业教育的机制体制问题，促使创新创业教育不断提升实效和层次。

3.基于胜利的庆祝。

庆祝胜利是对创新创业教育推进阶段性成果和实质性进步的仪式，是一种巩固能力的行为，也是一种放松的机会，对于稳固信息、扩大影响、凝聚智慧和资源具有积极意义。真正的创新创业实践是蕴含复杂性、模糊性、不稳定性、独特性的实践行为，具有现实的难度：在创新创业过程中的艰辛不参与不得而知；在创新创业教育的实施过程中，教师们超常规教学的辛酸不得而知；学校管理者通过自身努力调适各种制度，沟通各种障碍的努力不得而知。在取得一定胜利甚至是阶段性成效后，有必要对学习者、教师和教育管理者进行一定的基于胜利的庆祝。因此，只要相关数据显示出创新创业教育上的某些进步，某些典型性的事例的出现，都可以通过庆祝胜利将身份激励、效果激励和学校创新创业教育的发展目标以及发展创新创业教育体系的价值联系起来，用一种非常富有人情味的方式宣告创新创业教育效果的可见性和方向明确性。这对其他机制的作用成效也会起到极大的促进作用。

4.反思失败的变革。

变革是一种与自身文化进行较量的过程。变革的目的是推倒原有的系统重新进行顶层设计。在面向不确定性的创新创业教育体系构建中，无效的做法或是低效的体系都是不能容忍的，因为创新型社会的变革需要人才创新能力的强力支持。而在创新创业教育的推进过程中，会有各种现实原因造成的推进机制失效。因此，教育工作者必须勇于承担失败的责任并在失败经验的基础上去变革创新创业教育体系，清理残存的低效做法，选择、整合已有的先进经验，进行文化重构、结构重构和行为重构，不断完善和升级机制，以适应创新创业的社会需求。

经过多年的探索，我国创新创业教育推进机制实际上有了很多经验和成功典范，无论是动力激发机制、内容生成机制、过程淬炼机制还是效果反馈机制都有很多探索，但就整体而言，创新创业教育游离于普通教育系统之外的现实值得深思。创新创业教育推进机制建设首先需要进行思想意识重塑；同时，要适应创新创业教育的制度框架革新和文化环境重塑；建立适应创新创业教育推进的保障体系建设，建立起内源性和外源性的立体推进机制，将“大众创业、万众创新”的理念和能力深入校园内每一个人。也只有创新成为每个人内在的灵魂，才能支撑起祖国繁荣富强的理想。

第三章 高职院校创业教育与创业文化培育的现状

1989 年，在“面向 21 世纪教育国际研讨会”上，联合国教科文组织首次提出“创业教育”的概念。创业教育又被称为教育的“第三本护照”，具有与学术教育和职业教育同等的地位。2000 年 1 月，在全国高校技术创新大会上，教育部指出“要加强创新创业人才培养，增强大学科技园和各类成果转化基地建设”。会上印发的《教育部关于贯彻落实〈中共中央、国务院关于加强技术创新，发展高科技，实现产业化的决定〉的若干意见》（简称《意见》）中提出“允许大学生（包括硕士、博士研究生）保留学籍创办高新技术企业，增强提高学生创业意识和实践能力”。这些政策的发布为我国高校开展创业教育提供了改革、创新的平台和政策的绿色通道，将我国的高等教育推向全力开展如火如荼的创业教育的新阶段。就业是民生之本。当今社会经济高速发展而劳动力面临就业、再就业的巨大压力，创业教育模式在这种背景下被提出并发展起来具有相当重要的现实和理论意义。实施创业教育是世界高等教育发展的一种趋势，也是我国高职院校教育改革和发展的必然选择。高职院校开展创业教育不仅是国家经济和社会发展的需要，更是高职院校自身发展和带动高职院校学生创业以创造更多就业岗位的需要。

信息社会中，知识和技术在企业中的密集度越来越高，知识更新速度越来越快，结构性失业越来越明显。随着社会经济结构改革及产业结构调整和升级，社会分工、工作岗位、社会职业和人力资源市场不断发生变化，毕业生面临充分就业的不确定性越来越大，以自主择业和被企业聘用的就业模式不再是毕业生毕业选择的唯一途径。以创办企业为主导的自我聘用逐渐成为毕业生实现毕业后就业的新模式。在这种模式下，毕业生通过自主创业可以更好地服务祖国和人民，完成自我价值的实现。创业教育成为就业指导和就业服务的新指向。将创业教育和就业指导充分融合，把创业教育作为高职院校教育的组成部分，提升高职院校创业教育质量，使学生具备创业意识，创造就业机会，将成为高职院校供给侧结构改革的重大战略调整。就业是“找饭碗”，创业是“造饭碗”。在创业的过程中，不仅解决了自身就业的问题，同时也给其他人提供了就业机会和就业岗位，即“创业带动就业”。只有让更多的毕业生实现“找饭碗”变为“造饭碗”，高职院校学生就业问题才能得到真正的解决。

高职院校承担着培养和教育青年人才的重要责任。使高职院校毕业生充分就业是高职院校培养专业人才并服务社会的重要体现。高职院校教育也应适应现代社会的发展，根据社会的需求，调整学科布局和结构。这关系着高职院校教育的可持续发展和科教兴国战略的实施。我国高职院校的创业教育应该首先转变教育思想，更新教育观念。在科学发展观的指导下，始终坚持以人为本的教育理念，将高职院校创业教育融入高职院校教育的目标和任务，全面提升大学生的创业素质和创业能力。始终把握高职院校的教育功能定位，培养学生的独立创造精神和科学精神，激发学生的创造性思维和创业灵感。坚持全面协调发展的思路，既要提高学生的创业知识、技术水平和实践能力，也要提升学生的社会责任感、创新精神和创业意识，改革人才培养模式和课程设置创新，大力推进高等学校创业教育改革，完善创业教育的内涵，不断提高我国人才培养质量。随着我国经济社会的不断发展，以创业教育提升大学生就业竞争力，以创业带动就业，提升就业质量是当前社会解决高职院校毕业生就业问题的重要方法。培养具有创新思维、创业精神和创业能力的优秀人才，不仅是解决高职院校学生就业问题的需要，也是我国经济提质增效升级的需要。

创业教育的实施是一个系统的教育工程，需要整合多方力量，八方联动、互相配合，不仅需要高职院校转变教育机制和教学理念，更需要国家、地方政府的政策和制度支持。《中华人民共和国教育法》规定：高等教育的任务之一是培养具有创新精神和实践能力的高级专门人才。党的十七大报告指出：“要实施扩大就业的发展战略，促进以创业带动就业。就业是民生之本。要坚持实施积极的就业政策，加强政府引导，完善市场就业机制，扩大就业规模，改善就业结构。完善支持自主创业、自谋职业政策，加强就业观念教育，使更多劳动者成为创业者。”2012 年 8 月，教育部制定的《普通本科学校创业教育教学基本要求（试行）》中明确提出，高校要将创业教育纳入学校改革发展规划及学校人才培养体系，要面向全体学生单独开设“创业基础”必修课，把创业教育有机融入专业教育。2015 年 5 月国务院办公厅颁布了《关于深化高等学校创新创业教育改革的实施意见》，明确要求地方和高职院校要树立先进的创新创业教育理念，加强创新创业教育，增强学生创新精神和创新创业能力。国家还出台相关优惠政策鼓励有创业能力的高职院校学生进行自主创业，自谋职业，缓解就业压力，促进国家经济繁荣和社会稳定。加强和推进高职院校创业教育，既是推进我国高等教育科学发展的迫切需要，又是我国建设创新型国家和科技强国的迫切需要。

第一节　高职院校创业教育的现状

党的十八大报告提出，要“加大创新创业人才培养支持力度”，“支持青年创业”。党的十八届五中全会明确指出，要树立创新、协调、绿色、开放、共享五大发展理念，必须将创新发展摆在国家发展全局的核心位置。开展高职院校学生创业教育合乎时代发展和社会需要，是高职院校素质教育创新改革的新要求。培养具有创业精神、创业意识和创业能力的优秀学生是高校创业教育的首要目标。在这个目标的指引下，为每一个立志创业的学生提供理性、实用、针对性强的创业教育，营造创业教育的校园文化氛围，帮助他们提升创业所需的知识、技能和心理素质等综合能力，鼓励学生积极投身到创业实践中去，是高职院校创业教育的现实任务。

一、高职院校创业教育的现状概述

创业是一个人发现商业机会，捕捉机会，并付诸行动创造出新颖的产品或服务的复杂过程。在这个复杂的过程中，可以实现产品或服务的潜在价值。杰夫里·提蒙斯在《创业创造》中将创业定义为：创业是一种思考、推理结合运气的行为方式，它为运气带来的机会所驱动，需要在方法上全盘考虑并拥有和谐的领导能力。科尔在1965年把创业定义为：发起、维持和发展以利润为导向的企业的有目的性的行为。通俗来讲，创业包括从创业者的创业意识产生到企业持续健康成长的全部过程。

创业者通过对自己的资源或努力获取的资源进行优化组合，运用生产和管理方法，创造出更大的经济和社会价值。在创业过程中，创业者需要付出大量的精力和时间。只有成功的创业者才是英雄，空有满腔热情而不付出努力是不可能成功的。甚至很多时候，在创业初期，创业者的生活和工作环境十分艰苦，需要极大的毅力和忍耐方能坚持。

分析创业的概念，创业有以下几方面的特征：

第一，创业有风险，输赢须自负。创业是一种高风险活动。创业的风险各种各样，有主观原因，也有客观因素，这取决于创业所处的行业以及创业团队和团队拥有的资源。创业需要全盘考虑，它涉及人、财、物、行业、产品、机会和管理等多个环节。如果一个环节没有处理好，就会导致满盘皆输。通常的创业风险主要包括财务风险、市场风险、技术风险、人力资源风险、外部环境风险、合同风险等几个方面。创业者应具备超强的成就动机，以及勇于开拓、甘愿冒险的精神，敢于承担令人望而却步的风险事业。

第二，创业具有回报性。对于创业者来说，创业成功后首要的回报就是从其中得到独立自主以及伴随而来的个人在物质财富方面的满足。金钱的回报对追求利润的创业者而言无疑是很重要的，一般来说，面临的风险与获得的回报成正比。从创业中获取的回报包括物质方面的回报和精神方面的回报，这些是创业者创业驱动力的来源。

第三，创业是一种价值创造过程。创业是一种复杂的创造性的活动，在创业的过程中需要创造出一种具有价值的新鲜事物。这种具有价值的新事物不仅对创业者本身具有价值并且要具有社会价值。创业的重要社会属性是价值属性，同时，价值属性也是创业行为的意义及价值之所在。

二、高职院校创业教育现状中存在的问题

高职院校的创业教育在理念、课程体系、师资队伍、政策氛围等方面都存在一些问题，一线教职员工所反映的问题也说明了学校在创业教育上的弱点。因此，为了让创业教育顺利进行，就必须研究问题、分析原因，为制订对策寻找依据。本节将从创业教育认识、课程体系与师资队伍、管理模式与服务体系、外部环境等四个方面探讨高职院校创业教育存在的主要问题并分析其成因。

（一）传统家庭教育的影响

受到传统思想的影响，多数家长都希望孩子好好学习，将来考上重点大学，毕业后能考上公务员，再不济也要找个高薪且收入稳定的清闲工作才算成功，所以延续几十年的考公务员热始终不见降温，家长们宁可让孩子连续多年重修复读也不愿让孩子进入高职院校，更谈不上高职院校毕业后去自主创业了。这种传统的成才观念从小就影响着学生们，使大多数人都选择安于现状，不愿打破现有的平静。

在调查中有超过一半的大学生认为“亲人的反对”是创业所面临的主要困难之一。这是因为大部分家长对孩子大学毕业后直接自主创业没有较高的期望值，况且对于很大一部分家庭特别是农村家庭或城镇低薪家庭来说，供孩子读完大学已属不易，若还要投入一笔有较大风险的资金来支持他们自主创业，那实在是艰难的选择，所以他们不鼓励、不支持大学生毕业后自主创业。同时，社会上也有一些人对在校学生创业持消极看法，认为在校学生创业就是不务正业，会影响学业，从而给大学生造成一定的社会舆论压力。

在很长的一段时间内，国家统一为大中专院校毕业生分配工作单位，长期受这一分配制度的影响，许多家长已形成惯性思维，认为上学就是为了就业，并不认同孩子毕业后直接创业，认为创业是孩子实在找不到工作才做出的无奈之举。同时，创业具有一定的风险，求稳怕变的心态促使家长们把心思花在如何让孩子找工作，如何找一份体面的工作上，既不鼓励也不支持大学生创业。有些家长选择让孩子

上高职院校，就是看重了高职院校人才培养的目标是培养高端技能型人才，培养出的学生具有工作岗位针对性强的优势，利于在就业市场上寻找一席之地。这种保守的、传统的就业观念制约着创业教育的发展步伐。社会对大学生创业的认知也存在偏差和误解，有些人认为在校大学生创业会荒废学业，学生在校期间，就该好好学习专业基础知识，掌握过硬的职业技能，而对于学校开展的创业教育则认为是在"误人子弟"。

（二）传统学校教育的影响

在我国的教育模式中，传统的应试教育截至目前仍然处于主要地位，理论化的教学方法、理想化的教学思想，最严重的是许多教学内容与当今社会经济发展已经脱节。在传统的教育模式下，只注重理论学习，缺乏实践能力，阻碍了学生创新性的培养。

高职院校的创业教育也依然延续着这种传统落后的教育模式，学生所学到的只是授课教师照本宣科的理论，感受不到创业的真谛，这必将成为在培养学生创业精神过程中的绊脚石。同时，多数高职院校在创业教育方面没有足够的重视，依然守着"签一个算一个"的老观念不放，认为学生只要学会了专业技术，将来能签约到一个单位，提高学校的就业率就足够了，是否有学生创业成功或是否有学生创业，这些都与学校无关。这种教育、教学的观念，严重地限制了学生的创新意识和创业能力的发展。

（三）大学生自我认知的影响

创业指的就是高质量的就业。相对于就业来说，创业更加困难，高职大学生年轻有活力、充满激情、敢于拼搏、勇于冒险，具有较为丰富的专业理论认知，这是他们创业的优势。但也有很多壁垒：第一，知识构架较为单一，认知面狭窄；第二，缺少创业经验及社会经验，考虑问题常常简单化、理想化，在项目选取、规划设计、市场经营、财务管理、与工商税务部门的沟通协调等方面存在困难；第三，心理承受能力比较弱，经受不住挫折和失败，特别是欠缺对可能发生的风险及挫折的应对措施，容易导致功亏一篑。

高职院校大学生创业者初出茅庐，涉世未深，对市场和社会的认知存在偏差，对市场的调研深度尚浅，从而导致产出的产品或者提供的服务不能符合市场的实际需求，对创业教育也存在认知偏差的问题。调查显示，对于从事创业活动最主要的目的，有少部分的大学生认为是"赢利"。这说明还有一部分同学将创业的目的简单等同于挣钱，还有20.36％的同学认为创业就是创办公司，甚至误把勤工俭学也归于创业。在调查中相当多学生认为如果自己创业，最缺的就是社会关系与资金，似乎觉得有了社会关系与资金就能创业，忽视了高职院校的能力培训与技术服务在大学生创业中的重要地位。学校总体上缺乏浓厚的创业教育氛围，很多学生认为创业教育是针对少部分学业成绩优秀、社会实践能力很强的精英学生开展的培训，自己作为一个普通学生是难以涉足的。

三、高职院校创业教育中存在问题的原因分析

2015年10月，全国高等职业院校创新创业教育联盟成立。联盟的成立不仅标志着研讨和引领高职院校创业教育的平台启动，而且标志着高职院校的创业教育跨入“合作·创新·跨越”时代。联盟将在教育部的指导下，凝聚广大成员的力量，营造氛围，做好服务，确保实效，为开创全国高职院校创业教育工作的新局面做出更大的贡献。2016年，以“打造双创平台、培育工匠精神、共享创新资源”为主题的全国高职院校创业教育联盟理事长会议暨第二届全国高职院校创业教育论坛在北京召开。常州工程技术学院院长吴访升说，创业教育是促进全民觉醒的好机会。高职院校开展创业教育是时代发展的需要，是高职院校的重要教育内容。同时，开展创业教育对推进创新型国家建设、缓解严峻就业压力、深化高教育改革、促进大学生自我发展具有重要意义。

（一）高职院校开展创业教育是建设创新型国家的必然要求

2016年10月，中共中央政治局委员、国务院副总理刘延东在湖北调研时强调坚持创新发展，形成新的增长动力源泉，迫切需要增强科技进步对经济增长的贡献度，高职院校教育作为人才第一资源和科技第一生产力的重要结合点，要建立符合科研规律的人才使用、评价和激励制度，突破科技成果转化瓶颈，促进人才培养、科学研究、社会服务、文化传承创新的紧密结合，有力支撑经济持续健康发展。

深化创业教育，全面提升人才培养质量，可以为创新型国家建设提供有力支持。建设创新型国家，增强国家经济实力是我国进入21世纪应对激烈国际竞争的迫切要求。建设创新型国家的首要目标是在全社会培育创新精神，核心要素是造就大批创新型人才。对于创新精神的培养、创新型人才的造就，高职院校的创业教育发挥着重大作用。

（二）高职院校开展创业教育是缓解严峻就业压力的迫切需要

在知识经济时代不断发展的背景下，高职院校学生就业市场大幅度缩小。2016年高职院校毕业生达765万人，再创历史新高。大学生就业情况成为各界关注的焦点。社会劳动力总量供大于求，高职院校应届毕业生不可能都找到适合自己的岗位就业。学生自主创业将成为拓展就业渠道的重要途径。创业是就业之源。创业带动就业是一项战略性任务，是扩大就业规模的新载体。在高职院校开展创业教育可以转变学生的就业观念，拓展就业思路。通过创业教育，帮助学生树立理性的择业观念，挖掘学生的创业潜能，鼓励学生用自己的聪明才智为社会做出贡献。在创业教育中，创业素质的提高和创业精神的培养是两个重点。创业教育

可以促使学生敢于实践、冒险，从而使学生由被动求职向主动创业转变。自主创业也可以带来高收入和发展机遇，同样也可以创造辉煌的人生和实现人生价值。

（三）高职院校开展创业教育是深化高等教育改革的迫切需要

创业是一种创新性的创造活动，既要懂得专业知识，又要有现代企业管理知识，能够做出正确的选择和决策，以及要有较强的组织策划能力和良好的人际交往能力。因此，创业教育是素质教育和创新教育的深化和延伸。随着高等教育大众化进程的加快，当前大学生就业形势已日趋严峻。在目前状态下，如果大学生一味等待就业机会而不是积极地创业和开拓事业，将挤占社会岗位资源，加剧整个社会就业负担。另外，高职院校教育出的高素质人才无法从事专业的工作将会造成智力资源的极大浪费，同时也会延缓高职院校教育大众化的进程。

在高职院校实施创业教育，鼓励毕业生在实现自我雇佣同时又可以创造就业机会和岗位，这既可促进社会经济发展，又可优化人力资源配置，并缓解社会就业压力。深化高等教育改革可以改变传统教育的脱离经济和脱离实践的教育模式，引导学生加强知识创新和技术创新，并把自己向有市场意识、创新意识的新人方向培养。在高职院校教育大众化背景下，这种以创造性就业和创造新的企业为目的的创业教育是深化高职院校教育改革的迫切要求。

（四）高职院校开展创业教育是促进大学生自我发展的迫切需要

现代高职院校学生越来越把创业作为目标，追求个性解放和实现自身价值。创业教育符合当代学生更加关注个性化发展的要求。在激烈的就业竞争的压力下，创业教育在强调夯实理论知识、掌握基本专业技能的同时，亟须传授学生一定的创业知识，培养和增强其创业能力。因此，除了传统的就业教育外，高职院校还必须加强创业教育。高职院校开展创业教育时应根据学生的个性设置特色的教育模式，注重创业欲望的激发，以培养学生的创业素质为核心和重点。

创业教育需要因材施教，合乎学生自身的发展，体现学生的主体地位。学生处于主体地位，才能主动选择自身的发展方向，而不是制约和限制自身的发展。毕业生根据自身发展的实际需要进行创业实践，既可以找到合适的岗位就业，又能在寻求更好的自我发展过程中主动选择并不断走向自主创业。毕业生如果把自己的兴趣和即将从事的职业或事业结合在一起，是创业教育达到目标的标准之一。在这个层面上讲，高职院校开展创业教育也是学生促进自我发展、实现自身价值的迫切需要。

第二节 高职院校创业文化培育的现状

一、高职院校创业文化培育的现状概述

虽然创业教育进入我国已经有十几年的时间，政府与社会各界对大学生创业教育也十分重视和关注，但是创业教育在我国的发展程度仍然只能算是初级。长久以来，我们都是把创业教育的相关理论知识作为主要研究对象，没有理解创业教育真正的含义，对创业教育的认识度不够，没有将其和培养学生的综合素质联系起来。在缺少政府具有导向性指导的前提下，创业教育在高职院校开展得有些盲目，主要体现在非专职、非专业的师资队伍导致了创业实践活动往往要依托学生工作部门的协调才能得以实现；过于落后陈旧的教育模式、教学方法以及教学内容；对创业实践环节的重视程度不够，大学生缺乏与社会的联系，政府对大学生创业教育的资金投入不足等方面。在美、日、英等发达国家，大学生创业教育的普及程度在80％以上，而且很早就纳入了全民教育体系。由此看来，我国的创业教育形势仍然是十分严峻的。

（一）对创业教育重要性的认识存在偏差，重视程度不够

改革开放以来，计划经济逐步被市场经济取代，时代的“主旋律”已经转变为知识经济。知识经济时代，社会对劳动力的文化水平、专业知识、职业技能等各方面的综合能力都提出了新的要求。高职院校要生存与发展就必须顺应社会的发展趋势，培养出既具备过硬专业素质又具有创业意识与创业能力的复合型人才，只有这样，高等职业教育的价值与宗旨才能得到更好的体现，高职教育才能不断地与时俱进。但是由于受传统就业教育的影响，目前高职院校对创业教育的认识不足，重视程度不高。

高职院校往往在学校层面对学生的就业指导工作非常重视，把就业作为“一把手”工程，提出“以就业为导向”的办学理念。但是对学生的创业教育不够重视，还未能真正理解创业教育的内涵和实质，仅仅把创业教育作为大学生励志教育或就业指导的一部分，只是停留在心理、政策、形势分析等方面的指导。用于创业教育的投入明显不足：缺乏专门的创业教育经费，没有把创业教育列入学校人才培养方案和人才培养体系，开展创业教育的形式单一，层次狭窄，主要是通过开设创业讲座、组织各种类型的创业设计大赛、参观企业、举办有关创业教育的演讲比赛或征文比赛等。受传统就业教育观念和追求高就业率的影响，许多高等职业院校的领导和教师重就业轻创业，认为只要培养学生掌握专业技能就达到了教育的目的和

要求，并未将创业教育摆在一个重要的位置来认识。同时，在学校重视就业的环境氛围的熏陶下，高职院校的学生有着极强的就业愿望，认为只要掌握过硬的专业基础知识和职业技能就能找到合适的工作岗位，忽略了在社会主义市场经济的大背景下要适应市场的需求、社会的需求，创业往往成了找不到工作的无奈之举。这种只为谋生考虑的思想已成为制约我国创业教育发展、干扰高职院校学生选择自主创业的重要原因。

（二）创业教育课程体系方面存在问题

1.缺乏课程体系。

在创业教育体系中，课程结构体系是核心。要实现创业教育的良性发展，必须深化传统课程体系改革，建立健全的创业教育体系。创业教育是要通过构建科学、系统的课程体系，发挥教育的渗透功能，潜移默化地从整体上提高学生的创业素质和创业能力，使之具备生存发展和创业的能力。当前高职创业教育课程体系存在的问题主要集中在以下三个方面：一是缺乏统一编制的高职创业教育教学大纲、教学计划和课程体系；二是虽然创业教育课程得到了重视，但也仅仅局限于照本宣科，忽视了创业教育的实践性；三是还没有对高职创业教育的教育目的和内容做出明确规范的界定。

2.缺乏系统的理论体系。

只有系统的创业教育理论体系才能使学生了解和掌握创业所必须具备的基本知识和必要能力。在高职教育长期的发展过程中，高职院校的专业课已经形成了一套较为完整的体系，虽然该体系中蕴含着丰富的创业教育内容，但创业教育还未发展形成一个统一的、系统的理论体系。许多高职院校开展创业教育的随意性很大，往往都是凭借传授专业课经验或自己的主观意愿对学生进行创业教育。因此，是否具备完整的创业教育的理论体系是能否成功进行创业教育的前提。

3.缺乏完善的评价体系。

大学生创业教育评价是对大学生创业教育活动的价值评判活动，评价客体是大学生创业教育活动，评价的主体则是大学生创业教育活动的评价者，创业教育评价体系包括学生、学校、投资者以及政府有关部门。但目前在很多高校并没有开展创业教育评价，即使部分开展创业教育活动评价的高校也仅仅只是局限在学校范围内，缺乏社会、企业和政府的多方参与，而且还缺乏衡量和检验创业教育是否成功的标准，或者只是单纯地套用传统课程的考试评价标准。

（三）创业教育课程师资队伍方面的问题

师资力量是办学质量高的重要保障，师资队伍的综合素质及能力的高低直接决定着教育工作开展的水平。目前，高职院校创业教育的师资队伍普遍存在一些问题，主要体现在教师业务能力低、缺少专业师资力量、对师资队伍管理的不规范等方面。目前，大多数高职院校没有专门设置创业教育教研室，而是将创业教育与就业指导融为一体，创业教育师资应由创业教研室管理，而非隶属于就业部门。

由于大学生创业教育一直得不到应有的重视，所以就没有多少人愿意转行，许多老师也不是真正从事创业教育出身的，只是根据个人爱好主动或者被形势发展所逼“半路出家”，改行从事创业教育。很多教师还是采取“传习式”教学方法，培养单学科“知识型”人才，认为学生只要学习好，能够顺利毕业就是好学生，并不提倡学生从事自主创业。究其原因，一是老师缺乏创业意识、创业精神、创业知识和创业能力；二是害怕承担责任，因此，培养专业的创业教育教师和对全体任课教师进行创业教育和培训是创业教育有效实施的关键因素；三是有限的师资中极少人有创业实践经历。进行创业教育光有空洞的理论而没有具体的实践是不够的。从事创业教育的老师除了应该具有丰富的理论知识外，还应该具备一定的创业实践经验。创业不是纸上谈兵，更不是空谈，创业教育也不能只有理论而无实践。但是由于种种条件的限制，让每个进行创业教育的老师有实践经验也只能是可望而不可即的事情。

（四）高职院校管理者的认知偏差

高职院校管理者在创业教育方面存在认知偏差。他们认为创业教育仅仅是就业指导的一个组成部分，通过对形势与政策的分析、对技巧的讲解就能完成任务；部分受访学校领导认为在就业率高的情况下没有必要开展创业教育，若有学生实在不好就业了再去创业；还有部分教师认为创业就是做小商小贩，沾染了铜臭味而丢失了教育的本质意义。从创业教育的范围而言，创业教育的开展经常以创业大赛为发起点，参赛者与获奖者更多体现了精英化色彩，关注的只是少部分学生的骄人成绩，而大部分学生只是袖手旁观的“观众”，不能很好地体现创业教育所应有的功能，失去了创业教育的核心价值。

1.教育管理模式的问题。

高职院校对创业教育管理模式的看法还不是很集中，没有形成一套切实可行的管理模式。很多高职院校管理者创业教育理念严重缺失，在实施创业教育的部门安排上，多由团委或学工处负责，因为这两个部门主要负责学生工作，比较好组织学生活动。实际上，创业教育应该作为高职院校一门全院公共必修课程来开展，以教学管理部门为主要领导力量，而学生管理部门作为辅助力量参与进来。我们进一步调查还发现，高职院校的创业教育组织没有纳入学校常规教学管理环节，这种缺乏系统性、组织性的创业教育很难取得理想的效果。因此，高职院校应结合自身实际情况，经过详细充分的调查论证，制订课程体系，完善组织管理模式，将创业教育真正抓好落实。

2.服务体系的问题。

由于各种因素的限制，高职院校的创业教育和实践服务体系还存在许多问题，在产学研的结合上面还有待深入，主要表现在缺乏与社会的联动及理论与实践的脱节。通过调查发现，创业教育实践课程是有创业愿望的大学生最重视的，他们希望学校能够建立创业实践基地，给其较多的实践机会。相对于理论灌输，让学生在实践中提高创业意识和创业能力更加有效。因此，高职院校应该成为一个整合社会各层次资源进行创业教育的大平台，通过“产学研”合作加强与社会联动，共建创业实践基地，共享教学资源，为学生在校期间的创业训练与走入社会后的实际创业建立通畅渠道。高职院校创业教育的服务体系不完善必定导致学生创业实践的事倍功半，所以应该大大加强。

(五)缺乏良好的校园创业氛围

校园文化与社会文化是高职院校所处的两个主要环境。校园文化对学生有导向和陶冶的功能，良好的校园文化能够提升学生的品质和精神状态，而沉闷、死板的校园文化则使人萎靡不振。将创业教育融入校园文化建设之中，能有效激发学生的创业意识并提高参与的积极性，然而在调查走访过程中笔者发现高职院校尚未形成完善、浓郁的创业文化氛围，学校管理者在大学生活动中不敢鼓励他们勇于创新和大胆实践，而部分教师也由于缺乏创新、创业思维，不会有意识地鼓励和正确引导大学生进行创业实践。学校的激励导向、培养目标与评价体系都未能向创业素质培养倾斜，在学校里很难感受到积极向上、勇于探索的创新、创业气氛，学校的宣传环境与舆论重点只是制造“两耳不闻窗外事，一心只读圣贤书”的“好”学生形象。对本应朝气蓬勃、充满激情的大学生群体过度约束，使其置身于静态、封闭、循规蹈矩式的“弱势文化”氛围中，这必将打消他们的激情与士气。

(六)物质资源投入不够

在缺少专职创业教育教师的同时，创业教育物资上的投入不足也难以保障其在高职院校中的顺利开展。出于办学成本或校领导重视程度不够等原因，有些高职院校没有开设创业教育课，在创业教育方面根本就是空白。大多数高职院校的创业教育不是单独的课程体系，而是将创业课程融入就业指导课程中，相关的课时很少，涉及的内容有限，无法使学生对创业引起重视。在调查中发现，多数高职院校缺少相关的管理机制，包括课程安排、创业培训、创业教育教师的人力资源管理、资金支持、制度建设等。

企业对高职院校创业教育的实训基地建设还不愿做太大投资甚至不愿意投资，大部分企业愿意提供专业实训机会，但是极少企业愿意提供创业教育的实习机会。与这种现象相对应，学生可以在企业中学习实践专业课理论知识，而企业管理经营的经验却无从获得。

（七）创业教育外部环境存在的问题

创业教育不仅仅是学校行为，还是政府、社会和学校的共同行为，它的实施是一项系统工程。然而当前高职院校的学校、政府、社会三位一体立体式的创业教育体系尚未建构起来，高职院校创业教育缺乏优良的外部环境。目前，从宏观层面上看，我国的创业教育外部环境不容乐观。尽管近几年来经济发达地区如北京、上海、广东等地区创业氛围较浓厚，创业认同度有较大提高，但从全国总体来讲，中国几千年来形成的重农抑商及墨守成规的传统，给大学毕业生在创业的社会舆论和人际环境上带来了消极影响，整个社会还未形成充分理解创业、鼓励冒险和允许失败的宽松氛围，再加上中国民众普遍对创业的经济拉动作用认识不足，大学生创业的思想与传统思想的冲突在所难免。在投融资制度、人事制度与企业管理制度上也少有对大学生创业的扶持，还未形成一整套支持大学生创业的政策和法规体系，即外部条件不是非常充分。

创业教育的外部环境制约着创业教育的发展，创业教育的发展离不开良好的外部环境。创业教育的外部环境主要包括政府扶持、资金帮扶、社会力量的参与，良好的外部环境是创业教育能顺利实施必不可少的条件。

1. 政府缺乏保障力度。

政府、高校、社会对大学生的创业扶持政策、优惠措施贯彻与实施的不力未能实际帮助解决大学生在创业实践中遇到的种种问题。大学生创业实践经验贫乏，法律、金融与企业运营知识欠缺，一旦投入实际的创业商业实战中，遇到此类问题往往会措手不及，无法应对。

近些年，尽管政府不断出台了很多小额信贷、就业扶持、社会保障等加快就业创业的政策，但部分政策总的建议是出来了，却缺乏具体的操作方法及细则，导致相关部门之间彼此推诿、责任不明。

2. 创业教育缺乏良好的舆论环境

社会创业环境和公众舆论也是影响创业教育实施的重要因素之一。创业教育作为一项系统工程，需要学校、政府和社会的共同协作，形成鼓励创业、创业便利、有政策法规保障支持的社会创业环境。总的来说，目前政府大力支持、鼓励大学生创业，但整个社会对创业的认识有限，全社会范围的创业氛围还没有形成。从社会层面上看，认真学习，掌握一门技术，再找份稳定的工作才是“正途”；而尝试创业、做老板往往被视为“不务正业”。2000 年 1 月，教育部公布了支持创业的新政策：大学生、研究生创办高新技术企业可以休学、保留学籍，政府、学校还设立创业基金或风险投资基金，帮助大学生解决资金困难的问题。在贷款和税收方面也有优惠政策。同时，创业需要公众舆论支持。如央视的《赢在中国》栏目对创业进行了正面报道，但关于大学生尤其是高职院校学生开展创业活动的宣传报道还较为匮乏。

二、高职院校创业文化培育现状中存在的问题

深入分析高职院校创业文化培育过程中存在的诸多问题，其产生的根源，可以归纳为以下四个方面：

（一）学校对创业文化价值取向的偏离

对于高职院校而言，只有全体师生员工都充分认识到创业文化本身的价值取向、创业文化培育对学校长远发展的意义后，才能在创业文化培育中形成合力。但在实践中，一些学校由于缺乏对创业文化培育重要性的充分认识，没有全面把握创业文化培育的内涵，也就难以把握、坚守创业文化培育的价值取向，难以形成创业文化培育的合力。

（二）创业文化缺乏与其他文化的融合

任何校园文化都不是单一的文化，而是多种文化相互融合的结果，高职校园文化的培育，同样需要融多种文化于一体。高职创业文化的培育，如果脱离了区域经济和区域文化，就难以获得系统性发展，难以实现与区域文化的和谐共生、共荣发展。在高职院校创业文化培育过程中，如果缺乏与其他文化的融合，其创业文化的培育就会缺乏实效性，也就难以形成创业文化培育的有效模式。

（三）传统观念对创业文化培育的影响

高职院校缺乏对学生的创业引导，是高职学生缺乏创业积极性的重要原因之一。另一方面，中国传统观念也是影响高职创业文化培育的重要原因：作为一个封建历史悠久的国家，我国历代封建王朝都特别重视、推崇儒家文化。作为封建儒家文化的核心，“学而优则仕”的观念影响深远，“读书为官”成为历代读书人追求的理想目标，在国人心目中根深蒂固。这种“求稳惧变、安于现状”的思维模式，在某种程度上是与“冒险”的“创业文化”相对立的。

（四）创业文化教育自身缺陷的影响

从高职院校创业文化教育本身的缺陷来讲，存在两方面的问题：一是高职院校创业课程体系不健全。很多高职院校虽然开设了创业课程，但大都以“选修课”或“讲座”形式开设。二是实施创业教育的教师水平亟待提高，一些高职院校开设创业课程后，授课教师一般由专业课教师兼任，这些专业课教师本身所掌握的创业知识、心理知识有限，多数教师本身也没有实际创业经历。三是高职院校在实施创业教育时，大都以理论授课为主，很少进行创业教育的实习实训，更没有组织具体的创业实践，创业教育也就收效甚微。

三、高职院校创业文化培育现状中存在问题的原因分析

根据高职院校创业文化培育问题的成因，强化高职院校创业文化的培育，应重

点从以下四个方面入手：

（一）明确创业文化培育的价值取向

首先要解决高职院校管理者的思想观念问题，实现思想观念和精神理念的创新，真正理解、把握创业文化的价值取向对高职院校发展的重要意义；其次，高职院校应积极推崇创业文化。一个社会创业意识和创业活力的强弱取决于社会的创业文化背景，特别是人们对自主创业价值的评价。面对经济全球化和知识经济占主导地位的新时代，高职院校应尽快培育、繁荣符合职业属性的创业文化，使更多的学生形成致力于自主创业的人生观和价值观，这既是高职院校创业文化培育的目的，也是高职院校创业文化培育最有效、最直接的推动力量。

（二）培育多元文化融合的创业文化

高职院校在培育创业文化的过程中，要注重创业文化与技术文化、地域文化、企业文化的融合。首先，创业文化要注重与技术文化的融合：高职教师应该在技术文化背景下，为学生提供有价值的学习经验和创业机会，使创业文化与技术文化实现内涵融合，而不是简单的机械叠加。其次，创业文化要注重与地域文化的融合：高职院校创业文化的培育应根据自己所处的区位特点来展开，创业文化的培育应以满足区域经济建设和社会发展人才结构需求为出发点，以更好地服务于地方经济建设和高职院校人才培养。再次，创业文化要注重与企业文化的融合：高职院校在创业文化培育过程中，应该充分利用各种机会，让学生在企业实习过程中体会企业理念和企业文化。

（三）加强高职创业课程文化建设

加强创业课程建设是加强创业文化建设的重要体现，高职院校的课程设置应该随着时代发展而及时做出调整，要从教学组织和创业活动的安排、创业教育的资金支持等方面形成相应的规章制度，不断健全、完善学校创业教育制度，努力形成有利于创业教育实施、创业课程文化培育的教育机制。教师是创业课程文化建设的指导者和实施者，实施创业教育的教师应该从高职学生的实际出发，改变原有教育方式的不足，通过各种教育手段提高学生发现问题、分析问题和解决问题的能力。此外，教师应该指导学生理性分析市场和行业的发展趋势和前途，教会学生如何根据创业计划开展创业策划，实施创业战略，以培养学生的创业精神、创业意志和创业能力。

（四）构建高职院校创业文化生态体系

主要做好三方面的工作：一是构建有利于创业文化发展的制度文化，高职院校要从制度设计层面，为学生创业提供更多便捷，如允许创业学生在保留学籍的基础上先行创业，放宽学习年限限制，实施学分制，等等；二是构建高职院校创业支持体系，高职院校应该结合我国的实际情况，加快建立大学生创业支持和管理体系，包括创业课程、创业基金、创业指导、创业实践等,形成校园支持大学生创业的良好环境;三是构建有利于创业文化发展的行为文化,高职院校要全力为学生搭建创业平台,要在学校内成立创业园,吸引有志创业者加盟学校创业园区,为学生营造良好的创业环境。同时,还要通过不断的组织创新,积极发展孵化器和科技园,为学生创业创造各种可能条件。

第三节　高职院校实施创业教育的典型案例

一、宁夏职业技术学院:基于人才培养战略的创业工程实施研究

宁夏职业技术学院以区域产业需求为导向设置中药制药技术专业,借助“宁夏中药材开发与利用工程技术中心”的优势,依托校内外实训基地,通过与企业行业合作模式的创新,探索“教研产、多主体”人才培养的新模式。

(一)以区域产业需求为导向设置专业

宁夏回族自治区地处我国西部半湿润、半干旱、干旱过渡地带,气候变化大,过渡性特征十分明显。在独特的地理环境和气候条件下,孕育了种类繁多的地道中药材。目前全区中药材有1500种之多,资源蕴藏量在1.1万吨以上。在全国重点普查的363种常用中药材中,宁夏就有157种,占普查品种的43.3%。在国内外市场享有很高的盛誉。宁夏由此被国内中药界公认为是一个具有显著特色的天然药库,具备发展中药产业的资源基础和优越条件。同时宁夏涌现出了以启元国药、伊正回药等为代表的中药企业,以宁夏红枸杞产业集团、沃福百瑞等为代表的以中药为基源的营养保健品企业,以国老富民农业产业股份公司、隆德县西北药材公司等为代表的从事中药材种植、收购、加工及外销的农工贸一体化企业。当地探索建立了多种形式的“企业+基地+合作社+农户”的产业发展模式,初步形成了涵盖中药农业、中药工业、中药商业到中医药服务业的产业链。中药产业被列为宁夏区域的支柱产业。宁夏中药现代化产业开发科研成果已逐年增多,产业规模不断扩大,效益亦不断提高。产业的发展对中药专业人才的培养及专业的发展要求越来越迫切。目前不仅中药科研的学科带头人固然缺乏,而且懂技术、会操作的高素质管理人员、生产技术工人也是严重不足。在此背景下,2010年宁夏职业技术学院根据产业需求适时开设了宁夏地区第一个高职院校的中药技术专业。依托国家百所示范院校专业群建设,中药制药技术专业的人才培养模式初具特色,以市场需求为导向,以“中药生产技术”核心能力培养为主线,为把本专业学生培养成为高素质技能型人才,创建了“工学结合、三段式”人才培养模式。学校注重课程改革并已初见成

效，教师队伍建设已具一定规模，建成了稳定的校内外实训基地。学校虽然取得了一定的成绩，但也存在着不足，主要表现为：第一，为了进一步促进高等职业教育改革发展，整体提升专业发展水平和服务能力，“工学结合、三段式”人才培养模式已不能满足高端技能型人才的培养目标，需要探索新的人才培养模式，构建相适应的课程体系与教学内容；第二，为了促使校内实验实训条件与学生未来就业岗位环境更加贴近，与企业、研究中心实现资源共享，真正实现校企合作，应及时调整本专业基本技能实训基地的设置及功能。

（二）借助宁夏中药材开发与利用工程技术中心的科研优势，探索“教研产、多主体”人才培养的新模式

宁夏中药材开发与利用工程技术中心是宁夏科技厅于2011年批准的自治区级工程技术研究中心（宁科计字〔2011〕28号文）。工程技术中心围绕宁夏重点地道中药材资源的持续开发和利用，以市场为导向，以企业为主体，以项目为纽带，以构建技术创新和机制创新平台为核心，以中药饮片的炮制加工、特色中成药、中药兽药和中药保健品研究开发技术和工艺为目标，以产业化关键技术成熟化配套和集成为突破口，以人才培养为基础，实行产学研结合，培育产业创新联盟，力争为宁夏中药种植，加工企业引进，消化、吸收新技术、新工艺，提高企业的核心竞争力而努力；力争培养造就一批产业急需的产品研发、技术服务和企业技能型人才；力争研究开发出一批特色中药原料药、中药制剂、中药兽药、中药保健品及高效饲料等，引领带动宁夏中药农业、中药工业、中药商业的发展。中心是迄今为止全区唯一以职业技术学院为依托的工程中心。“十二五”期间，宁夏中药产业以高端化、规模化、集成化的模式，实现社会与经济效益的大发展。围绕这一目标，新的技术、现代化的仪器设备将逐渐应用到中药行业的发展中，因此在中药行业的从业人员中除中药科研的学科带头人外，生产技术工人也被要求是既懂中成药成型工艺、中药制剂机械、中药炮制等知识，又熟悉新技术、新剂型在中药生产中的应用，在实践能力上偏向于综合型和创新型，从而能对现代化的中药生产应付自如的高端技能型人才，即在先进的生产线上既能负责工艺技术，又能对现代化设备进行维修和保养，并具有一定的技术改造能力的人才。针对宁夏中药行业这一支柱产业对高端技能型人才的迫切需求，借助宁夏中药材开发与利用工程技术中心的人才优势、科研创新环境的优势，依托校内外实训基地，通过与企业行业合作模式的创新，学院开始探索中药专业人才培养模式，即“教研产、多主体”人才培养的新模式。“教”：在校内通过项目导向、任务驱动的教学模式，充分利用校内外实训基地，融“教、学、做”于一体，使学生进行专业知识、基本技能、素质拓展等课程的学习，训练和培养其操作技能及职业素质。“研”：在完成理论与实践教学的同时，以科研助手的角色参与

工程技术中心项目的研发，提高创新能力，分析问题、解决问题的综合能力。“产”：学生通过在校专业理论、技能的学习，以及在工程技术中心综合能力素质的提高，并通过企业顶岗实习，进一步提升职场素质。“多主体”：教研产相结合，形成以学校、科研中心、企业及行业多主体参与培养一批中成药制造、中药种植、中药销售、中药物流等领域的高端技能应用型人才，提高宁夏中药行业从业人员整体素质，从而带动中药行业的健康持续发展。

（三）建立集“教学、研发、生产、服务和就业”于一体的产学研基地

针对中药专业办学活力不足，教学、科研、就业结合度不够，资源配置不合理等问题，探索建立集“教学、研发、生产、服务和就业”于一体的产学研基地，才能实现“教研产、多主体”人才培养的新模式，实现现有资源的合理配置，实现教学、科研、生产成果的多丰收，实现学校、工程中心、企业行业的多赢。校内实训基地是通过仿真的实训场所，为学生实训教学服务；通过与企业相一致的仪器设备，为工程技术中心提供研究成果的中试研究。工程技术中心除为宁夏中药产业提供技术研究外，还通过科研课题的实施，提升教师的专业水平，通过让学生充当助手，为学生提供提高创新能力的场所，通过技术成果的转化，为企业提供技术服务，从而进一步加强校企合作。企业（校外）实训基地为学生提供顶岗实习的教学环境及准就业环境，是工程技术中心科研成果转化的受体。学校、工程技术中心、企业三者功能相互交融，成果相互共享，真正实现产学研结合的新机制。

创新中药制药技术专业人才培养模式，不仅为宁夏乃至周边地区的中药行业培养适合产业发展的高端技能型人才，同时也能提高社会服务能力，实现真正意义的“产学研”结合，提升中药专业服务中药行业的能力。

二、南海东软信息技术职业学院：基于虚拟公司机制的创业教育体系构建

高等职业教育担负着为社会培养高技能人才的重要任务，但我国高职教育的发展时间还不长，缺乏培养高技能人才的经验。不少高职院校仿照传统大学的人才培养模式，在一定程度上脱离企业和社会岗位实际需要，使所培养出来的学生，除了有一定的专业知识外，其他重要的素质和能力得不到系统训练。一些高职院校已认识到这些问题，从而加强了实践教学环节。目前，高职院校普遍采用的实践教学，大致可分为几种：第一，随堂实验；第二，实训教学；第三，企业实习；第四，毕业实践。这些实践教学是理论教学的一定补充，但都存在一定局限性。如校内实践缺乏连贯、全面、综合的技能训练，而企业实习，往往存在“做”与“学”的矛盾，实习过程难以控制，效果难以检验。

（一）基于虚拟公司机制的实践教学模式

为解决上述矛盾，南海东软信息技术职业学院提出了一种新型的基于虚拟公

司机制的实践教学模式。这种模式通过科学系统的组织体系、精心设计的教学计划和案例课程包,以项目为导向,把实践教学和企业岗位的实际运作有机结合起来,突出能力和职业素质培养。

1. 组织体系。

学院设立了一个名为"大学生创业中心(SOVO)"的专门组织,作为虚拟公司的管理机构。在SOVO中按学院专业体系成立若干虚拟公司,按企业化运营管理来模拟产业环境。每个虚拟公司由具备实际项目经验的专业资深教师担任指导老师。虚拟公司的总经理、总监、项目经理、财务经理、人事经理和各部门员工等岗位角色,由学生根据自己的专业和爱好选择竞聘担任,并定期轮换。虚拟公司利用课余时间和专门的实践学期开展工作。

2. 教学计划。

虚拟公司的教学计划主要由分等级的案例项目、技术专项课程和企业经营管理课程组成。案例项目分为"微型项目""中型项目"和"委托项目"。其中,"微型项目"适合一年级下半学期的学生,主要训练学生的基本技能和熟悉岗位流程;"中型项目"有一定规模、广度和难度,适合有一定专业水平和经验的二年级至三年级的学生,使其对整个项目开发全过程有一个深入全面的认识,同时进一步提高学生本专业的实践能力;"委托项目"是学院或社会上的以外包方式提供的真实项目,由虚拟公司通过竞标方式获得。无论哪一类项目的组织和实施,完全按照实际公司的规范和流程进行,以训练学生的组织管理、财务、人力、时间和风险控制能力及团队合作意识。而技术专项课程主要补充学生在项目中所需的技术;企业经营管理课程主要培养学生的管理与创业能力,与各专业的正常教学课程并行开设。这两类课程内容都以学生在虚拟公司中承担的项目所必备的技术与管理知识为内容,每学期可以随项目不同而调整。

3. 目标和监控。

虚拟公司充分重视职业素质教育,突出学生的业务能力、学习能力、岗位适应能力、团队合作能力、创新创业能力等方面的能力培养。通过在虚拟公司两至三年的锻炼,学生能全面体验工作流程、项目管理、财务和人事管理等企业运营和管理,在毕业时达到具有一年以上产业相关工作经验人员的同等水平,成为上手快、实战能力强、技术过硬、具有较强团队精神的高素质人才。各虚拟公司的年度经营计划、项目计划、项目成果、公司运营状况、学生个性化表现等,均纳入教学管理和质量监控体系,每学期末接受教学和质量检查。

(二)基于虚拟公司机制的实践教学模式的主要优势

通过对传统的"随堂实验""实训教学""企业实习"等实践教学模式与虚拟公司机制的实践教学模式进行比较,对"学生受益面""职业能力培养""学习周期"

"可控制性"和"投入成本"等指标进行分析可以看出,虚拟公司机制的实践教学模式具有受益面大、能充分提高学生的专业技能和职业能力、实践周期长、可控性好等优点。虚拟公司机制的实践教学模式与传统模式相比,优势主要有如下四个方面。

1. 真正体现"做中学"。

虚拟公司中的项目导向机制可以让学生真正做到"做中学"。学生在虚拟公司的项目实践锻炼中目标明确,在学习的同时接触产业前沿的技术,感受专业应用的前景,从而使自己的学习主动性受到激发。

2. 面向产业岗位角色的综合训练。

由于虚拟公司的运行是按照产业实体公司的模式严格管理的,学生从进入公司开始,就在实际工作环境中锻炼。在参加项目训练的同时,还要学习和掌握公司管理、项目计划书编写、项目的需求沟通以及时间控制、成本控制和质量控制等方面的知识和能力。因此,虚拟公司不仅锻炼了学生的专业能力,而且为学生提供了面向工作岗位的综合能力训练。

3. 连贯和循序渐进的训练。

每个虚拟公司的员工由各年级的学生组成,在不同的岗位参与公司的管理和承担项目开发工作。学生根据教学进度,循序渐进地承担难度不同的项目。学生在校期间既可以在一个虚拟公司中持续工作,也可根据自己的特长爱好在不同虚拟公司之间转移。

4. 目标明确、结果可控。

虚拟公司在学院制订的项目和课程计划的指导下,每年制订公司的年度经营计划。这些计划都纳入学院质量监控体系,每学期末虚拟公司接受质量检查和评估。对于运行不良,或学生训练效果不好的虚拟公司,大学生创业中心将对其进行调整和改善。

(三)阶段性成果与应用

南海东软信息技术职业学院"大学生创业中心(SOVO)"成立于2003年,拥有工作空间1500平方米,设备投入400万元。目前根据学院专业情况,SOVO共成立了24家虚拟公司,与学院的专业设置情况大体对应。成立至今,共有3600多名学生接受了训练,此种实践教学模式收到了较好的成效。

1. 受训学生能力提升明显。

经过SOVO虚拟公司的实践锻炼以后,学生在学习兴趣、沟通能力、时间管理、创新能力等方面都得到了锻炼与提升。这些学生成了用人单位抢手的人才,如香港汇丰银行的广州研发中心、大连HP、IBM等知名企业都在SOVO中进行人才批量遴选,并且给予他们高度评价。

2.设置创新学分。

为了 SOVO 实践教学与专业教学结合更加灵活,SOVO 设置了创新实践学分。学生在 SOVO 参加项目实践,且成功完成项目以后,根据自己在项目实践中对专业知识和技术的掌握情况及对完成项目的贡献,经 SOVO 考核可得到相应学分,且累计的学分可申请免修并替代专业教学计划中相关的专业课或者专业选修课。

3.成果产生效益。

SOVO 在做好实践教学的同时,已成功产出交付使用一批项目成果。这些成果包括教学管理系统、公寓管理系统、会议签到系统、质量评价保障系统、学院的相关网站及一些校企合作项目,还有商务调研类项目如学院"第一课堂调研"、软件测试行业调研、ERP 培训班等,这些项目成果为学院信息化提供了服务。

4.案例服务于教学体系。

南海东软信息技术职业学院不断总结和完善 SOVO 的项目实训和实践教学经验,形成了可服务于教学的案例包。在前期以软件技术专业和信息管理为核心的 20 余套项目教学案例基础上,增加了数字媒体艺术及管理咨询等综合业务项目,目前项目案例达到 50 余套。这些项目案例在设计思路上既考虑了专业的纵深性渗透,又考虑了企业工作流程的合理设计;在表达形式上轻理论重实践,重点关注在项目实现过程中各阶段对技能点的掌握、技术的应用、难点的把握等,具有较强的可操作性和实用性。经过不断的完善、修订,这些案例已经开始应用于SOVO 的"微型项目"及各专业大批量的实践教学。

(四)基于虚拟公司机制的实践教学模式的进一步思考

教学改革从广义和静态上看,包括两个部分:一是课程生成系统改革,二是课程实施系统的改革。学院的项目两个主要输出刚好对应这两个系统。

1.项目案例对应于课程生成系统。

基于项目案例的课程体系,不仅是 SOVO 各虚拟公司项目经验的总结,把各类项目经验从隐性知识转化成显性知识,同时也是各系部教学中可提炼成教学案例并应用于日常教学的活水源头。这些生成的教学内容完全符合高职高专"所学即所用"的教学内容要求,有助于提升学生的专业技能和综合素质。

2.实践教学模式对应课程实施系统。

基于虚拟公司机制的实践教学模式,其实质是将"做中学"的人才培养模式加以运用与推广。目前学院已将此模式推广到整个计算机系的实践学期中,学生按照项目组的岗位角色分工和专业的对应来进行项目案例的实践学习,从而使更多的学生进入这个实施系统,使更多的学生受益。

三、广州职业技术学院：高职院校创业教育与专业教育融合的发展体系研究

高职教育与区域经济之间存在着密切的互动关系，高职院校培养的专业技能人才是促进区域经济社会发展的基本要素，而区域经济的发展又是推动高职院校建设的动力源泉。广东省作为国家对外开放的重要窗口，正担负着产业转型升级的重大使命，这对广东省的高职教育提出了新的要求。本案例通过对广东省高职院校专业结构的设置和珠三角劳动力市场供需的现状分析，力图找出广东高职专业结构设置与劳动力市场需求对接的方向，以促进广东省产业转型升级的重大使命顺利完成。

（一）广东省高职专业结构设置现状分析

教育部公布了2013年具有普通高等学历教育招生资格的高等学校名单，在粤高校中，具备招生资格的学校一共137所，包括本科院校41所、高职院校79所、独立学院17所。高职招生占高校总数的57%，高职院校占领了广东省高考招生的半壁江山。在现有的这些高职院校中，位于广州市的高职院校有45所，约占全省的57%。

广东省2013年高职院校招生人数超过26万人，占本年高等教育招生总数的一半以上，高职教育在广东省经济发展中担任着重要的任务，尤其是对基层一线高技能人才的培养更是具有本科院校无法比拟的地位。因此，加大力度发展高职教育是广东省产业发展的重要力量源泉，也是顺利实现产业转型升级的必备要素，应该给予高度的重视和政策支持。

2013年，在广东省79所高职院校的招生计划中，财经、电子信息、制造、文化教育这四种大类专业规模最大。在三大产业中，与第二产业相关的开设专业差不多占36%，招生人数占到总招生数的27%；第三产业达到62%，招生人数占到72%，基本符合广东省“三二一模式”的产业结构。

上述数据虽然在一定程度上反映出广东省高职教育在专业结构设置上与广东省产业结构的发展基本相符，但由于最近几年来广东省经济快速发展，并进入转型升级期，广东省高职教育专业结构设置也出现了问题。

1.增速过快问题。

由于缺乏全省性的统一布局与合理规划，高职院校在开设新专业时具有一定的盲目性，这些年来各大高校争相扩招，使得新增专业不断增加，各专业在招生数量上快速扩张。数据显示，自2006年以来，广东省高职招生人数增加了近34%，在校生人数增加了近39%。由于过度扩张，学校人均办学资源相对减少，这使得教学质量水平有下降趋势，最终导致毕业生在就业上出现“毕业等于失业”等现象。

2.特色专业不明显问题。

近些年来，学校间为了争夺生源，新增专业缺乏专业论证的比比皆是。许多高职院校在专业设置过程中，以“人有我有”作为指导思想，缺乏长期利益的考虑，过度追求数量规模，最后导致学校间专业过度重复，并且缺乏特色。办学标准在不同的地区和学校间缺乏统一性，在办学硬件上差异较大，导致同一专业在不同地区的学校培养的学生在质量上差异较大。这不仅使得教育质量得不到保证，也影响毕业生的就业，对有限的社会资源造成极大的浪费。归咎原因：第一，对发展观的误解，扩大办学规模成为学校发展的唯一标准，校舍、专业、招生的规模扩张带有盲目性；第二，对教学质量的误解，由于对高职教育的评价监控机制的不完善，学校为了赢得认可，只在规模上扩大，以吸引公众的眼球。

3.专业建设资金投入不合理问题。

广东省多数高职院校设置都是文科占比例居高，而文科专业的投入成本相对人均较少。与之对比，工科类投入成本相对较高的专业，只有少数几个重点高职院校开设，招生人数也较少，比例偏低。现实的劳动力市场上相对紧缺的高技能人才往往都是工科类专业，这种局面的形成与高投入专业本身的特点和高职院校自身的办学定位有关。高投入专业往往需要大量的资金投入、昂贵的设备、较系统的实训基地的开发运营与维护，其人才培养往往也需要较长的周期，这就使得很多高职院校望而却步；而低投入专业则与此相反，具有灵活、容易控制、周期较短、易见效益等特点，相对容易赢得高职院校的青睐。

（二）珠三角区域劳动力市场供需现状分析

由于产业转型和产业结构升级，企业劳动力需求改变，而教育改革却跟不上步伐，加上各种制度限制劳动力的流动，目前广东劳动力市场出现了结构性失衡，其突出地表现为技术岗位缺口大与部分新增劳动力和下岗失业人员就业难并存的结构性矛盾。这种失衡导致企业生产水平下降甚至停产，更有可能导致劳资关系不和谐的社会后果，最终导致产业转型升级缺乏适合的劳动力支持，无法顺利转型。广东省劳动力市场结构性失衡的主要原因有以下几点。

1.产业转型升级使得企业对劳动力的需求发生改变。

广东省作为我国改革开放的首要窗口，以出口型制造业为主的民营企业发展带动经济发展，成为经济大省。民营制造业对劳动力的需求规模巨大。大规模的劳动力需求市场吸引了无数的外省劳动力进入广东，而这些劳动力绝大部分都素质较低。广东省到了转型升级期，面临着产业结构重新调整，材料、技术更新换代以及消费需求的改变等新情况，新的产品不断涌现，许多产业日益衰退。改革开放初期所发展起来的传统产业的衰退导致某些行业整体性失业。而这些失业者短期内很难被其他产业所吸收，且本身的技术比较单一，再加上新产业进入壁垒，如果没有良好的新岗位技术培训，这批早期为广东经济发展付出巨大贡献的劳动者可能就会一直失业。而另一方面，广东省经济发展和产业结构的调整以高新技术产业、高新技术为方向，并在此基础上大力发展第三产业，因此劳动力的需求结构发生了重大变化。高新技术和装备的应用需要高素质复合型人才的支持，但目前的人才供应情况显然不能适应产业结构调整的变化。

2.高职教育没有适应劳动力市场需求结构。

产业转型带来对高技能型人才的大量需求，但近年来大学生"一毕业就失业"暴露出高校教育的专业设置问题，大学生所学专业知识与劳动力市场不能对接。广东省高等教育也不例外。一方面，本科教育与高职教育缺乏统一规划，在发展速度、发展层次、特色办学等方面缺乏长期规划，成人高等教育泛滥严重，重学位轻岗位培训。另一方面，专业设置缺乏统一规划，其比例和经济结构比例不协调，人才培养结构失调，培养质量得不到保证，等等。其结果是，大学生毕业后不能顺利就业。

3.中西部崛起使得广东省高技能型人才流失。

随着我国中西部发展战略进一步深化，一部分高新技术企业在中西部落户，这些企业一方面能够提供优越的待遇，另一方面能够提供新时代的发展平台。广东的高技能型人才当中，有相当一部分是来自中西部地区，他们企盼回到家乡发展，渴望以自己的知识能力为家乡的经济发展贡献力量。因此，中西部的崛起必然导致广东省高技能型人才的流失，使得原来较缺乏技能人才的情况更加严峻。

产业结构与高职专业设置有着密不可分的联系。一方面，高职专业设置应以产业结构调整所催生出来的人才需求作为出发点，高职专业设置的方向和思路应以产业结构的发展趋势来决定；另一方面，合理设置高职专业，是高职院校成功培养出社会急需的高技能应用型人才的关键，也是产业结构发展目标能够实现的基础条件。因此，在广东省产业结构不断优化升级的背景下，广东省高职教育的重任是研究如何实现产业结构与高职专业设置的高度融合，以培养出能够适应广东省产业转型升级所需求的高技能型人才，实现广东省经济的持续发展。

四、新疆轻工职业技术学院：高职院校创业型人才培养模式探索与实践

近年来，新疆轻工职业技术学院以职业教育为主体，积极开展职业培训和继续教育；办学定位以高职层次为主体，中职、技工层次为补充；进一步提升了二产职教园区服务行业、服务企业、服务社会的能力，逐步推行国家倡导的职业教育规模化、集团化、连锁化办学之路。同时，学院不断深化改革，将人才培养放在工作首位，走出了一条创新性的人才培养之路，不仅从整体上提升了办学层次，而且为社会输送了大量高素质的职业人才，广受当地社会好评。

(一)牵手知名企业提升办学层次

引入优质的外部管理模式,是优化内部管理的重要途径。自2010年以来,学院积极尝试优质外部管理模式的引入,采取了“牵手知名企业办学院,牵手行业协会做服务,牵手工业园区育人才,牵手科研院所求创新”的引入策略,这一方面有利于推进学院建立校企合作新模式,另一方面有利于推进市场信息与学院发展相结合。

在此基础上,学院积极尝试理事会办学的办学体制,成立了校企合作理事会,并将其作为“政行企校”四方联动的合作平台,对促进新疆地区的高职教育产生了积极的影响。同时,学院还针对新疆地区100多家大中型企业、乌鲁木齐经济技术开发区、石河子经济技术开发区等工业园区及轻工、纺织、机电等行业进行深度调研,深入了解各行业企业的发展情况、人才需求及对职业院校人才培养的建议等,与企业联合成立了“新疆三一学院”“新疆天润学院”“新疆航天信息学院”“新疆天富学院”“新疆新能源学院”等11个企业冠名的合作学院,双方共同组成管理机构,由企业负责人担任合作学院院长,形成了深度融合的运行管理机制。同时,学院与轻工、化工、机电、纺织等行业协会建立紧密联系,积极探索“专业建设+行业协会参与”人才培养模式,与乌鲁木齐经济技术开发区、石河子经济技术开发区签订了成立校企合作联络站和产学研基地的合作协议,形成了“政、行、企、校”四方联动合作框架,建立了“教师挂职实践锻炼工作站”“学生顶岗实习就业基地”和“企业技术人员培训与技术服务基地”。借此,学院进一步创新实践了“政校行企四方联动,产学研用立体推进”办学模式,不仅为学院提供了大量指导实习实践的兼职教师,也为专业教师提供了难得的企业实践机会,成为学生顶岗实习和就业的主要基地。

(二)打造精品课程提升教学质量层次

对于任何一所高校而言,课程质量无疑是办学质量最为显著的指标。学院在被确定为“国家示范性高等职业院校建设计划”骨干高职院校建设单位后,积极打造精品课程,并且获得了巨大的突破。目前,学院初步建设完成精品课程体系,拥有4个国家重点专业和6个院级同步推进专业,形成了10个特色鲜明的工学结合人才培养模式,创新了食品加工技术专业“产品导向”、应用化工技术专业“订单培养”、生产过程自动化技术专业“仿真三轮”和现代纺织技术专业“工学交替、订单培养”人才培养模式,确保全部学生半年以上的顶岗实习,全面提升毕业生核心竞争力。

学院的重点专业均设有专业建设指导委员会,8个系共设委员会31个。专业建设指导委员会不仅是校企深度合作的重要举措,同时也是推进精品课程建设的重要举措。在专业指导委员会的指导下,专业设置、人才培养、教学计划、课程标准等方面均实现了全面的优化。

实践中，学院还与自治区其他职业院校合办专业，进行“直升专”实践，为中职毕业生继续深造开辟了广阔途径。通过建立校校教育集团，搭建了不同类型学校间交流平台，有力推动了职业教育的就业教育与普通教育的升学教育相互渗透，为学生健康成长搭建了多元化的学习平台和发展环境。

为鼓励创新，学院按系级、院级、省级、国家级“四级”精品课程建设思路，规范了课程开发流程。制订关于加强精品课程建设、教育教学改革的具体制度，明确了经费支持和奖励细则。精品课程建设全部作为教科研立项，确定为院级精品课程的，给予 2 万元经费支持；被评为省级精品课程，给予 5 万元配套经费支持；被评为国家精品课程，给予 10 万元配套经费支持。学院对精品课程建设提出教学名师、专业带头人、骨干教师、优秀教学团队等评选项目，并把年终考核与精品课程建设挂钩，从教学工作的方方面面促进课程建设。在国家骨干高职院校建设过程中，学院制定并完善了《关于加强专业建设的若干意见》《关于实施人才培养模式、课程体系与教学内容改革的意见》等管理细则，将工学结合人才培养模式改革成效纳入对系部的考核，并作为专业带头人、骨干教师评聘的主要依据。在课程体系和教学内容改革方面，以社会需求和就业为导向，结合技术领域和职业岗位(群)的任职要求，参照相关的职业资格标准，进行系统化的设计，优化课程体系，重组教学内容，使岗位(群)的任职要求、工作流程及职业资格标准得以内化。围绕新疆绿色食品加工、石油化工、煤化工等支柱产业，将职业素质融入各教学环节，构建以工作过程为导向的系统化工学结合课程体系。以食品加工、煤化工产品及任务为载体，建设以情境教学为核心的专业课程，同时形成相应的过程考核机制。

学院以合作学院为平台，构建了一支由专业带头人、骨干教师、企业兼职教师组成的“双师”结构教学团队。实行校企人员互聘制度，从各种途径积极聘用行业专家、技术骨干、能工巧匠作为兼职实训教师，造就一支素质优良、结构合理的师资队伍。学院还吸纳行业专家，成立专业建设指导委员会，每年定期召开会议，校企共同制订人才培养方案，形成标准化文件，校企共同参与培养过程，共建教学质量管理体系，为职业教育教学质量的提高提供基本保障。

(三)优化实训管理稳步提升学生就业率

在毕业生就业问题上，学院实行就业工作年终考核制和就业工作日常评估制，对各系部及相关部门的就业工作进行年度考核，考核结果与负责人的岗位津贴挂钩，与就业工作经费使用挂钩，还拿出专项资金对先进集体和个人予以奖励。建立了就业工作领导小组，成立就业指导中心，负责毕业生就业实习、就业指导推荐等具体工作，并根据每年毕业生人数，按标准预算各部门就业工作经费。还建立起实习实训主任、辅导员、班主任分级负责就业工作的责任机制，设有负责就业工作的信息采集上报、就业指导推荐、就业信息平台维护等就业专职岗位。同时建立健全就业工作评估考核机制，构建全员化就业工作新机制。在如何提升就业率问题上，光依靠领导层的重视是不够的，关键在于要加强学生管理，尤其是实训管理。只有让学生的能力得到真正意义上的提升，才是最终确保就业率的关键。对此，学院一方面积极开展企业调研活动，深入了解企业人才需求，签订订单培养和委培协议；另一方面建立系统性的毕业生实训、就业工作反馈机制，从根本上掌握学生的实训动态，发现学生存在的问题，帮助学生提升自己的能力。同时，学院根据示范校建设要求，积极调整人才培养模式，构建以就业为导向的人才培养机制，加大实验实训车间投入，改善实践教学条件，实施项目教学，培养学生的动手能力和技术应用能力。

事实表明，以企业用人需求为目标，制订人才培养方案，拓宽了专业的适应性和针对性，使学校很快就办出了特色——学院先后和新疆经济报系、新能源、盖瑞乳业、航天信息等大型企业共同成立了校企合作学院，共同制订人才培养方案，共同编写教材，互派师资和专业技术人员组织教学，在企业设立实习实训基地，共同探索招生改革，制订单独招生方案，邀请企业专家开展专业讲座和就业讲座，设立企业奖助学金。学院还和区内百家企业签订联合培养协议，设立实习实训基地，大力实施订单培养。同时，建立了与百余家大中型企业的用人合作机制，每年上半年在校举办多场毕业生和用人单位的双选会，下半年根据企业用人计划，举办用人企业宣讲会，实行毕业生顶岗实习预就业制，既要满足学生实习教学要求，又要满足企业用工需求，80%的毕业生通过3—6个月的预就业顶岗实习后与企业签订了就业协议，专业对口就业率连创新高。

第四章 人才培养优化融入创业教育的高职特色

第一节 高职特色的创业教育理念创新

一、高职特色的创业教育理念定位

随着经济全球化的推进和世界主要经济体经济增长速度的减缓，创业教育面临的挑战越来越严峻。就高职高专来说，随着高等教育大众化推进，高职就业难已成为社会关注的焦点之一。如此逐年累计，必将形成日益巨大的社会压力。随着今后高等教育进一步向普及化迈进，大学毕业生的就业形势将越来越严峻。

面对如此严峻的就业形势，大学生一方面要刻苦学习，掌握从业的专门知识和技能，以不断提高综合素质，提高职业竞争能力；另一方面更要转变就业观念，树立自主创业意识，学习并掌握创业的基本知识和能力，做好创业准备，培养走向社会、自我发展的信心与能力。

（一）创业的定义

尽管“创业”一词被人们广泛使用，并赋予各种含义和解释。但究竟什么是创业尚未形成广泛认可的统一定义。狭义的创业就是新企业的创建或新产品、新工艺、新组织和新市场的组合；广义的创业还包括各种企业和其他非营利组织或公共部门内部的创业过程。通常人们多采用狭义的概念。综合各种观点可见，创业是承担风险的创业者通过寻找和把握商业机会，投入已有的技能知识，配置相关资源，创建新企业，为消费者提供产品和服务，为个人和社会创造价值和财富的过程。

从以上创业的定义不难看出，创业概念应包含这样一些要素。一是创业是一个过程，而不是一个事件。创业是一系列决策和行动的集合体，它涵盖企业从无到有直至终结的全过程。二是创业者是创业活动的实施者，他不仅受获取更大人生满足的欲望驱动，而且要承受创业可能带来的各种风险。创业者的素质和能力直接影响企业的运营和兴衰。三是发现和识别商机是企业成功的关键。很多企业的成功都源于能够发现被别人忽视的商机，然后通过各种努力最终把握住这难得的机遇。四是创新是企业生存的法宝。锐意创新、独一无二是企业竞争力的体现。从创业构想到组织创建、经营管理，处处都要用创新的视角来思考问题，不断寻求满足顾客需求的新途径和新方法。五是企业追求的目标是创造新的价值，使企业不断发展壮大，各种资源通过创业活动转换成产品或服务时，新的价值就诞生了。企业凭借价值的积累，实现发展目标。

（二）创业与就业的差异

1. 角色差异。

创业者对创业负责，通常处于企业的高层，要参与创建企业的全过程；而就业者通常处于中低层，不需要对企业的成长负责，只需做好本职工作就可以了。

2. 技能差异。

创业者通常身兼多职，需具备相当全面的知识和技能，既要有战略眼光，也要有具体的经营技能；就业者通常具备一项专业技能即可开展自己的工作。

3. 收益与风险差异。

就业的主要投入是数年的教育成本，而创业除了教育成本，还包括投入的人力、物力和财力。一旦失败，就业者并不会丧失教育成本，但创业者会损失前期投入的一些成本；而一旦成功，就业者只能获得约定的收入，创业者则会获得大部分经营利润，其数额在理论上没有上限。

4. 成功的关键因素。

就业可以完全依靠企业实体，但创业更多的还要考虑自身的经验学识、财力以及各种资源占有等条件。

（三）创业的类型

了解创业类型是为了在创业决策中做比较，选择最适合自己条件的创业模式。

1. 依创业的目的分为机会型创业与就业型创业。

机会型创业指创业的出发点并非谋生，而是为了抓住、利用市场机遇。它以市场机会为目标，以创造新的需要或潜在的需求为目标，因而会带动新产业发展。就业型创业指为了谋生而自觉地或被迫地创业。大多属于尾随和模仿，因而往往加剧市场竞争。世界各国的创业活动以机会型创业为主，但中国的机会型创业数量较少。因此，通过强化教育和培训来提高创业能力，对于增加机会型创业、减少低水平竞争具有重要作用。

2. 依创业起点分为创建新企业与企业内创业。

创建新企业是指创业者个人或团队从无到有地创建出全新的企业组织。这个过程充满挑战和刺激，风险和难度也很大，创业者往往缺乏足够的资源、经验和支持。企业内创业是指现有企业出于产品、营销以及组织管理体系等方面的原因，在企业内进行重新创建的过程。企业流程再造本质上就是一种创业行为。正是通过二次创业乃至连续不断地创业，企业的生命周期才能不断地在循环中延伸。

3. 依创业者数量分为独立创业与合伙创业。

独立创业指创业者独立创办自己的企业。其特点在于产权归创业者个人独有，企业由创业者自由掌控，决策迅速。但创业者要独自承担风险，创业资源准备比较困难，还受个人才能的限制。合伙创业是指与他人共同创办企业，其优劣势正好与独立创业相反。

4. 依创业项目性质分为传统技能型、高新技术型和知识服务型创业。

传统技能型创业指使用传统技术、工艺的创业项目。在酿酒、饮料、中药、工艺美术品、服装与食品加工、修理等与人们日常生活紧密相关的行业中，独特的传统技能项目表现出了经久不衰的竞争力，国内外均是如此。高新技术型创业是指知识密集度高，带有前沿性、研究开发性质的新技术、新产品项目。知识服务型创业是指为人们提供知识、信息的创业项目。当今社会，各类知识型咨询服务机构不断细化和增加。这类项目投资少、见效快，如北京有人创办剪报公司，把每天主要媒体上与该企业有关的信息全部收集、复印、装订起来，年收入也可达 100 万元，且市场十分稳定。

5. 依创业方向或风险分为依附型、尾随型、独创型和对抗型创业。

依附型创业可分为两种情况，一是依附于大企业或产业链，为大企业提供配套服务；二是特许经营权的使用，如利用麦当劳、肯德基的品牌效应和成熟的经营管理模式创业。尾随型创业即模仿他人创业，"学着别人做"，其特点是短期内只求维持下去，在市场上拾遗补阙。独创型创业指提供的产品或服务能够填补市场空白，大到商品独创性，小到商品的某种技术的独创性，如最新推出的环保型洗衣粉，改革开放后首家搬家服务公司、婚介公司等。对抗型创业指进入其他企业已形成垄断地位的某个市场，与之对抗较量。这类创业风险最高，必须在知己知彼、科学决策的前提下进行。如针对 20 世纪 90 年代初外商在中国市场大量倾销合成饲料的情况，希望集团建立了西南最大的饲料研究所，与外国饲料争市场，一举取得成功。

6. 依创新内容分为基于产品、营销模式和组织管理体系创新型创业。

基于产品创新型创业是指基于技术创新或工艺创新的成果，产生了新的消费者群体，从而导致创业行为的发生。基于市场营销模式的创新型创业是指采取了一种有别于其他厂商的市场营销模式，因而有可能给消费者带来更高的满足度。例如，美国联邦快递公司所提供的邮包服务。基于企业组织管理体系创新型创业是指采取了一种有别于其他厂商的企业组织管理体系，因而能够更高效地实现产品的商业化和产业化。如20世纪80年代国内乡镇企业的大量创立与成功正来源于组织管理体系的创新。

二、高职特色创业教育理念创新人才培养新机制

高等学校担负着培养创新型人才和增强民族创新能力的社会重任。高等职业教育作为高等教育的一部分,对于这一社会重任的承担也责无旁贷。分析高职院校人才培养目标和人才培养规律,高职院校的人才培养模式为知识、能力和素质并重的创新综合人才培养模式。转变教育思想,培养学生的创新意识,全面提升学生综合素质,已成为当前高职院校适应社会经济发展的人才培养的必然要求,也是高等职业教育服务国家创新体系建设、提高自主创新能力义不容辞的责任所在。

(一)创新思想政治教育,多种方式方法并举

思想政治教育是高等教育的重要内容,高职院校要在人才培养中不断强化思想政治教育的作用,在传统思政理论课教学的基础上,进一步对思想政治理论课教学载体、形式和内容进行创新。可以将思想政治教育与社会公德教育、职业道德教育、情感教育、心理素质教育、爱国主义教育等结合起来,积极引导学生深入思考在社会主义市场经济条件下如何做一个合格的社会公民,如何培养创新精神。以学习实践科学发展观为统领,提高大学生自觉学习、实践成才的使命感,帮助大学生树立正确的人生观和价值观。可以将思想政治教育与创新教育有效结合,通过"青马工程"、"分类引导"、互联网络平台、爱国主义教育基地、励志教育讲坛、志愿者活动等多种载体或形式,不断激发学生的爱国情感和社会责任感,培养思想政治素质过硬、道德品行优秀的合格人才。在思想政治教育工作中,要充分发挥思想政治辅导员的专业优势,以辅导员、班主任队伍为主体,专业教师积极参与,全员育人,全程育人。

(二)创新校园文化建设,尊重学生主体地位

前几年,由于招生规模的扩大,部分中专学校纷纷升格或者合并,组建高职院校。这部分新升格的高职院校一般多以理工科为主,没有深厚的校园文化积淀,对于这部分高职院校,环境育人显得尤为重要。一所院校的校园文化丰富与否、内涵精深与否,直接影响学生的思想道德品质和价值观念,导向性明显。高职院校要引导学生主动参与校园文化建设,鼓励学生以主人翁的姿态参加学风、校风建设。学校可逐步建立由学生与社会认可的新评价体制,转变教育观念,构建有利于实施创新教育的校园文化。在办好传统的文体活动的基础上,着重通过素质拓展,加强人文素养教育,培养人文精神,提高学生的综合素质。高职院校校园文化创新的关键在于要以内容丰富的教育活动为主线,将各种校园文化要素贯穿于校园文化建设中,从而打造出一个有利于学生发挥主体地位的素质教育平台。

（三）创新教学实践教育，培养学生创造能力

高职教育与普通高等教育最大的区别在于高职教育必须紧密围绕培养高素质技术应用型人才这一目标制订培养方案。学生是否具备较强的专业技能和创造能力是衡量高职教育人才培养成功与否的重要标志之一，实践教学是直接影响人才培养成功与否的重要环节。高职院校创新实践教学的方式多样，一方面，可以在专业教师的带领下，通过设置专业针对性强的实验项目来提高学生对知识的综合运用能力和独立钻研能力；另一方面，可以通过举办科技创新活动、设置开放实验项目鼓励学生进行科研或技术攻关。条件成熟的高职院校，还可建立"导师制"，引导学生的创造能力贯穿教学全过程。可利用工学结合、实践教学、技能训练等多种途径，使得学生掌握基本的职业技能操作方法和操作规范，达到相应岗位所需要的专业知识要求，从而培养出技能过硬，有创新精神、创新能力及实践能力的高素质高技能型人才。

（四）创新人才培养模式，理论与实践结合

高职教育人才培养模式要求，以市场为导向，根据市场需求定专业、定培养目标，拉近专业与职业的距离，这有利于学生就业。因此，高职院校在人才培养过程中，应该牢固理论知识传授的主导地位，将理论教学与生产、生活实际联系起来，着力培养学生运用理论知识分析和解决实际问题的能力。要逐步建立起完善的、系统的课程设置体系，规范创新创业课程教学大纲，将创新创业教育纳入人才培养质量考核范畴。高职教育作为就业教育，可以灵活而有特色地根据地方经济发展需要，结合学校发展特色开设和调整专业，使学生专业知识结构主动满足社会的需要。随着全球经济一体化格局的日益形成，我国社会主义市场经济体制逐步完善，许多行业.企业急需具有创新意识和创新精神的"高复合、高素质、高技能"的人才。高层次专业技术人才需求的日益扩张，并不能缓解日益严峻的就业形势。高等职业教育只有紧紧跟随社会经济转型和人才结构变化，对专业建设做适当的动态调整和优化，以贴近市场需要，培养高素质的人才，才能使人才实现优质就业。

三、高职特色的创业教育模式创新

创业教育既有优势，也有局限。一方面，学生通过学校的学习具备了一定的专业知识，同时也处于思维活跃、容易接受新事物的时期，这有利于创业的展开；另一方面，由于他们没有进入社会，商业意识、社会经验、企业管理经验、财务管理经验及营销经验等方面都比较缺乏，这为高职高专的创业增加了风险。因此，高职特色的创业教育模式创新在创业方向和领域的选择上应该扬长避短，寻找适合自己发展的道路。目前，以下几个领域比较适合高职特色的创业。

（一）高科技新领域

在科技人才和科研成果比较聚集的领域除了可以利用自己的技术优势创业以外，还应该充分利用学校内其他人的科技成果、技术，以及校内有效设备、老师和同学等学校资源。由于缺少应用方面的开发，大学许多科技成果都被束之高阁。大学生可以利用自身的知识及学校资源，进行科技成果的应用开发。例如，把食品科技的成果应用于休闲食品领域；把种植、养殖方面的科技成果应用于家庭种植和养殖方面；等等。在该领域创业，大学生不但要关注自主创新技术的开发和利用，还应把科技服务作为创业基础而积极开发和参与。一些企业在发展过程中有很多科技难题需要解决，大学生可以通过学校、老师加强与企业的联系，运用自己的专业知识和技能为企业解决科技难题，为企业提供科技服务；通过这种科技服务，为将来的创业奠定基础。

（二）智力服务

随着社会经济的发展，服务业在社会经济生活中占据越来越重要的地位。智力是大学生的资本。大学生应该发挥自己的智力和知识优势，选择一些需要知识和专业支持的智力服务行业，为他人提供智力服务，为自己开创事业之路。智力服务创业项目一般来讲具有成本较低、见效较快的特点，如咨询、家教、中介、翻译、计算机维修维护、设计工作室等。

（三）信息技术

IT 产业一直被誉为创业“金矿”。电子信息以其便捷、高效的传递方式为人们的工作和生活提供了便利，网络的普及使计算机和电子信息成了人们生活的一部分。目前，信息技术领域的创业热点主要有建立专业网站、开发网络游戏及各类电子商务。它们具有成本低、不受时空限制等特点。大学生在计算机使用方面具有优势，因此可以用自己的知识技能进行网上创业。在网上除了可以进行传统商品的买卖服务外，还可以结合自己的知识技能提供一些网上智力服务或开发一些有创意的电子商业服务。例如，学习国际贸易的学生可以通过网络寻求国际订单，为要走出去的中小企业提供外部信息等。

（四）连锁加盟

连锁加盟是一种成功的商业模式，发达国家的连锁加盟在商业经营中占有很高的比例。我国连锁加盟的比例还不高，还有很多市场空间。统计数据显示，在相同的经营领域，个人创业的成功率低于 20%，而加盟创业的成功率则高达 80%。对创业资源十分有限的大学生来说，通过连锁加盟形式创业，可以弥补自身的不足，快速掌握经营所需要的知识和经验，从而降低风险，提高创业成功率。但连锁加盟也并非没有风险，因此大学生在选择加盟项目时要寻找一个连锁加盟体系相对完善、适合自己的项目，以便进一步降低创业风险。一般来说，大学生创业者由于资金较少，适合选择启动资金少、人员配备要求不高的小本经营加盟项目。此外，大学生创业最好选择运营时间在5年以上、拥有10家以上加盟店的成熟品牌来加盟。

（五）创意小店

社会的进步和人们生活水平的提高使人们的生活理念及思想等发生了很大转变，越来越多的世界各地文化思想的渗入，为许多有个性、有创意的事物带来了商机。大学生思维活跃，喜欢接受新鲜变化的时尚事物，可以发挥自己的长处开办一些有创意的小店。例如，陶艺、绣艺DIY店、幼儿绘画坊、玩具吧、个性礼品店、个性饰品店、美发屋、文具店、咖啡屋等。而规模不大的小店经营相对简单。对社会经验、管理、营销、财务要求也都不高，比较适合初次创业者。另外，大学生开店应将主要服务对象定位在同龄人身上，因为对同龄人的心理及消费习惯比较熟悉，大学生入门比较容易。同时，走“学生路线”要注意以价廉物美来吸引顾客。

第二节　高职特色的创业教育内容设计

一、在传统职业教育课程中嵌入创新创业教育课程

2010年，教育部下发的《关于大力推进高等学校创新创业教育和大学生自主创业工作的意见》指出，创业教育的核心内涵是面向全体学生，结合专业教育，将创业教育融入人才培养的全过程。

（一）开设KAB创业课程

KAB项目是国际劳工组织专门为大中学生开发和推广的创业教育课程体系，旨在培养大中学生的创业意识和创业能力。2005年8月，KAB项目正式进入我国，并发挥着日益增大的作用。如今，我国已初步建立了全国、省、校三级组织化运作机制，建立了包括师资培训、质量控制、课外实践、教学研究和交流推广的五大体系，使得这一项目在高校的覆盖面和影响力迅速扩大。在高职院校大力推广KAB课程能够弥补广大学生和创业者在传统灌输式教育中所不能学到的能力。

（二）将创业教育与专业教育相融合

创业能力的培养应依托于专业教育，在专业教育的基础之上融入创业教育，更能有效地培养学生立足专业、择业创业的能力。在我国，就有这样成功的例子。

地处宁波的浙江万里学院就是将创业教育与知识教育、专业教育融为一体，并将其贯穿人才培养的全过程。该校以专业教学为主渠道，将创业教育作为关键要素融入人才培养目标设定、教学体系设计、教学方法选择、师资规划等方面，注重加

强培养学生的创业能力和职业素养。无独有偶，地处民营经济活跃的温州的温州大学近年来也一直在探索行之有效的创业教育模式，学校采取点面结合的方式，针对不同的学生群体，积极探索分层分类的创业人才培养新模式。

（三）注重创业精神的培养

对高职院校而言，创业教育的落脚点最终还是要在“育人成才”上。因此要积极探索创业教育与思政教育的融合，不仅让学生掌握创业技能，而且让学生拥有创业精神，使学生在创造物质财富的同时，也创造可贵的精神财富。三年的高职生活，不仅要让学生们变得尚德崇文、自立自强，更懂得诚实守信，更富有责任爱心。

因此，笔者认为可以将创业教育融入思政理论课教学改革，实现课程设计上的创新。在思政课等公共课堂里直接传授创业知识，利用思政理论课覆盖面广的优势，将创业教育融入思政理论课教学中。这对引导所有大学生关注创业问题，以及培养基本的创业品格和素质，能够起到基础性的作用。

（四）开设综合实训课程，搭建创业平台

综合性实训课程可以在校内，也可以在校外实施。校内专业实训室等设施也可模拟现实经营环境，例如，经济类专业 ERP 企业模拟经营实训、金融专业银行业务、保险业务和证券业务综合实训等。在综合实训中，注重培养学生发现问题、分析问题、解决问题等创业素质。另外，通过开设创业论坛、举办创业竞赛、建立学生创业年度大奖等，营造创业活动氛围，形成独具特色的创业文化；搭建创业平台，鼓励学生投身创业实践，培养学生的创业技能，使学生在小试牛刀之后大显身手，真正赢得市场、拥有市场。通过搭建创业平台的形式，以点带面，将创业教育全面铺开，既有全方位的创业指导，又有针对性的创业实践，逐步实现创业教育与专业教育的无缝对接。

为了认真贯彻国家有关倡导大学生创业文件的精神，在当前高职学生就业质量不高，就业形势愈发严峻的情况下，高职院校开展创业教育非常必要。结合高职院校的专业特色，本文提出适应高职学生自主创业的课程体系建设策略。本研究对有效推动学生踏上自主创业之路，加快推进高职创业教育发展具有现实意义。

二、搭建开放、多途径的实践课程，培养创业意识

（一）开展走进成功企业活动，以榜样的力量激发大学生创业意识、树立创业理想

通过开展“百企千岗”走进成功企业活动，山东建筑大学信息与电气工程学院探索出一条激发学生创业意识，促进学生树立创业理想的道路。通过开展此项活动，学校一方面以社会实践活动为纽带，组织学生考察企业创业的经历和经营状

况，让他们在火热的社会实践中明白创业的艰辛，感受艰苦奋斗的精神，克服追求享受、贪图安逸的懒惰思想。另一方面，学校也建立了一大批大学生青春创业实践基地，为学生提供创业实践的便利，如创业见习基地、创业实习基地和创业园等，实现产、学、研一体化。学校对建设创业实践基地给予人力、物力、财力上的保障。扩大对创业实践基地的投入，从经费上给予保证；给予重点扶持，从场地上给予保证；配备了得力的指导教师，在人力上给予保证。充分调动师生参与实践基地建设的积极性、主动性，营造良好的创业社会实践氛围。

（二）指导学生开展科技创新和创业活动，是创业意识培养有效途径

创业教育是实践性很强的教育活动，创业实践活动是创业教育的特定课程模式，也是培养大学生创业意识、创业能力的具体途径。在各种校园文化活动中培养和强化大学生的综合能力和创业意识，是一种鲜明生动的教育方式，也是一种非常有效的教育途径，可根据具体的教育目标和要求，进行创业的专题教育活动，通过一系列活动，广泛地培养和提高大学生的综合创业能力。积极进行有利于促进大学生创业意识培养的改革。诸如：架设大学生科技创新创业指导机构，完善科技创新管理体制，激励学生将业余时间投入创新创业活动中，鼓励学有余力的学生结合专业特长和研究兴趣参加教研室的教学研究和基础研究工作，等等。另外，要多提供必要的软、硬件设施，大力开展以大学生科技竞赛、数学建模竞赛、创业设计大赛等为主要形式的科技创新系列活动，合理利用科研资源拓展大学生科技创新创业领域，全面提升大学生的创业意识和创业技能。

（三）完善创业教育指导体系，扩展大学生创业平台

创业教育是开发和提高学生创业基本素质的教育，是一种培养学生事业心、进取心、开拓精神、冒险精神，从事某项事业、企业、商业规划活动的教育。创业教育要从创业意识、创业精神、创业品质、创业能力的培养等方面着手，积极开发和提高大学生的创业基本素质，强调学生自我谋职能力的重要性，培养具有开创性的社会主义现代化建设者和接班人。加大解放思想、实事求是、积极探索、勇于创新、艰苦奋斗、知难而进、学习借鉴、自强不息、谦虚谨慎、不骄不躁、同心同德、顾全大局、勤俭节约、清正廉洁、无私奉献等创业精神的培养力度。创业能力是创业素养的核心内容，对于专业技术能力、经营管理和社交沟通能力、分析和解决实际问题的能力、信息接收和处理能力、把握机会和创造机会的能力等综合方面的培养更是重中之重。良好的创业品质有助于创业者及时调节心理和行为，冷静面对并妥善处理创业中的困难和挫折。在创业教育过程中要不断地更新创业案例，积极引导学生运用所学知识不断寻找新的创业方向，扩大自身的创业平台。

（四）深化创业教育教学改革，建设创业精品课程

课程是实现教育目的的主要载体和手段，课程体系和教学内容的改革在教育

教学改革中处于核心地位。当前，我国高等教育正面临着深化改革、提高质量、持续发展的新形势、新任务。根据大学生创业的实际需要，各门学科都应该主动根据学科内容和教学特点，有机渗透创业意识、创业能力的教育与培养，将创业意识、创业能力的教育与培养和学科课程融为一体，同步进行。如文科类学科可以积极进行创业思想、创业品质的教育与培养，而理科类学科可以积极进行创业知识、创业能力的教育与培养等。学校应该开设专门的创业类学科课程，如演讲与口才、商业英语、市场预测、经济法规等，帮助学生学习经营管理、人际交往、公共关系、信息处理、市场营销等知识。同时还应该多设置选修课程，令学生根据自己的兴趣、爱好、特长有选择地提高，满足各类学生的发展需要。同时注意以精品课程建设为突破点，着力打造一批具有时代特征的高水平课程；以整体教学内容改革为面，推进高校教学质量的全面提升，各大高校要在思想上认识到精品课程的重要作用、地位和意义，在制度上形成良性机制与有力保障，在管理上应用现代化手段，在理论与实践上不断研究，在配套工程上形成配合与支撑，加快创业精品课程的建设步伐。

(五)营造良好教育环境，形成人人参与的氛围

环境陶冶即在班级环境、校园环境等文化建设中，要自觉渗透创业意识的教育。第一，加大宣传力度，要自觉形成突出和强化创业意识的人文环境，形成提倡大学生创业的舆论氛围，形成提倡大学生创业的价值观念。第二，在校风、教风、学风建设中突出与强化创新创造，形成创造性教学的风气，形成“学习为创造、创造中学习”的良性循环。形成人人争创造、人人争创新、人人想创业的文化环境，从而在潜移默化中培养和强化大学生的创业意识。第三，在学校的制度建设上，鼓励师生创新、创造、创业。第四，要广为宣传成功创业者的创业事迹、创业方法和奋斗经历，为大学生树立学习榜样。大学生对素质拓展和创新实践的追求，反映出大学生创业意识的觉醒和创业热潮的兴趣，这也恰恰构成高校深入开展大学生素质教育的精神推动力，为高校学生素质教育的不断发展创造了很好的客观条件。如果高校能够分析“创业现象”吸引大学生参与热情的一系列特点和启示，并有效地将其扩展、作用到整个素质教育活动中去，将会使高校学生素质教育迎来一个崭新的局面。只有这样，才能够培养出更多符合新时代创新人才要求的合格的社会主义事业的建设者，为中华民族在21世纪的腾飞做出教育界应有的贡献。

三、校企合作实现资源有效整合，提升创业能力

探索工学结合人才培养路径和机制是工学结合培养高质量人才的关键。工学合作教育是培养高质量人才的重要抓手，是真正体现职业教育面向社会、面向人人、面向生产一线，提高人才培养质量的关键举措。

(一)更新教学内容

工学结合有利于学校与企业之间紧密联系,形成良性互动,有利于更新教学内容,构建以理论教学和实践教学为主体,以职业能力为本位的教学内容,保证学生学有所用。在教学内容上,力求广泛吸收新知识、新技术、新工艺和新方法,把社会对生产、经营、管理、服务岗位技能的需求变化信息及时吸收到教学内容中,形成以项目课程为主体,以能力训练为主线,以相关的专业理论知识为基础的专业理论学习和实践能力学习,并将教学内容与生产实际密切联系,有针对性地培养教育学生,使之成为社会所需的合格人才。

(二)完善教育功能

实行工学结合有利于实现教育、培训、服务一体化,完善职业教育的功能,创新职业教育培养、培训模式,把职业教育、培训、服务功能有机结合起来,充分发挥资源优势,多方面满足经济建设、社会进步和个人发展的需求。同时工学结合有利于职业教育内部和外部需要紧密配合,一方面企业与行业有关管理部门科学制订社会培训计划、培训标准及有关政策法规,建立就业准入制度,协调社会各方面关系,在经费、技术、人员等方面给予支持,营造有利于职业教育面向社会开放办学的宏观环境;另一方面,职业学校根据社会需要和自身能力,合理调整培养、培训计划,师资、设备和课程内容安排,加强与行业、企业及社会各方面的联系,紧密结合生产、经营、管理等社会实践活动,引进先进的技术、设施设备,实现最佳办学效果,提高人才培养质量。

(三)强化政府职能

各级政府应尽快转变观念,把思想统一到职教发展上来,充分认识实施工学结合的重大意义,主动做好职业教育的宏观管理和调控、提供经费、制订规则和标准、做好服务等工作;明确校企之间权利义务关系,营造良好的办学环境,扩大学校办学自主权,努力为学校创造面向市场、自主办学的灵活空间;职业学校要树立"有为才有位"的思想,主动加强与企业之间的联系与合作,强化专业建设及师资队伍建设,充分利用并整合各种教育资源,为企业发展提供人才支持和智力支持。

(四)提高育人质量

"校企合作、工学结合"有利于学校根据企业、行业需求人才的特点,明确教育内容、教育模式、教学手段,设定专业培养方向、能力素质标准。在学生培养过程中把企业对从业人员的衡量标准融入教学过程中,提高育人质量。同时有利于学校充分发挥自身资源优势,坚持以岗位等级技术培训为重点,帮助企业进行人力资源开发,促进从业人员的素质、水平的提高。企业、行业依托学校,引进高层次、优质教育资源,开展工程技术人员继续教育,为企业可持续发展培养高质量、高素质人才。

第三节　高职特色的创业教育实务指导

一、建立健全创业指导专门机构

随着我国高等教育由“精英教育”向“大众化教育”实现历史性跨越，我国劳动力市场出现了供大于求的局面，从而导致大学毕业生就业难问题日益突出，引起了政府和社会各界的广泛关注。为了缓解大学毕业生就业压力，政府出台了一系列政策，号召高校实施创业教育，鼓励和引导大学生自主创业。那么，高职院校如何建立健全创业教育组织机构，正确引导大学生自主创业，提高创业成功率，是高职院校创业教育面临的首要问题。

(一)创业教育简介

创业教育的理念，是 1989 年 11 月底 12 月初联合国教科文组织在北京召开的“面向 21 世纪教育国际研讨会”上，由澳大利亚利雅德博士提出来的。开始在美国，到了 1998 年 10 月，联合国教科文组织在巴黎召开有 115 位教育部长、2800 多名高等学校校长、教育专家参加的世界高等教育会议，发表了《21 世纪的高等教育：展望与行动世界宣言》和《高等教育改革和发展的优先行动框架》两个文件。《21 世纪的高等教育：展望与行动世界宣言》中明确提出，“高等学校，必须将创业技能和创业精神作为高等教育的基本目标”，要使毕业生“不仅成为求职者，而且逐渐成为工作岗位的创造者”。《高等教育改革和发展的优先行动框架》进一步阐述，为了培养学生逐渐成为工作岗位的创造者，要求教师不应仅仅传授知识，而且必须把重点放在教学生如何学习、如何发挥主动精神上，使学生“能独立思考和协同工作”，“能将传统或当地的知识和技能与先进的科学技术结合以产生创造力”。1999 年第二届国际职业教育大会在韩国首尔召开，在会议上提交给教科文组织总干事马约尔的建议书中指出，职业教育要进行教学改革，要培养学生的创业技能和创业能力。美国是世界上开展创业教育最成功的国家，20 世纪 80 年代就有 50—70 所学院和大学开设了与创业有关的课程，1999 年达到 1100 所左右，到 2005 年初，有 1600 多所高校开设了创业学课程。美国如今的创业教育，涵盖了从小学、初中、高中、大学专科、本科直至研究生的正规教育。创业教育的课程已经系统化，内容包括了创业构思、审理、管理等方方面面，涉及法律、新兴企业融资、商业计划书、创业领导艺术及教育、技术竞争优势管理、家族企业的创业管理、创业营销、企业成长战略等几十项课程。我国的创业教育发源于 20 世纪末的一些高校自发性的创业活动。1997 年清华大学学生举行了首届“清华大学创业计划大赛”，标志着我国大学生创业活动拉开了序幕。2002 年 4 月，教育部高等教育司在北京召开了普通高等学校“创业教育”试点工作座谈会，将中国人民大学、北京航空航天大学等 9 所高校列为我国首批创业教育试点院校。从 2003 年起，教育部委托北京航空航天大学举办了四期创业教育骨干教师培训班，为全国高校培养了 530 名骨干教师，创业教育被正式纳入了高等教育教学体系范畴之中。同时，一些高职院校在创业教育的理论与实践探索中也取得了一些成果，积累了一些经验。

根据联合国教科文组织的解释，创业教育从广义上来说是培养具有开创性的个人，这种人应具有首创和冒险精神、创业能力、独立工作能力以及技术、社交和管理技能。创业教育理念是面向未来的教育，是知识教育、素质教育、创新教育逻辑发展的必然结果，也是基础教育、职业教育和继续教育三大教育体系的交叉整合。它凸显了高等教育改革和发展的方向。高职院校实施创业教育，要以培养学生的基本创业素质与能力为主要目标和任务，务求使更多的求职者变成职业岗位的创造者。创业教育在课程体系建设中注重实践活动课程的引入，更注重教学与社会、生产、生活、时代紧密联系，以使学生成为真正意义上的实践主体、创造主体，从而使其逐渐适应从自然人到社会人，再到创业人的社会发展需要。创业教育个性化教育的特点突出，在教学过程中尊重教育主客体在教育内容、学习时间和空间的自由选择。我国学者金立其教授认为，首先创业教育是一种教育理念，即通过对创业的理解而形成的一种有意识的积极的心理准备状态。其次，创业教育是以开发和提高学生的创业基本素质为目标的，培养他们从事创业实践所具有的知识、能力和心理品质，培养具有开拓性的人才。创业教育是我国创建创新型国家和发展创业型经济，对创新型、创业型人才的需要，是国家加快转变经济发展方式，建设人力资源强国的战略举措，是深化高等教育教学改革、提高人才培养质量、促进大学生全面发展的重要途径。高职院校只有实施创业教育才能为国家、为社会培养出大批具有开创性的创业人才。对大学生实施创业教育，既有利于其本身成功创业，也有利于带动其他人创业，还能为社会创造大量的就业岗位，实现党中央提出的“促进创业带动就业”的目标。

（二）建立健全创业教育组织机构

创业教育是一项复杂的系统工程，它既需要政府政策的引导，也需要产业界及社会各界的密切配合，还需要建立一个由学校党政主要领导、督学、教务处等有关职能部门及各教学单位负责人组成的创业教育领导小组，专门组织、领导全校的创业教育工作，负责对创业教育中牵涉全局的规划、政策、表彰等重大事项决策指导，负责检查、监督和评价全校各个层面的创业教育活动，并对全校创业教育工作和学校的各种创业教育组织或团体进行宏观管理和监控。领导小组下设综合办公室，负责创业教育的发展规划、计划总结、日常事务及综合督办；宣传办公室，负责对内对外宣传、传达创业快讯、建立创业网站；评估办公室，负责创业成果评价、创业过程和效果评估与监控；创业教学办公室，负责建构与丰富创业教育的课程体系和教学内容，推进专业教学中的创业教育，落实教学计划中创业教育课程，培养课堂教学中学生的创业素质和创业能力，推进人文素质、科学素质、身心素质和外语水平教育；创新实验中心，负责创新实验基地的综合管理、创新实验室的项目管理与评审、创新实验成果评定与推广；社会实践基地，负责社会创业实习实践的综合管理、检查监督指导创业实习实践的教学、组织编制创业实习、实践教学大纲；创业培训中心，负责认证培训、资历培训与认证、技术等级培训与考试、信息技术培训与认证、从业资格培训与考试；科技开发园区，负责学生科技开发园区的组织与管理，组织学生参与企业科技开发项目的招投标活动，指导和帮助学生进行项目研发、科技开发成果转化、科技创业企业孵化；商业服务园区，负责学生商业服务园区的组织与管理，组织商服创业网点的招投标活动，指导和监督学生商服创业网点开展经营活动；教师创业教育研究会，负责开展创业教育理论与实践研究，为领导小组决策提供参考，组织教师参加创业教育的学术研讨和经验交流，支持教师参与学生的各个创业组织，并在其中担任顾问或导师，引领学生创业。

二、完善创新创业实务课程教学

实验教学是创业型和创新型人才培养的有效途径，同时也是工程教育的重要教学环节，对指导学生理论联系实际，培养学生创新创业精神与工程素养具有非常重要的作用。“大众创业，万众创新”为高校加快促进创新创业教育指明了方向。

（一）实践教学存在的问题

通过对实践教学多年的教学实践和探索，实验中心已经在教育观念认识、人员队伍建设、实践教学内容完善、资源配置及创新创业实践教学基地建设等各个方面取得初步成效，但仍然暴露出一些问题。

1.实验与理论不能完全实现分离。

目前，实验教学在很多高校仍然作为理论课的辅助性教学手段，即课内实验。在教学安排上往往受到理论教学的约束，实验教学内容更新与技术发展不同步，与用人单位急需的应用型复合人才培养模式不协调。

2.实践教学缺乏整体规划，不利于学生创新能力培养。

目前实践教学主要是根据理论课教学进度穿插于课程教学之间，时间上比较零散，前后实验内容关联度不够，没有形成一个系统的、完整的培养体系。学生做完实验后仍然不清楚具体应用，对实践教学逐渐丧失兴趣，学生工程实践能力和创新能力培养受到严重制约。

3.实验室缺乏浓厚的学术研究与创新氛围。

目前实验中心大多数教师的主要精力都投放在教学中,进行科学研究的积极性不高。究其原因,是其自身理论知识水平有限,同时缺少对外交流学习的机会,缺乏一种创新精神,这对培养学生的创新能力和意识不利。

4.考核评价方法过于简单。

大多数实践教学的考核方式采取实验操作和实验报告相结合的考核方式,实验操作环节无具体评价指标,但对学生的工程实践能力和创新能力缺乏一个量化评价。因此,教师无法准确把握学生对实践环节的认知程度,无法就学生个人的实践能力和创新能力提升提出改进意见。

(二)"模块化、多层次、递进式"实践教学体系构建思路

实践教学体系应以培养学生工程实践能力和创新能力为目标,以培养学生基本实验技能和自主研学能力为抓手,进而构建"模块化、多层次、递进式"的实验教学体系。

1.由单元到系统,体现"模块化"。

"模块化"指以培养学生的工程实践能力和创新能力为出发点,对实践教学体系按功能进行划分,体现人才培养的阶段性和客观规律性。通过具体的组织和实施,形成实践教学的鲜明特色,对培养学生的工程实践能力和创新能力具有重要意义。

2.由基础到综合,体现"层次化"。

"层次化"指为适应不同学科专业实践教学需要,按照"入门引导—基础训练—综合设计—研究创新"贯通课内外、循序渐进,对不同层次、不同能力学生因材施教。在课程内容上,从实验知识方法应用、电路设计到课外研学分层次递进,深化科研和工程背景;在教学进程中,逐步提升项目的广度、深度、综合性、研究性、探索性,渐次提升实践技能和创新要求;在教学要求下,学生通过项目实践需经历"项目需求分析、知识学习补充、理论推导计算、实现方法选择、电路设计仿真、实验步骤设计、参数测试方案、实验总结分析"的过程,运用理论知识指导实践,发现问题、解决问题,在实践中查漏补缺,拓宽视野,自主创新。

3.由课内到课外,体现"递进式"。

"递进式"指在课内外相融合的教学实践活动中,将创新能力的培养融入教学的每个环节、每个实验,拾级而上、循序渐进,培养学生自主学习、知识运用、科学研究、工程实践、团队合作、探索创新的基本能力与素养、让学生在实践中学会自主学习,学会做中学习,学会研究分析,学会设计创新。通过课内学习,学生具备了自主学习、创新设计、工程实践的基本能力,在课外研学中依托创新训练、拔尖人才计划、实验创新基金、科研团队等项目,自主设计选题并进行信息分析处理等工作,同

时通过参加各类学科竞赛，使学生在“做中学”，渐次提高学生动手能力，培养分析解决问题的能力和独立创新能力。

（三）“模块化、多层次、递进式”实践教学体系实施措施

1. 建设大学生电子设计创新实践基地。

学生课外科技活动、创新创业实践、学科竞赛是高校实践教学环节的重要组成部分，打造以高水平师资队伍为支撑，仪器设备配置先进，管理制度规范，教学体系完备，学生受益面广，安全高效运行、教学资源共享、充满活力、创新创业实践成果丰富的创新实践基地，是构建“模块化、多层次、递进式”实践教学体系的重要举措之一。

2. 培养“双师型”教师队伍。

师资队伍建设状况是创新型人才培养的基础，实践教学不仅需要具备扎实的专业理论知识，同时也需要娴熟的操作技能和丰富的工程实践经验。因此，实验中心应着重培养创新型教师，坚持外引进和内培养相结合，打造“双师”型教师队伍。

教师专业技能的高低体现在日常教学科研中，专业教师往往理论基础比较扎实、知识面较宽，而实验教师动手能力较强，工程实践经验比较丰富，打造专业教师和实践教师交流的平台，定期组织教师交流学习，吸收新进博士到实验中心锻炼，培养既具有丰富的理论知识又具备较强工程实践能力的“双师型”教师团队。

3. 精心设置实验项目。

实验教学不能仅仅满足于学生被动地接受和掌握实验的原理、方法和操作技能，而应该成为以实验项目为载体，以实验任务和实验要求为驱动，让学生利用已掌握的理论知识，理解、分析和使用实验方法的教学过程。更高的要求则是，要让学生通过分析实验任务和要求，认识到当前自身知识、方法、能力的缺陷，必须在拓宽知识、探索方法、自主创新的基础上才能够完成任务，从而在实践中培养工程素养，锻炼科学思维习惯和创新意识。

在内容选择上，实验教学侧重于解决学生在学习、生活和工程中可能遇到的问题，促进学习与实践的结合，强调学科交叉，使实践活动不受学科知识结构限制；在项目设计中，尽可能选择具有多种实现方法，或实验结论易受外部条件影响而改变的内容，来展示科学的研究性和探索性；在课程的项目配置上，分层渐次递进，从知识方法学习、综合设计到自主研究，升华实验项目要求的层次性和强调项目的工程应用背景。最终形成“从点到面”“从单元到系统”“从基础训练到综合设计”“研究创新探索发现”的实验课程体系。

4. 改革实践教学模式。

传统的实践教学模式主要是以教师讲授和演示为主，学生往往按部就班，缺乏主动思考、积极探索和自我改进的过程。无法变被动学习为主动学习，不利于学生

创新能力的培养。

为克服传统实践教学模式的弊端，现有采取以“项目驱动”为导向，教师引导下的学生自主实践教学模式。教师通过案例分析、任务要求、研究方法和考核激励引导学生在实践过程中自主确定任务要求，自主设计方案进程，自主构建实验平台，自主展示实践成果，充分挖掘学生的创造性思维，逐渐形成自主实践模式，养成研究探索习惯。

5. 建立“多元化”的实践教学考核评价方法。

多年来，电工电子技术实验中心实践教学考核一直沿用简单的“实做＋报告”的考核方式作为实验成绩评定的标准。在特定时间和特定环境下，这一考核方式在一定程度上能够客观反映学生对知识掌握的程度。但是随着实践教学改革的不断深入，在培养创新型人才的大环境下，传统的实践教学体系和教学方法都发生了巨大变化，现有的实践教学考核评价方法已经严重制约创新型人才培养的质量。实践教学应采取“多元化”的考核评价方法，定性考核和定量考核相结合。在学生的学习态度、出勤率等方面应以定性考核为主，而在实验报告完成质量、实验操作环节应以定量考核为主。通过设置目标、操作、答辩、提问、报告、作品展示等考察点，根据具体的实践环节自由组合，灵活设置，这样既能满足基础实践环节的需要，又能达到研究创新环节的考核目标。将实践教学根据人才培养目标单独考核，对学生的工程实践能力和创新能力进行客观评价，有助于学生查出问题和自我改进。

实践教学经过多年改革，尽管在实验教学理念、实验室建设、实验教学内容及方法等方面取得了不少成绩，但是随着我国高等教育的不断发展，建立一套符合创新创业人才培养目标的实践教学体系迫在眉睫。从电子设计创新实践基地设置、“双师型”教师队伍培养、实验项目设置、实践教学模式改革以及实践教学考核评价方法制订等五个方面提出具体的实施措施，必将促进我校创新型人才的培养。

三、在创业教育中介入创业团体辅导

近年，大学生创业人数增加迅速，创业成为大学生中的热门话题。2015 年，国务院办公厅下发《国务院办公厅关于深化高等学校创新创业教育改革的实施意见》，提出要“全面深化高校创业教育改革”，“到 2020 年建立健全课堂教学、自主学习、结合实践、指导帮扶、文化引领融为一体的高校创业教育体系，人才培养质量显著提升，学生的创新精神、创业意识和创业能力明显增强，投身创业实践的学生显著增加”，国家层面对高校创业教育的要求上升到了新高度。

（一）团体辅导在创业教育中的优势分析

团体辅导指运用团体动力学的知识，由受过专业训练的领导者，通过专业的技巧与方法，协助成员获得有关的信息，以建立正确的认知观念与健康的态度行为。通过团体辅导，将有创业意愿的学生集中起来，进行更深层次的教育，在创业心理、创业知识储备、创业素养等方面对学生进行有针对性的培训，全面培养学生的创业能力。

1. 团体辅导更具有吸引力。

团体辅导形式新颖，氛围宽松，趣味性较强，有别于僵化的课程教学，具有传统的课堂教学无法实现的优势。

2. 团体辅导的效率优势。

师资力量不足是高校创业教育的缺点之一，团体辅导可以弥补这一缺点，将有创业意愿的同学集中，进行有针对性的辅导，大大提高创业教育的效率。

3. 团体辅导能够更好地保护创业学生的创业热情。

创业学生是高校中的少数群体，创业的想法使他们在未来的职业规划上有别于其他同学。心理上的孤独感，缺乏指导的无助感，创业成功的压力等心理感受会在一定程度上消磨学生的创业热情。团体辅导能够增强团体成员的自我认同感，创业团体的组建能够让同学产生归属感，创业话题的探讨，创业知识的学习能够增强团体成员的创业信心，使团体成员产生积极的心理暗示，保护创业学生的创业热情，大大提高创业意愿转变为创业实践的可能性。

4. 团体辅导能够获得更多创业想法。

团体辅导能够为每一位团体成员提供参照，从团体其他成员和辅导老师的反馈中更好地了解自身情况，获得更多想法和协助，资源的共享、团体的互助则可以给创业学生提供更多、更好的创业想法。

（二）团体辅导在创业教育过程中的设计与实施

1. 团体辅导的准备工作。

（1）师资准备。

团体辅导老师必须具备以下条件：首先，长期从事就业、创业教育工作，熟练掌握大学生创业政策、创业流程等知识，并曾经指导学生成功创业。其次，经过相关培训，熟悉团体辅导活动，具备较高的心理学素养，掌握并能够运用团体动力学原理、自我效能感理论等团体辅导理论。再次，具有较好的语言能力、组织协调能力，以确保团体辅导的顺利进行。

（2）时间和场地准备。

团体辅导将以专题的方式进行，每周一次专题辅导，每个专题 2 个小时，共 10 次专题辅导。创业团体辅导以室内教学为主，辅以室外参观、实践。室内应选择带有多媒体设备和移动桌椅的教室，以便于活动的展开；室外可选择操场、草坪、创业园区等。

2.团体辅导在创业教育过程中的设计与实施。

创业教育中团体辅导的目的在于激发同学的创业热情，科学地分析创业所需能力并着重培养，在现有环境下将创业热情转化为创业实践，具体的团体辅导设计方案如下。

(1)团体的组建。

活动内容：团体的组建以自主报名为主，通过简单面试筛选创业意向和团队意识较强的同学参加。团体成员不宜过多，以30—40人为宜，根据创业方向、专业等因素将团体成员分为5—6个小组。订立团体目的、目标、活动内容和团体规则，建立团体成员档案。

(2)创业热情激发。

活动内容：厘清大学生创业概念，分析创业环境，解读创业政策，激发团体成员的创业热情。介绍大学生创业的现状，明确大学生创业的方向；介绍成功典范，通过视频、实地参观等方式直观介绍大学生创业成功案例，树立团体成员创业成功的信心。

课后任务：以小组为单位寻找大学生创业案例(成功和失败案例各半)，并撰写分析报告。

(3)创业典型案例分析。

活动内容：各小组汇报作业，针对典型案例，团体成员共同探讨创业成功、失败的原因，进而分析创业所需要的素养，面临的风险和需要避免的典型错误。

(4)创业能力探索。

活动内容：创业所需能力较为复杂，包括创业知识储备、创业心理准备、创新能力、专业技能、管理能力等，采取“表扬和自我表扬”“批评与自我批评”的方式，共同分析团体成员个人创业能力，强化团体成员创业的自我效能感。

(5)创业方向探索。

活动内容：以头脑风暴法开展讨论。团队成员阐述个人的创业构想，辅导教师鼓励同学进行发散性思维，通过思维碰撞相互启发，打破固有观念，创新思维模式，在现有的创业项目上进行整合、重构，探索更多可行的创业项目。

(6)创业规划。

活动内容：以小组为单位，选定某一创业方向，撰写创业策划书。

(7)创业实践。

活动内容：挑选创业策划书中的某一环节，利用3次活动时间，进行创业实践。有条件的院校可以开展网络虚拟模拟，进行仿真实践。

(8)课程总结。

活动内容：总结团体辅导的内容，团体成员分享个人感受。进一步巩固团体成员的创业意愿，并鼓励成员开展创业实践。开展调查，做好数据整理和统计工作。

3.团体辅导过程中的注意事项。

(1)注意团体凝聚力的培养。

团体凝聚力是优秀团体的重要指标，也是一个团体能够顺利开展活动，完成任务的关键因素之一。团体凝聚力表现在团体成员的参与程度，开展活动的配合程度，团体成员的相互信任程度、支持程度，等等方面。团体凝聚力构建的关键在于辅导教师，辅导教师的专业水平、沟通能力、个人魅力等能够对团体成员产生吸引力，科学的活动设计能让团体成员之间产生相互信赖，从而使其对团体产生归属感和信任感，对团体活动产生渴望。

(2)有意识地培养和提高学生创业自我效能感。

创业自我效能感是指团体成员对创业成功的自信程度，是一种积极的心理暗示，将在创业实践过程中对学生产生巨大的影响。辅导老师在辅导的过程中要积极正面地引导团体成员科学分析个人创业能力，鼓励团体成员尽可能地挖掘自身的有利资源，并加以合理利用。

(3)注意团体辅导和个人辅导相结合。

创业团体成员虽然都有创业意愿，但在创业意愿的强烈程度、创业能力、创业品质等方面存在着较大的个体差异。因此，在团体辅导的过程中要处理好团体辅导与个人辅导的关系，在团体辅导的同时，兼顾个体差异，有针对性地进行个别指导。

(4)注意长期跟踪和总结。

创业团体的辅导时间约为10周时间，在10周时间内完成学生的创业意识、创业能力培养并完全付诸实践的可能性并不大，团体辅导专题活动的结束并不意味着创业辅导的终止，辅导教师应建立跟踪机制，持续关注团体成员的创业实践活动，并注意典型案例的收集和整理。

(5)注意协调团体辅导与其他形式创业教育的关系。

团体辅导不是孤立的，它是高校创业教育体系中的一个组成部分，必须和其他的创业教育形式相互配合，共同完成大学生创业教育。

团体辅导是一种有效的教育教学方式，其教育效果已被国内外广泛认可和接受。将团体辅导引入创业教育能够有效地解决目前高校创业教育现状和学生需求之间的矛盾，这一教学实践的探索是富有价值的，高校创业教育工作者应开展积极的研究、探讨和实践，丰富我国高校创业教育形式，解决高校创业教育困境。

第四节　高职特色的创业教育体系构建

一、构建创新创业教育理论课程体系

党的十七大报告明确提出了“提高自主创新能力，建设创新型国家”和“促进以创业带动就业”的发展战略。大学生是最具创新创业潜力的群体之一。高校培育大学生创新创业能力，开展创新创业教育，是教育系统深入学习实践科学发展观，服务于创新型国家建设的重大战略举措；是深化高等教育教学改革，培养学生创新精神和实践能力，提高学生自我发展能力的重要途径；是落实以创业带动就业，促进高校毕业生充分就业的重要措施。创新创业教育作为一种全新的教育理念，在我国高校教育中已形成广泛共识，并成为我国高等教育人才培养模式新方向的切入口。

(一)高校创新创业教育课程体系建设现状

我国的创业教育可追溯到1998年清华大学举办的国内首届创业计划大赛，随后引起政府高度重视，形成了良好的创业教育氛围，但总体来说仍处于起步阶段。课程是高校教育教学活动的载体，是实现教育目标的基本途径。创新创业教育中，课程建设亦是一个核心问题，但是，高校在课程建设方面尚未形成系统的创业课程体系，仍存在诸多问题。首先，创业教育课程与专业课程尚未融合。高校没有把创业能力培养看成是主流教育体系中的一部分，没有将创业教育融合进整个教学体系中，使创业教育与学科教学、与专业教育脱节。其次，创业理论课程与实践课程的学科化、体系化尚未形成。大部分学校开设了相关的创业课程，但仅仅是孤立的课程，与其他课程不衔接。当前，各高校尚无统一、科学的创业教育系列教材和教学目标，创业教学内容因学校、教师等因素有很大差异。许多高校的创业教育教材只是把经济管理、财务会计、法律法规等学科与创办企业的相关理论和创业案例进行简单堆砌。基于此，高校有必要积极探索创新创业教育课程体系模式。

(二)大学生创新创业素质模型构建

素质模型(又称胜任力模型)起源于20世纪70年代，目前已成为管理界和心理学界研究的前沿问题，随着素质模型理论研究的日益成熟，其他行业和领域也纷纷引入素质模型。根据素质洋葱模型，笔者构建出了以创新创业人格特质为中心的地方高校大学生创新创业能力三维素质模型框架。创新创业人格特质处于内核位置，对其他显性素质具有动力、定向、支持、强化作用。创新创业人格是一个人的创新创业素质中的调节系统。创新创业人格是多层次、多侧面的，是由复杂的心理特征所构成的整体，主要包括意志力、创新、坚韧、责任心、冒险和挫折承受力等。这些特征是相互联系、有机结合在一起的，对人的行动进行调节和控制。创新创业认知和态度参与对决定个人创新能力的高低，具有导向作用，最终决定能否给我们带来新的具有社会价值的创新成果。创新创业知识和能力是创新创业思维的基础，为创新创业活动提供原料和支持。创新创业知识和技能不仅包括在创新创业素质模型中，而且这些素质是一种综合性的整体，就像一个洋葱一样，最表层的是创新创业知识和技能，由表层到里层，越来越深入，最里层、最核心的是对创新创业的认知、态度和人格特质，是个体最深层次的胜任特征，最不容易改变和发展。因此，高校在创新创业教育中，不仅要重视创新创业知识和技能的传授和训练，更要重视创新创业人格的锤炼和创新创业认知与态度的培养。

（三）基于创新创业素质模型的课程体系设计

1.课程体系规范化，课程设置体现“范型过渡”的原则。

课程体系规范化，即结合高校的实际，把通识类创业课程和专业化创业课程结合，采取分层次设置，满足不同学生的需求。目前，国内高校通用的课程范型有四种：学科中心范型、活动中心范型、问题中心范型和能力中心范型。学科中心范型是从专业培养目标出发，按学科的相互承续关系和内在逻辑体系，全面确定各类、各门课程。“三段式课程”就是其典型结构形态。这是一种“规定性”课程范型。活动中心范型、问题中心范型和能力中心范型，则分别从满足学习者活动需要、解决问题需要和培养能力需要，将有关知识、技能、态度等组合形成不同课程（模块）和体系。这三种范型都属于“形成性”的课程范型。创新创业教育应在吸取“学科中心范型”的基础上，吸收其他范型（主要是能力中心范型）长处。具体措施：一是加强实践教学，提高实践教学总学时在教学总学时中的比例；二是采取“三段式、四模块、多项实训穿插”的结构形态，即仍然沿用“基础课—专业基础课—专业课”三段形式；三是分为“文化基础知识”（通识课程）“专业基础知识”“专业方向知识”“辅助选修知识”四大模块，穿插安排若干项集中实训。根据不同专业学生的特点，学校应灵活实施创新创业教育的重要途径；应整合优化专业教学内容，充实前沿理论，培养新技术、新工艺，同时适当增加实践教学的课时比例，强化专业技能训练，并把创新创业课程纳入实验、实习、毕业设计论文等环节；在各专业学科课程中，结合教材内容和专业特点，注重创新创业人格教育，渗透创新创业教育的内容，在教学内容中适时安排，形成特定的教学方式。

2.搭建开放式、多途径的实践课程。

（1）实践课程是创业教育实施的重要方式之一。

实践课程的主要形式有个体性质的项目活动课程和集体性质的专题活动课程。通过这两种活动课程来培养学生创业个性心理品质和创业能力，形成综合性的知识结构和能力结构。实践课程较少受到时间与场地的限制，将理论学习和实际操作统一起来，边理论学习边实践，在实践中掌握理论知识。

(2)开展大学生“创新创业体悟”活动。

学校以“社团组织”“勤工助学服务中心”“心理咨询室”“大学生创新创业指导中心”等组织为平台，有针对性地开展“心理训练”“创业研讨”和“创业模拟”等活动，锤炼创业者的心理品质，鼓励学生建立形式多样的创业团队，成立创业协会和创业俱乐部。激发学生的创新创业动机，提高学生的创新创业精神，培养学生的创新创业人格特质，包括意志力、创新力、坚韧性、责任心、诚实守信品质、冒险精神、挫折承受力等因素。

二、构建创新创业教育实践课程体系

(一)创新创业教育的开展与实践教学体系的构建

21 世纪是知识经济时代，主要依靠知识创新和知识传播来创造财富，创新是它的灵魂，而实践是关键。无论是知识创新还是技术创新，都需要大量高素质的创新型人才，而创新型人才的培养需要系统的实践教学来完成。

高职教育实践教学体系的目标是使学生在多层次的实践教学活动中，逐渐培养基本技能、专业技能、综合应用能力及创新精神和创业能力，在职业素养和职业技能方面达到一定的水平，为社会经济发展培养具有较强实践动手能力的应用型、职业型创业者。实践教学是创业教育实施的有效途径，构建一个适应社会发展水平的实践教学体系，能够推进创业教育的发展。反之，在高职院校开展创业教育，有利于丰富和完善高职院校的实践教学体系，同时可以利用实践教学培养学生的创新精神、创业意识和创业能力，有利于为社会经济发展注入新的活力，解决就业问题，缓解社会就业压力。因而，构建一个适合时代需要的创业教育实践教学体系，将有利于职业技术教育人才培养目标的实现和高职教育特色的形成。

(二)创新创业教育理念指导下高职园艺技术专业实践教学体系的设计思路

创新创业教育强调从学生的实际出发，根据社会经济的发展要求，注重对学生的参与意识和实干精神的培养，通过多种形式的教育手段开发和提高学生的实践技能、创业意识和创业能力。创新创业教育理论应用于高等职业教育，就需要在开展专业学习的基础上，将多层次的创业课程、创业讲座、创业实践等融入专业实践教学体系。

1. 基于园艺技术专业职业岗位技能要求开发实践教学体系。

首先，要对园艺技术专业各职业岗位的具体任务进行调查和分析，结合企业专家、职业教育专家和专业教师的意见，总结归纳职业岗位、企业核心岗位、拓展岗位和专业岗位群所需的知识、技能及素质要求，从而开发和确定与高职园艺技术专业职业标准相吻合的专业核心课程及创业必修课。其次，要基于受教育者职业道德培养、创业需要和可持续发展的要求，系统设计文化基础课程、能力拓展课程和创业选修课，形成高职园艺技术专业的课程体系。

2.基于高职园艺技术专业人才培养模式构建实践教学体系。

专业人才培养模式是以一定的教育理论和教育思想为指导，根据园艺技术专业的人才培养目标和规格，确定相对稳定的教学内容、课程体系、教学模式、管理制度、教学效果评价方式及实施过程等的总和。而实践教学体系的构建，就需要在确定的人才培养模式的基础上，根据专业职业岗位的能力要求，分析学生对园艺技术专业知识的认知规律和技术形成规律，从而将课程实验、校内实训、社会实践、顶岗实习、组织创业实践活动等实践训练有机串联起来，形成能力递进、层次分明的实践训练体系，使得学生在系统的实践教学中完成基本技能、专业技能、综合技能、创新创业能力的养成。

3.基于工学结合模式组织实践教学。

在教学内容组织上，要突出高职园艺技术专业的特色和培养目标，要将专业技术能力、方法能力、社会能力和创新创业能力的培养放在重要的位置，并注意与专业相关的新知识、新技术和新方法的注入和引进，培养具有较强专业技能、社会适应能力、创新意识和创业能力的复合型人才。课程体系的设置要突出与“工学结合”密切联系的实践教学环节，即理论教学以“必需、够用”为度，实践课教学在教学计划中占有较大比重。在教学进程安排上，要遵循能力塑成的规律，结合农业生产的季节性特点，系统化设计实验、实训和顶岗实习等实践教学项目。

（三）创新创业教育理念指导下实施高职园艺技术专业实践教学体系的对策

为了更好地适应市场经济发展的变化，为了培养出适应社会需求的园艺技术专业人才，就需要引进、培养具有创业教育背景的专兼职教师，加强校内外实训基地建设、管理和利用，构建完善的实践教学质量监控与评价体系，加强政府的引导和政策保障措施，精心构建和实施实践教学体系。

1.加强师资队伍建设。

高水平的教学人员是专业教学中最宝贵的资源，高职教育创业型技能型人才培养目标的实现关键是要培养一支既有扎实的理论基础，又有过硬的实践能力的“双师型”教学团队。一方面，对于现有的中青年教师，要创造各种条件促进他们通过自学、专业培训、企业挂职锻炼等形式加强专业实践技能、创业知识水平和创业实践经验的培养;也可以在政府和学校的层次上出台多种优惠政策,鼓励教师深入园艺相关企业一线开展科研和技术开发活动,安排教师承担具体的生产、管理与经营任务。另一方面,由于创业教育需要培养学生多方面的知识和能力,专职教师很难具备相对完善的知识结构,可以结合校校合作与校企合作项目,聘请知名教授和有经验的行业专家、成功企业家、企业技术人员等做兼职教师,改善专职教师队伍结构。

2.加强校内外实训基地建设和管理,创建良好的学习氛围和职业环境。

校内外实训基地是高职院校实践教学体系的核心部分,充分利用实训基地开展创业教育,丰富实践教学体系的目标和内容,可以培养既具有扎实的专业技能和技术,又具备一定创业意识和创新精神的园艺技术人才。校内实训基地的建设要与园艺产业化发展方向相适应,要有一定的规模,并具有较为齐全的配套设施,在保证实践性教学的同时,也可建成高收入的农业实体。校内实训基地的管理主要由专业教师或管理人员承担,同时鼓励学生参加基地的管理,引导学生参与技能创新、科研管理等。校外实训基地的建设,本着"优势互补,互惠互利,共谋发展"的原则,通过校校合作和校企合作的方式实现。校外实训基地的建设,可以有效弥补校内实训基地设备投资大、更新慢、训练项目单一、企业氛围不浓、不利于综合职业能力培养等缺陷,可以加强专业与外界的联系,有助于学校专业建设与行业发展同步进行。学生通过企业的顶岗实习、毕业实习等实践机会能够更多地接触社会和行业,为学生的专业技能训练和创业教育营造了良好的氛围。

3.构建完善的实践教学质量监控与评价体系。

在实践教学中,学校需要树立全新的考试观念,通过多种考核形式(笔试、口试、操作考试、成品生产等)检查学生的认知能力、实践操作能力和创新能力等。针对专业职业资格认证,要将各职业工种的理论与技能训练贯穿在所有专业课程的理论教学与实训过程中,将职业技能鉴定要求纳入理论与实践课程考核,以保证学生对专业技能的掌握水平;也可鼓励学生参与考评,促使他们反复探索和训练,深化对所学知识的理解,激发他们的学习积极性和主动性。为了确保实践教学计划的实施和教学质量,学校和院系要加强实践教学的检查和监督,并针对实践教学活动存在的问题进行及时调整。对实践教学效果的评价要紧扣专业培养目标,重点考核、评价学生的岗位职业技能、职业素质、创新精神和创新能力。

4.加强政府的引导和政策保障措施。

根据发达国家高等职业教育发展的成功经验,国家法律法规的保障在高等职业教育的发展中所起的作用是不容忽视的。因此,要开展创业教育和构建合理的实践教学体系,同样需要国家和地方法律法规的保障,要从法律上明确高等职业教育的地位,建立完善的职业教育管理体制,扩大高职院校的办学自主权,加强高等职业教育的经费保障,不断制订和完善关于创业教育实施目的、方法、内容、师资、投入的相关规定等。在高等职业教育实践教学体系的实施过程中，要通过国家或地方的法律法规来明确行业企业、社会组织等的权利和义务，确保学校以外的各种形式的社会力量共同参与创新创业教育实践教学体系的构建和实施，进一步推动校企合作，鼓励企业接收教师实践和学生顶岗实习，从而培养真正的创业型技能型人才，为行业和社会发展带来效益。

以创新创业教育理论为基础，指导高职园艺技术专业实践教学体系的改革与创新，有助于增强该专业的核心竞争力，有助于开拓高职教育更广阔的领域，有助于经济发展和社会进步。然而，实践教学体系的实施必然存在着一些阻力和问题，如高职教师教学工作繁重、实践技能和创业经验积累缓慢，国内缺乏鼓励企业参与职业教育的方针政策，企业参与职业教育的积极性不高，学生在企业顶岗实习管理难度大等。因此，实践教学体系的实施还需要在现有理论和实践的基础上，不断借鉴国内外先进经验，结合专业实际情况，不断摸索和完善高职园艺技术专业实践教学体系的构建和实施。

三、构建创新创业教育实战演练体系

几年来，我们在巩固已有的应用性、职业型、开放式人才培养成果的基础上，继续深化教育教学改革，以大学生创新创业项目为载体，构建了创新教育实践体系，创新了人才培养模式，强化了创新创业能力训练，增强了学生的创新能力和在创新基础上的创业能力。

（一）制定和完善学生创新教育实践管理制度

一是制定学部主任和专业主任教授直接参与管理的制度，同时征求企业专家的意见，使制度完整规范，符合应用性人才培养方案的要求。二是建设学部主任和教学副主任直接负责管理创新教育实践教学的指导团队，并指定学部实验中心负责人参与管理团队实践项目的实施工作。三是由团总支、学生会和社团牵头组织学生成立科技创新协会，定期考核接纳一些思维敏捷，创新意识强，具备一定动手能力的学生加入到团队当中。根据不同专业要求配备指导教师。四是完善实验室管理制度，在不影响正常实验教学的前提下，为创新教育科技活动提供方便条件，各专业间建立设备共享机制，满足交叉学科之间项目实施的要求。五是加强校企合作，实现与企业之间的资源共享，积极申报参与企业的横向课题研究，建立校企双赢互利的机制，在满足企业研发项目需要的基础上，实现应用性创新人才的培养。

（二）构建“三原则、四层次、五阶段”项目带实践人才培养模式

创新教育实践内容必须符合“新颖，实用，高效”的原则，即团队在申报项目时，要本着创新的思维，注重项目的新颖性，为后续的项目实施提供良好的开端。

“四层次”要求学生按照自身的发展情况，逐层上升，每个学生可以自带题目或到创新教育实践指导团队选题目进行系统培训，团队将根据学生的基础知识和科技活动实践经验安排相应难度的项目，进行分层次培训，在规定的时间内完成项目后由指导教师进行考核并确定能否进入下一阶段的培训。其次，分阶段采取不同的措施引导学生逐步培养其创新素质。“基础型”是指大一期间，对学生边上基础文化课，边进行科研理论的训练，其内容包括资料的查阅、收集与整理，实验方案设计及实施、疑难分析报告、阶段性小结等提高学生的科技创新素质。“应用型”是指大二期间，让学生根据自己的爱好和专业特点自愿参加科技创新协会，并以“科技讲座”“化学实验技能大赛等”为辅助，在教师的引导下逐步培养其创新素质和能力。“综合型”是指大三开始，根据学生的兴趣和某方面发展的潜力，通过科技立项为学生配备指导教师，组建稳定的学生科技创新团队，进行比较系统的指导和培训，全面提高学生的综合能力。“创新型”是通过对学生进行创新创业教育的培训，带领学生积极参加国家各类创新创业大赛，组织同学全程参与项目申报、项目实施和成果总结等环节，充分发挥学生的主观能动性，培养创新思维，积累各项成果，丰富实践经验，提高就业竞争力。

这一环节中学校采取“项目申请——技能培训——项目实施——成果申报——成果应用”五阶段项目带教学的培养方式开展创新教育、创新实践活动。

一是积极参与各类大学生创新科技项目的申请工作。二是借助创新项目这一平台，安排专业指导教师对团队学生成员进行集中系统培训。采用交流讨论的方式，广泛地吸收采纳学生的创意和见解，制定切实可行的项目研究方案。三是项目实施过程中要求指导教师全程跟踪指导，及时解决实验过程中出现的各类问题，定期召开阶段性总结会议，召集参与不同项目研究的团队成员进行集体交流，分享经验和心得。同时设置中期考核环节，每个项目的负责人（学生）进行汇报，由学部主管领导和主任教授牵头对项目实施进行考查评价，提出改进意见。四是项目完成后，指导教师带领项目组成员总结成果，进行科技论文的撰写及专利的申报工作。学部每年召开专门会议对已取得的成果进行汇报总结，对获奖的学生团队和指导教师进行表彰。五是重视项目成果的推广和应用。对于能够促进实践教学改革的成果，要求在学部各专业之间交流推广。对于来源于企业的创新项目，通过与企业的合作进行成果的转化和应用。

（三）成立大学生创新教育实践指导团队

为了保证项目的顺利实施，学部成立项目指导教师团队，全程负责创新项目的指导、管理和监督工作。指导教师团队成员来自不同专业，各自发挥专业优势，实现专业知识的互补和共享。定期召开研讨会，交叉学科间进行交流，总结经验，讨论项目实施过程中的问题，研究解决方案。与企业技术人员保持相互联系，及时掌握行业、企业亟须解决的实际问题，开拓思路，为成果的转化奠定基础。建立指导教师团队考核评价制度，将创新教育实践创新成果作为一项重要内容，列入班主任工作和年终述职考评实施方案。设置加分政策，充分调动青年教师的参与积极性，促进“双师型”教师队伍的建设。

（四）制定创新教育实践教学的保障措施

一是开放学部实验室，在不影响正常实验教学的前提下，最大限度地满足创新教育实践项目的实验要求。各专业实现仪器设备和实验材料的资源共享，为项目实施提供方便条件。二是成立项目指导教师团队，对学生进行全程指导。每个项目配备一名专业对口的主要负责教师，其他团队成员同样承担指导任务，学生可以随时咨询实验中遇到的各类问题。三是依托专业硕士学位研究生授权点，充实“双导师”资源，为科技创新提供技术保障。四是鼓励指导教师将创新教育实践项目与自己的科研课题相联系，吸纳学生参与自己科研课题的应用研究。这样既满足了学生创新教育实践教学的需要，也分担了教师科研课题的研究任务。五是通过加强校企合作，借助企业单位积极申报企业横向课题，申请企业研发项目资金，拓展项目来源。六是依托省级重点学科和省级重点专业，加大对创新教育实践教学体系建设的投入，保证各类科技创新项目的顺利进行。

（五）建立创新教育实践教学的评价方法

一是成立创新教育实践教学考核评价小组，由学部主任担任组长，对创新教育实践教学过程进行质量评价。二是设置项目开题、中期考核、项目总结汇报等环节，对科技创新项目进行跟踪检查。三是制订团队学生成员的评价指标，评价指标包括创新教育实践成绩、就业率、考研率和优秀毕业论文比率等。四是由创新教育实践教学考核评价小组对科技创新项目成果进行审核鉴定，根据成果的质量决定奖励的级别和加分权重。

经过探索与总结，学校初步形成较为完善的大学生创新教育实践体系，丰富了实践教学方法和教学手段，实现教学相长，提高了实践教学水平。对原有的“实验教学——生产实习——技能实训——就业实习——毕业设计”五点一线实践教学链进行了补充和延伸，加入了科技创新环节，实现了更加完整的“六点一线”实践教学体系。创新教育实践教学团队的教师通过对科技创新项目的指导，丰富了实践教学经验，对第一课堂的实践教学工作起到了巨大的推动作用。以科技创新项目为平台，启发了设计性实验教学的思路，优化了实践教学内容，丰富了实践教学手段，完善了实践教学考评体系。在项目研究过程中取得的部分成果可以直接应用于日常实践教学中，同时一些对基础实验设备的改进和创新型设计专利提高了实验效率，加速了实验教学仪器的更新。同时，通过科技创新项目的实施，开展与行业企业“产学研”深度合作，巩固促进了校内外实践基地的建设。

第五节　高职特色的创业教育机制保障

一、构建社会良好的创业文化保障机制

教育是一个比较系统的工程，大学生的思想、政治、心理以及道德等方面能力和素质的发展和形成主要就是学校、家庭和社会等多方面的相互作用和相互协调的结果。开发和提高大学生的创业基本素质也离不开学校、家庭和社会等多方面的相互促进和相互渗透。随着我国教育制度的不断改革和完善，思想政治教育正在逐渐地走向成熟，思想政治教育的宣传和协调功能具有极强的生命力和黏着性。因此，一定要充分发挥思想政治教育的宣传功能，这样才能够为大学生创造出一个比较良好的社会市场和创业文化氛围；同样地，对于思想政治教育的协调功能也应该要充分地利用，这样才能够对大学生创业教育所要涉及的各个部门进行整合，形成一种有效的合力，为大学生创业教育保障机制有效构建提供支持。

（一）制度的建设和组织管理的完善

为了能够确保大学生创业教育有效的实施，最关键的就是组织管理的机制和体制应该要完善。现在很多高校各个部门的综合资源利用的情况都不是很理想，没有能够很好地形成一个整体的优势。每个高校在健全工作机制和完善组织机构的时候，应该要结合自己高校的实际情况和特点，使大学生创业教育的实施能够进入一个比较良好的轨道，这样大学生的创业教育才能够有效地开展。

高校在开展创业教育的时候，最基本的组织保障就是专门的创业教育中心或者组织机构，但是我国现在除了几所试点的高校具有专门的创业教育中心或者组织机构外，其他的高校在开展创业教育的时候，基本上都是挂靠在共青团组织、就业指导中心或者是学生工作处等一些部门，工作人员和工作经费也只是象征性有一些，有些高校甚至根本没有，很多创业教育的教师归属感不是很强，在工作当中没有很强的责任心。因为在进行创业教育的时候，没有专门的创业教育中心或者组织机构，所以在实际的工作当中就经常会出现职责情况不明确，在出现事情之后相互推脱责任的现象，形成了一种在表面上大家都想负责，但是在实际的工作当中却都不重视的局面。人员、场地和经费都得不到充分的保障，这样大学生的创业教育就会因为没有一个具体的创业教育中心或者组织机构作为保障，从而无法正常地开展工作。以浙江省高校为例，目前真正具有自己的创业教育中心或者组织，并且这些中心或组织能够有效运行的高校仅有浙江科技学院、浙江大学等 3 所，根本无法全面有效地推进、执行创业教育的功能。

因此，高校在进行创业教育的时候，非常有必要建立一个专门的创业教育中心或者是组织机构，同时还应该建立和健全相关的管理机制，来实施和推进大学生创业教育。根据现在很多高校的实际情况来看，创业教育组织机构的假设模式可以有以下几种形式：第一，在思想政治理论课的教学部门成立一个创业教育的教研室，这种方式的好处是可以把大学生的思想政治教育和创业教育相结合。首先现在进行大学生创业教育的教师基本上都是兼任或者是转任过来的，而这些兼任和转任教师主要是思想政治的理论课教师，他们本身具有思想政治教育的理论知识，在进行思想政治教育的时候有着先天的感情和优势。其次就是在进行创业教育的时候应该要面向全体大学生，使创业教育课堂类似于公共课程的性质，而思想政治理论课教学本身就是属于公共教学性质，在进行课程安排的时候更容易进行协调。最后就是思想政治理论课的教研部应该要分别设置几个不同的教研室，分别对大学生的创业教育、就业指导、心理健康教育以及思想政治理论教学进行负责。第二，在工商管理相关的教学部门成立创业教育教研室。一方面因为创业教育里面很多内容跟企业、企业管理相关联的程度比较高；另一方面是一些高校的创业教育师资是由工商管理专业的教师和思政教师（包括部分辅导员等）组成的，在工商管理教学部门设置创业教育研究室更便于今后的学科发展和课程管理。

现代管理学认为，组织工作要想取得实效，那么制度就是必要的保证。高校应该要按照国家的相关规定，然后再结合本校的一些实际情况，来制订出一系列具有很强操作性的规章制度，应该要科学地对责任机制、协调机制、领导机制、人员保障以及经费等方面进行规划，对创业教育应该要大力支持，从而使得参加创业教育工作人员的主动性和积极性能够增加。同时，如果规章制度比较完善和科学，那么相关部门的职责也就会相对比较明确，在具体的工作当中也能够有章可循，从而可以对创业教育进行一个量化的考核。在制定规章制度的时候，应该要为大学生的创业提供一个比较宽松的环境，才能使得大学生的自我管理、自我教育和自我服务有最大限度的发挥，要允许大学生自由发挥个性。评价方式和学籍的管理制度也应该要进行改革，才能够为培养和提高大学生创业的基本素质创造出比较有利的条件。

（二）营造浓厚的创业教育生态环境

首先应该要对社会经济、政治及文化等方面进行综合的统筹，营造出比较良好的社会氛围和教育生态环境，对大学生创业进行强有力的支持。我国进行创业教育的起步比较晚，整个社会对大学生创业教育的了解和认识还不够深入和全面，对创业教育的支持力度还远远不能够满足需要，对大学生创业的积极性和意识制约比较严重。大学生在进行创业的时候，社会对其的影响是非常大的，主要就包括了经济、政治及文化等方面。在大学生的个性形成和主体性发挥的过程当中，我国的传统思想文化有着比较大的阻碍作用，在重义轻利的思想观念的影响之下，现在教育主要奉行的还是以知识为主，而不是以能力为主，再加上“胜者为王败者为寇”的思想影响，现在很多的大学生都不敢创新，因为他们害怕失败带来的后果无法承受；同时那种传统的社会结构也使得人们的独立性和自主性受到了抑制，很多的大学生在进行创业的时候，信心不是很足，不思进取，安于现状。随着社会的不断发展，现在这些传统的思想依然还存在着一定的影响，要改变人们的认识就需要很多的途径，而且需要的时间也比较长，在这个改变的过程当中，教育者应该要有足够的决心和耐心。当然，值得肯定的是，我国在经过改革开放，尤其是最近10年的长足发展之后，人们的思想和认识比之前已经有了很大的改变，社会经济的不断发展和进步，也已经为大学生的创业提供了比较好的物质基础。最近几年，国家和各地的政府部门也相继颁布和实施了很多鼓励和支持大学生创业的规定和政策，有越来越多的人重视和认可创业教育及大学生创业。产学研的相结合，能够非常有效地推进科研和高校创新成果的转化，这对大学生来说具有非常重要的意义。高校和企业之间的良好互动，对大学生创业活动能不能实现实战化、社会化和长期化具有非常直接的影响。但是我国现在产学研的合作效果不是很好，企业的积极性不是很高。这个时候相关的政府部门就应该要构建良好的服务平台和制订相关的优惠政策，来扶持和引导企业和高校之间的合作。总之，现在仍然需要对社会各方面的力量进行整合，才能创造出良好的创业教育生态环境来为大学生创业服务，社会对大学生的创业教育应该要更加重视和关注。

其次就是除了思想政治教育的工作者要对大学生的创业教育进行关注之外，那些从事专业教育和基础教育的教师也应该要在创业教育的过程当中发挥自身应有的作用。

（三）加强创业教育师资队伍建设工作

每一种教育改革的措施或者是教育思想如果要想取得实质性的进展，都应该要落实到教育教学这个比较关键的环节当中，而教师则是进行教育教学最关键的因素。如果师资队伍的水平不高，教育的质量也就肯定不会高。而教师也应该要具有创新的精神，这样才能够培养出创新的人才。只有加强师资队伍的建设工作，才能形成一支具有创新精神、综合素质较高的教师队伍，我们大学生的创业教育也才能够真正实现。在教学教育活动当中，教师就是授业主体，是开展创业教育活动的推动者和实践者，如果教师不对教学活动和教学观念进行改进，那么再先进的教学理念也只能成为空谈。虽然很多高校的创业教育模式不相同，在组建教师队伍的时候差别也比较大，但是基本上都是由就业和学生工作教师、工商管理专业教师及思想政治教育的教师来进行兼任或者转任的，这样是远远不能够满足创业教育的实际需求的。所以在创业教育的构建过程当中，师资力量的建设已经成了一个

主要的制约因素,这主要体现在以下几个方面:

首先就是在进行创业教育的时候,对教师的实践经验要求是非常高的,基本上都需要用实际的行动对学生进行指导,用自己的实际经验进行引导要比理论的讲授要多一些。其次就是现在很多高校的教师对创业的体验和实践的经验也比较欠缺。现在很多高校教师基本上都没有创业教育专业的背景,他们对企业的管理以及创业缺乏一定的实战经验,他们在对大学生进行创业教育都是比较粗略地讲解一些和创业有关的理论知识,对于创业教育的实践本质却不能够很好地表达。所以教师应该加强自身素质,积极地参加创业教育的师资培训,除此之外创业教育的教师还应该要深入到企业、市场和社会中去进行实地的调查和研究,从而形成对创业教育的理性认知和感性认知的统一。

只有高校内的各个子系统之间相互紧密合作,才能够不断地推进创业教育的深入。同时创业教育也需要社会和政府等相关部门的整体协助。高校在进行创业教育的时候,只有走出之前那种传统的自循环完成机制,才能够很好地构建起高校、社会以及政府部门多方联动的保障机制,最终使得高校创业教育能够健康和持续地发展。

二、构建政府政策法制保障机制

党的十八大做出了实施创新驱动发展战略的重大部署,近几年,国务院先后颁布了一系列文件,不断制定并推进完善创新创业政策,为推动创新创业工作提供有利的政策环境,各地方政府也相应制定一系列政策措施,这些政策构成了我国现行的创新创业政策体系。

(一)创新创业政策保障机制概念界定

创业存在高风险,如何提高创新创业的实效,只有通过创新创业政策引导和机制保障,才能够让创新创业落到实处。创新创业政策支持体系是推进"大众创业、万众创新"的基础和先导。创新创业政策保障机制主要是指从中央到地方政府,结合社会发展实际,尊重创业创新规律,坚持以人为本,增强创业创新制度供给,加强创业、创新、就业等各类政策,完善相关法律法规、扶持政策和激励措施,加强创业创新公共服务的资源开放共享,切实解决创业者面临的资金需求、市场信息、政策扶持、技术支撑、公共服务等瓶颈问题,建立和完善线上与线下、境内与境外、政府与市场开放合作等创业创新机制,从而最大限度释放各类市场主体创业创新活力,开辟就业新空间,拓展创业发展新天地,解放和发展生产力。

(二)当前我国创业就业政策保障机制分析

1. 创业就业政策横向政策体系。

2015 年 3 月,为加快实施创新驱动发展战略,适应和引领经济发展新常态,顺应网络时代大众创业、万众创新的新趋势，加快发展众创空间等新型创业服务平台，国务院办公厅发布了《关于发展众创空间推进大众创新创业的指导意见》，国内形成了大众创业、万众创新的生动局面。各地政府也纷纷出台创新创业相关政策和指导意见。随后，国务院办公厅分别于 2015 年 5 月、6 月、8 月、9 月出台《关于深化高等学校创新创业教育改革的实施意见》《大力推进大众创业万众创新若干政策措施的意见》《关于同意建立推进大众创业万众创新部际联席会议制度的函》及《加快构建大众创业万众创新支撑平台的指导意见》，并于 2016 年 5 月出台了《关于建设大众创业万众创新示范基地的实施意见》，从国家层面形成了创业就业的横向政策体系。

2. 创新创业纵向政策体系。

为贯彻党中央、国务院关于进一步激励大众创业、万众创新的精神，各地方政府的一系列制度和政策在纵向上形成了创新创业政策体系。以河南省为例，2015 年 6 月，河南省人民政府出台了《关于发展众创空间推进大众创新创业的实施意见》，同年 8 月，结合本省实际，河南省人民政府出台《关于进一步做好新形势下就业创业工作的实施意见》，提出 27 条新举措，力促创新创业带动就业。10 月，河南省地方税务局出台了《关于支持大众创业万众创新政策措施的意见》。与此同时，河南省郑州市政府先后出台了《郑州市人民政府关于加快发展众创空间推进大众创新创业的实施意见》《郑州市创新创业综合管理办法》《中共郑州市委郑州市人民政府关于引进培育创新创业领军人才(团队)的意见》等政策措施，地方政府相关政策的出台有力地推动了大众创业、万众创新的政策的效度。

3. 存在的不足和问题。

我国现阶段已经基本形成了横向及纵向的创新创业政策支持体系，创新创业政策环境上有了较大改善，然而在政策的具体落实和实施上还存在着许多问题，主要是缺乏积极的自主创业观念，缺乏活跃的创业要素，缺乏更为健全完善的创业配套服务体系，等等，而从根本上说，是当前我国创新创业政策保障机制不完善。一是缺乏推进全民创业的联动协调机制，对创业促就业工作认识还不够统一。二是大部分地区缺乏创新创业的平台。三是创新创业方面的资金支持机制不够完善。四是创新创业的公共服务机制还不够完善。

(三)完善创新创业政策保障机制的建议

现在，我国从中央到地方的创新创业政策正在不断地制定和完善，而面对政策执行中存在的不足，我们需要不断完善创新创业政策的保障机制，才有利于创新创业政策的贯彻落实。

1. 加强统筹协调，完善协同机制。

十八届五中全会把“大众创业、万众创新”作为“积极作为新常态，培育发展新动力”的战略举措来部署,政策导向更加明确。国家建立了由国家发展和改革委员会牵头的推进大众创业万众创新部际联席会议制度,加强创新创业顶层设计和统筹协调;并建立部门之间、部门与地方之间政策协调联动机制,形成强大合力,督促各地区、各部门系统梳理已发布的有关支持创新创业发展的各项政策措施。这一系列政策举措,为推进我国创新创业工作的顺利开展提供了政策保障,各地方需要进一步结合地方实际进行贯彻落实,真正建立并发挥协同机制的作用。

2. 建设创业创新平台,增强支撑作用。

完善创新创业政策保障机制,需要进一步加强创业创新平台建设。当前全球分享经济快速增长,基于互联网等方式的创业创新蓬勃兴起,众创、众包、众扶、众筹(以下统称“四众”)等“大众创业、万众创新”支撑平台快速发展,新模式、新业态不断涌现,亟须加强创业创新信息资源整合,建立创业政策集中发布平台,完善专业化、网络化服务体系,增强创业创新信息透明度,推进创新创业工作的进一步有效开展。

3. 多元化的金融支持机制。

创新创业需要通过创新基金、创业投资、商业银行、政策性银行等多种途径获得企业发展所需的资金。因此各级财政要根据创业创新需要,首先,加大财政资金支持和统筹力度,统筹安排各类支持小微企业和创业创新的资金,加大对创业创新的支持力度,强化资金预算执行和监管,加强资金使用绩效评价。其次,完善普惠性税收措施。落实扶持小微企业发展的各项税收优惠政策。按照税制改革方向和要求,对包括天使投资在内的投向种子期、初创期等创新活动的投资,统筹研究相关税收支持政策。再次,发挥政府采购支持作用。完善促进中小企业发展的政府采购政策,加强对采购单位的政策指导和监督检查,督促采购单位改进采购计划编制和项目预留管理,增强政策对小微企业发展的支持效果。面向创新创业的金融支持机制可以为创业企业提供资金,而且还应该为企业提供各种管理服务,在企业发展战略、管理人员选聘、管理制度与财务制度建设、企业再融资服务等多方面为企业提供支持。

4. 全方位的创新创业服务机制。

国家和各级政府制定了一系列推动创新创业的政策和措施,然而,在现实生活中,创新创业在技术、信息、出口、营销、人才、管理等方面遇到的困难,短期内靠创业者自身力量无法克服,迫切需要政府与社会的支持。因此,建立社会化服务体系是促进创新创业政策保障机制的必然选择。

三、高职院校大学生创新创业激励机制构建

(一)营造浓厚的创新创业校园氛围

良好的创新创业校园文化氛围是引发大学生产生关注度和创新创业意识的催

化剂，是提升大学生创新创业能力的助推器，是高职院校新式教育成功的基础。创新创业专注于把大学生被动择业转变为主动创业，应该将"强调个人的努力、机会平等"的平等思想与每个大学生创业相联系，形成一个可以激励创业、包容失败的气氛，可以通过校报、校园广播、校园网、海报和宣传板等载体向大学生们宣传国家、各地方和高校对大学生创业的优惠政策，以及当地或本校大学生创新创业成功案例和成功企业家的创业史。也可以开展学术交流会、学术报告会和讲座等，尤其是邀请社会上成功的企业家来校指导，拓展大学生的视野，传授创新创业的相关理论和实践知识，让大学生开始接触创新创业这一全新的领域，在了解中萌发兴趣。要树立创业教育的新理念，即一种与传统的职业观念不同的新的教育理念和模式。

（二）加强大学生创新创业素质的培养

大学生的全面素质不仅包含了政治素质、文化素质、心理素质、职业素质，还包含了创新创业素质。这种创新创业素质的养成不仅要德智体美全面发展，而且要具有创新意识、创造精神和创业能力，而这些只有通过创新创业教育才能实现。高职院校一方面是人才培养主要场所，另一方面也肩负着重要的职责，即培养学生能力使其将来能够更好地为社会服务，为社会做出贡献。高职院校的大学生掌握了相应的专业知识和专业技能，具备一定的动手开发能力和创新创业能力，随着就业结构和就业方式的发展变化，大学生创新创业将成为我国大学生就业的一种趋势。高职院校必须及早重视这种新的变化趋势，及早对变化做出反应，以实现时代赋予高等职业教育的新的使命，这就需要改革传统的人才培养模式，变就业教育为创新创业教育，不断提高当代高职院校大学生的创业意识和创业能力，是我国高等职业教育改革与发展的必然选择。

（三）创造创新创业实践的机会

在高职院校中大学生创新创业缺乏动手实践机会，光听光看是不足以引发大学生的兴趣的，也不足以渲染校园创新创业气氛，还需要大学生实际动手操作。兴趣需要在实践中慢慢产生，提高大学生自身的耐挫力，人际交往能力和心理素质都须在实践中慢慢锻炼和提升。大学生在参加实践中发现自己的素质得到了提高，更加肯定自己，就会更积极地继续参加实践，这是一个良性循环，体现了外部激励和内部激励的融合。让大学生参与高职院校的日常事务和管理，激发他们的工作激情，安排任务工作时需要考虑每个学生的兴趣和特长，以自愿为原则，工作需要在大学生的能力范围之内，但是又要有一定的挑战性，增加大学生的创新创业积极性。在校园里设立"创新创业区"，大学生可以把大学当作一个社会，学校鼓励大学生在这个区域内开放自己的思维，张扬个性。在创新创业区里，大学生可以运用自己的聪明才智和创造力，创造各种小企业、小公司，从事经商的工作。

（四）建立校内校外创新创业专项经费和贷款

对于高职院校大学生而言，无论是基于专业开展的创业实践还是从事的创新实践活动，无论是企业初创期还是企业成长期，充足的资金支持都至关重要。从国外创新创业教育发展的经验来看，教育资金的来源总体上有几个模式：一是高等学校创新创业基金模式，二是创新创业贷款模式，三是市场主导的资金投入模式。在我国，高职院校对大学生的创新创业激励资金投入还很少，很多处于自发阶段。为推动创新创业教育实施和开展，可以从两方面筹集资金：一方面由学校拿出一部分专项资金作为创新创业基金，如大学生创新创业项目基金、大学生创业种子基金、创新创业竞赛支持资金、大学生创业基地建设资金、个性化指导资金等，激励大学生创新创业实践；另一方面由成功的创新创业大学生共同出资成立大学生创业基金帮助在校生或毕业生参与创新项目研发、创新成果转化、创业企业运营。

（五）设立创新创业专项奖学金

根据具体实际情况，设立“高职院校大学生创新创业”奖学金，对大学生在大学期间创新创业的实践成果给予物质激励。大学生创新创业本来就需要大量的资金，资金不足是他们创新创业的主要障碍，但是他们自身无法一下子积累到那么多资金，当取得了一点成果时，学校的奖励资金对他们来说就像是黑暗里的一大束阳光，激励着他们不放弃，实现更好的创业目标。所以学校应该打破传统，提供相应的条件，学生有创新创业的成果高校就应该鼓励，奖励奖学金等，尽量多地激励他们。

（六）建立有利于大学生们创新创业实践锻炼的激励机制

贯穿人才培养全过程是高职院校对大学生创新创业激励机制的落实程度所在，学校要切实明确把创新创业激励融入人才培养目标中，并在培养创新创业人才、促进大学生就业与自主创业过程中起到不可替代作用，引领大学生们拥有进入社会之后实现岗位就业、岗位立业、开拓事业和创办企业的基本价值判断力、自主学习力、实践操作力与国际竞争力。调整从找工作的目标到创新创业目标，才能积极推进创新与创业相结合、创造与创新相结合的人才培养进程。要激励大学生创新创业，必须要有一群极有创新创业精神和水平的指导老师。高职院校应制订一个独特的组合，整合专业与非专业、校内与校外、学校与企业的创新创业指导队伍，帮助指导老师们提高理论和实践指导水平，这是促进大学生创新和创业关键的一项措施。教师首先要有创新和创业精神，学会标新立异，敢于创造和发现新的东西，不断地改革创新创业激励方法，以大学生为中心，积极运用不同的引导方式，调动大学生创新创业的积极性，激发兴趣和创造潜力。

四、高职院校构建大学生创业教育运行机制

开展创业教育,不仅是教育改革和发展的需求,同时也是满足社会多元化发展的要求。尤其在当前就业形势日益严峻的条件下,高等教育面临着很大的难题,因此,就更加需要加强创业教育运行机制的探讨,提高学生的创业能力和综合能力。

(一)当前高等院校开展大学生创业教育的实践

1.通过创业活动,完成创业教育。

在创业活动中,学生经过不断的考验,不断地磨炼自己的能力,培养自己良好的心理状态及积极乐观的处世态度,以一种乐观向上的积极态度去应对周围环境的变化,而且在这样不断变化的过程中,学生也逐步发现和找到创业的机会,促进自身发展。在创业活动中,学生充分发挥自身的主体力量,加强和提高适应社会的能力,向着技能型的高素质人才的方向发展,才能在当前激烈的就业竞争环境下,受到企业的欢迎,脱颖而出。比如一些学校支持和鼓励学生积极参与一些科学研究活动,并且取得良好的成绩;一些学校通过与企业加强合作,定期让学生进行实践活动,不仅能够创造一些企业的骨干力量,而且受到社会各界的好评。因此,可以说,学生在这样的教育环境下,研究能力和专业技能都通过实践得到不同程度的提高。创业教育机制以专业为主,结合学生所学的理论知识,被切实地引入实际问题的解决当中,通过创业实践,促进生产力的大力发展。根据相关数据调查,2003年以来,有很多学生都是被用人单位破格录取的,其中最为主要的原因就是在创业活动期间,学生已经具备相应的经历和能力。而且,其中大部分学生都成为企业的中坚力量。

2.引入创业项目,提升创业教育机制的影响和意义。

学校通过引进一些创业项目,积极鼓励学生的参与,而且这种创业教育的实践机制已经成功投入运行,一方面,这带来了很大的社会效益,而且产生了可观的经济效益;另一方面,还促进了学校教育工作的展开,使得大量的学生参与到创业活动当中来,而且效果显著。比如当前的各大报纸中,有较多的关于大学生创业教育报道,从而对我国高校实施创业教育起到激励作用,同时,也引起了社会各界的广泛关注。学生通过对创业项目的积极参与和研究探讨,不仅可以改变畏难情绪,积极开拓进取,发扬勇于创新的精神,而且,这些创业项目还开阔了学生的视野,增强了学生的创业意识,培养了学生自主、自立、自强的素质,从而能够积极应对各种挑战。

(二)大学生创业教育运行机制构建的现实意义

1.引导学生形成正确的创业观,加强学生对社会的适应能力。

对所有的大学生来讲,都需要适应社会发展,为社会发展贡献自己的力量,因

此，他们就要不断适应社会化的特点。虽然学生不仅有专业技术优势，而且灵活好学，但是在学校环境的限制下，学生在这种单纯学术环境中是难以发挥其特长和优势的，再加上学生涉世不深，他们对社会的了解还只是停留在书本所提供的基础之上，因此，无法形成新的知识结构体系。而构建大学生创业教育机制，鼓励大学生创业，满足了学生的创业需要和创业能力的需求，鼓励学生积极面对社会，参与市场的挑战，为大学生提供一个良好的个人社会化平台，使他们正确地认识到自己的缺点和不足，对自己进行重新调整，通过理论与实践的结合，加强理想与实际的统一，实现自身与社会的统一，并且在实践当中找到创业的目标和方向，找到自身的价值取向，形成正确的创业观。

2.锻炼学生的创业意志，提高学生的社会实践能力

目前，我国当代大学生普遍存在的问题就是缺乏自信、意志薄弱、情感脆弱、容易逃避，所以，学生的独立性和适应性的心理品质非常差。罗伯特·汤普森曾经这样说过："国家实力等于人力加可用资源乘以意志，当今社会，许多人不能成才主要是因为意志品质不到位。"在现行的教育体制下，大学生主要是从报纸、电视及书本上，对社会有一定的了解，所以，学生对社会的认识存在着很大的片面性，因为通过这些媒介，学生只能看到成功者创业的喜悦，却不了解成功背后所付出的艰辛，缺乏应有的创业体验和足够认识。因此，创业实践教育机制对以上现状进行了良好的改变，实现大学生创业教育，通过创业实践活动，提高学生的主体性和参与性，加强学生活动组织能力和社会实践能力，充分发挥实践教育的功能，一方面，使学生掌握相关的专业知识和专业技能，另一方面，加强了学生对知识灵活应用的能力，通过创造性工作的开展，开阔学生眼界，促进学生与社会的接触与了解，锻炼学生的创业意志，提高学生的实践能力和综合运用知识的能力。

3.增强学生的创业意识，使学生创业能力得到提升

创业能力中，最为基础和重要的部分就是创业精神。通过创业教育运行机制的实施，加强学生的实践活动，有效地改善目前教育当中存在的理论脱离实际的现象，加强知识与生活的结合，可以说是一种极为有效的途径。在创业实践活动当中，学生可以发现和解决新的问题，这个过程一方面可以获得显性知识，加强学生理论联系实际的应用，提高学生与社会的契合度，为我们社会主义现代化建设提供高素质人才。另一方面，通过创业教育，学生还可以获得隐性知识，在实践当中不断地发现新的知识，实现显性知识与隐性知识的相互转化，促进学生对知识的创新性融合，大大提升学生的创新能力。与此同时，在此基础上，以实践为载体，提供创业平台，加强技能培训，提高学生人际交往能力，可以促进学生个体的全面发展，激发学生的兴趣爱好，促进各种创业活动的开展，达到良好的教育效果。

(三)建立大学生创业教育运行机制面临的问题

从我国大学生创业教育运行机制的总体发展状况来看,由于起步较晚,我国的大学生创业教育运行机制正处于探索的过程,所以存在着较多的问题,尤其是大多数高校对创业教育的认知不足,存在着很大的偏差。比如一些高校管理者对创业教育只是简单地理解为,对大学毕业生进行就业和创业指导,对大学生创业教育运行机制的根本内容有一定的曲解,这种严重的观念态度,影响了大学生创业教育机制的实施,忽略了创业教育机制的重要性,甚至于一些高校管理者在实施过程中只是一味地应付,进而造成了创业教育机制的低效。

第五章
高职特色的创业教育生态涵育创业文化

第一节　高职院校思想政治教育与创业文化培育相对接

党的十七大报告明确指出："通过教育部门的努力，培养出越来越多的不同行业的创业者，就可以为社会创造更多的就业机会，对维护社会稳定和繁荣各项事业就会发挥重大的作用。"新经济时代需要创业教育，严峻的就业形势需要创业教育。高职创业教育旨在培养具有良好的创业能力、鲜明的个性和创造性思维的人才，使学生毕业后大胆走向社会，自主创业。高职院校思想政治教育是全面推进素质教育的重要内容，其根本目的是提高人们的思想道德素质，促进人的全面发展，激励人们为建设中国特色社会主义，最终实现共产主义而奋斗。创业教育与高职思想政治教育工作在内涵、目标、内容、方法等方面有许多相同之处，为高职院校思想政治教育开辟了一条有效途径。

一、思想政治教育与创业文化教育的契合

高职创业教育从广义上说是为了培养具有开拓性的人。其包含了这样三层内容：第一，创业教育注重培养人的积极处世观，学会积极应对变化并在变化中求发展；第二，创业教育强调培养学生正确的认知观，引导学生将知识、实践和创造高度统一，强调知识技能和情感教育的整合；第三，创业教育注重提升人的创造性的能量，提高学生发现问题、分析问题和解决问题的能力。（思想政治教育贯穿各项教育，和在意识层面上的重要的基础性教育，二者在很多方面不可避免的是相契合的。）

（一）政治教育与创业文化教育的契合点

1. 思政教育目标相契合。

思想政治教育的根本目的是提高人们的思想道德素质和促进人的自由全面发

展，是一元的，而具体目标则是多元的。创业教育的目的也是多元的，培养创业精神是根本目标，为了这一目标还必须培养学生，其他相应的品格。创业教育要灌输给学生的是创业理想，有了理想才会有奋斗的动力，理想教育是创业教育必不可少的内容。在高职院校的思想政治教育中，理想信念教育就是要给学生树立一个崇高的理想，激发学生为社会主义现代化建设奋斗。创业意识是指在创业实践活动中对人起激励作用的个性心理倾向。通过对创业意识的培养，高职学生可以树立正确的世界观、人生观、价值观，创业意识教育有助于增强理想信念教育的现实性和针对性，创业教育是理想信念教育的一种具体形式，而思想政治教育培养起来的正确的世界观、人生观和价值观是高职学生成才的决定性因素，也是创业能否取得最后成功的充分必要条件。道德法制教育是创业教育中一个重点，道德法制教育同样是高职学生思想政治教育的应有之义，职业道德是社会主义道德的重要体现，同时也是创业教育的必然要求。此外，诚实守信、勤劳俭朴、艰苦朴素都是创业教育和思想政治教育所要求的目标。

2. 教育内容上相契舍。

创业教育的重要内容之一，就是培养学生良好的创业精神，比如团结合作、独立自主、承担风险、自强不息等。在竞争激烈的市场经济中，只有具备了这种精神，才能在实现个人价值的同时实现社会价值。从思想政治教育的角度看，这些也是思想政治教育的重要内容，具体来讲，对于一个高职学生来说，毕业后的就业或者创业都是一个非常艰难的过程，尤其是自主创业需要创业者付出足够的体力和脑力劳动，这个过程是高职学生克服困难、面对挫折的好机会，创业教育就是要教育学生形成团结协作、吃苦耐劳的精神。这有助于高职学生树立良好的道德品质，建立诚信教育和集体主义精神。

3. 教育模式上相契合。

在 21 世纪大背景下，一味进行课堂灌输式教学已经过时了。创造性地设立思想政治教育第二、第三课堂已是必然趋势。创业教育是一门实践性很强的课程，课堂的理论教学远远不能满足创业教育的需要，这就需要高职院校设立创业园地、高职"孵化园"、进入企业实践等形式提高学生的学习能动性。高职院校的思想政治教育可以将创业教育作为一个切入点和突破口，在思想政治教育的社会实践活动中引入创业培养，使学生充分了解社会，同时在实践活动中锻炼学生分析问题、解决问题的能力。依托各种创业基地建设和创业扶持项目，积极鼓励学生自主创业，不断创新思想政治教育模式。

（二）政治教育与创业文化教育的契合的必要性

创业教育和思想政治教育相契合的必要性是显而易见的，思想政治教育作为大学的基础课程，与很多课程都有相关性，我们特意将其与创业教育的契合点拿出来研究是有其客观必然性的。

1.创业教育可以满足思想政治教育对象思想意识变化的需要。

随着信息技术的迅猛发展，经济全球化带来了文化全球化，高职学生的思想意识也随之发生很大变化，比如高职学生的自我意识、竞争意识和自由意识不断增强，但现在90后高职学生作为玻璃房中的一代还缺乏很多相应的技能来体现这种成长。缺乏长远的人生规划，没有责任感，动手实践经验较少，没有团队协作意识，心理素质差及明辨是非的能力较弱都是亟须解决的问题。这就要求思想政治教育要适应高职学生思想意识方面的变化，吸纳创业教育的有关内容从而有效地解决这些问题。

2.创业教育可以满足思想政治教育目标多方面有效实现的需要。

思想政治教育的目标体现在对高职学生思想素质、道德素质、心理素质等方面的培养，将创业教育吸收进思想政治教育之中对思想教育目标的实现有着重要的促进作用，如培养创业所需的艰苦朴素精神、诚实守信品德、遵纪守法的美德等。

3.创业教育可以满足思想政治教育内容不断拓展和变化的需要。

将创业教育融入思想政治教育中，最重要的是强化创新教育、创业意识和责任心教育的内容，而这恰恰可以拓展思想政治教育内容。

4.思想政治教育的渗透将避免创业教育目标需要的单向化。

由于理论界没有对创业教育做一个统一的认识，许多高职院校在执行阶段往往局限于创业教育的实务层面，比如组织创业大赛、沙盘大赛、创业计划书竞赛等，这都只局限在操作层面，无形中传给学生一个错误的功利主义信息。而实际上真正意义上的创业教育，应该旨在培养学生的创新意识、创业精神，最终目的是在社会上形成一种良好的创业气氛。这就需要思想政治教育工作来加以纠正，引导高职学生为社会主义的现代化建设而学习创新精神。

5.思想政治教育可以保证创业教育的根本方向。

在创业教育的执行层面，我们错误地传递给学生“多赚钱”的信息，这样一来，一些学生就会丧失正确的前进方向，如果我们的创业教育就是让学生学习赚钱技能，那是极大的错误。这就需要思想政治教育在理想信念、价值观、人生观、世界观教育方面发挥优势，以确保创业教育方向的正确。

6.思想政治教育的指导有利于培养学生创业的综合素质。

创业教育注重培养学生的创业意识、创新精神。这是一个“术”的发展，所谓要学做事先学做人，有“术”的前提是有德，思想政治教育就是教育学生的品德以及必要的政治素质、法律素质和心理素质等。所以创业教育不能没有思想政治教育作为先导。

（三）高职创业教育和思想政治教育契合的教学实践

完成了两者契合的必要性和契合点的研究后，还必须考虑怎样在实践教学中利用好两者的契合。这可以是一个问题，也可解读为两个问题。在研究领域中我们可以将其归结为一个高职创业教育和思想政治教育契合的问题，但在高职的课程教学中又必须谨慎地思考两者在各个课程中扮演的角色地位。思想政治教育在高职教育中的首要地位是毋庸置疑的，思想政治教育是我们高职教育的一条生命线。创业教育作为一门新兴的课程，其主要任务是培养学生创业意识以及一些必要的创业技能。两者在教学实践中可以是在思想政治教育中融入创业教育，或者在创业教育中贯穿思想政治教育，这对于高职的课程设置是一个启发。具体可以有一下几点建议。

1.以创业教育为载体，改进加强思想政治工作。

思想政治教育的主体地位是明确的，但在教学实践中我们不能高高在上，脱离实际，新时代的高职学生对思想政治教育的冷漠需要我们教育者来改善，需要我们寻找思想政治教育的新路径、新方法，引入创业教育就是其一，在教育学生理想信念、吃苦耐劳、诚实守信、遵纪守法等知识时可将创业案例摆出来，让学生在他人的创业过程中体会这些品德的重要性。

2.将思想政治教育贯穿于创业教育，引导创业教育步入综合素质培养教育。

创业教育首先是培养学生的创业理想，这与思想政治教育的理想信念教育是分不开的，创业理想是一个学生人生理想中的一点，创业教育不能只是培育出办企业的人，还要培育出有远大理想的高职学生。创业实践课程中的税法教育教会学生通晓法律规章时，要懂得遵守法律条文，培养出不做假账的企业家。诚实守信、团结协作同样是需要思想政治教育在创业教育中加以强调的内容。

3.高职创业教育与思想政治教育的相互融合。

创业在我国的发展还存在很多不足，很多高职院校还没有设置创业教育课程，所以就需要思想政治教育加以强化这一点。在现在的就业难背景下，一部分高职学生还停留在学好技术争取就业机会的阶段，我们思想政治教育必须针对就业难问题加强创业意识的培育，教育学生增强创新精神和创业意识。另一部分高职学生虽然已经有了创业的想法，但自身不可避免地存在一些缺点，学校也没有设置相应的创业教育课程，学生的自我教育还不足以养成创业所需的竞争意识、心理素质和创业精神。这些都需要思想政治教育给予帮助。创业教育与思想政治教育两者的契合是必然的，我们的高职院校领导必须转变观念以适应新时代高职学生的需求。在高职院校中创建一种创业文化，培养专家人才时更要培养能一展已长的实践人才，在创业教育中贯穿思想政治教育，培养社会主义“四有”人才，为我国的社会主义现代化建设输送新鲜血液。

二、思想政治教育与创业文化教育结合的重要意义

实施创业教育是时代赋予高等教育的历史使命，是高职院校工学结合人才培养模式的必然要求。创业教育是以培养学生创业基本素质（创业理想、创业意识、创业知识、创业能力和创业品格）和开创个性为目标的教育；思想政治教育是高职院校培养德才兼备的高技能型人才的重要内容，是以思想政治和道德等意识形态教育为主，研究高职生的思想活动规律，以高职生思想品德的提升和主体性的培养为目标的教育。高职院校创业教育与思想政治教育虽然有各自的侧重点，但二者也存在许多交叉点，这就为高职院校的创业教育与思想政治教育的相互结合、相互渗透、相互促进、相互补充创造了条件。

创业教育和思想政治教育都是高职教育的重要内容，对德才兼备高技能型人才的培养都起着关键作用。高职院校创业教育和思想政治教育的有机结合有着重大的现实意义。

（一）是提高思想政治教育实效性的必然要求

创业教育是一种实践性很强的教育，其教育内容关系高职学生的现实利益，与一般思想政治教育的"务虚"相比，其"务实"成分更大。实现高职思想政治教育与创业教育的有机结合，在塑造高职学生世界观、人生观和价值观方面能更加有效地实现思想政治教育的目的。

（二）是高职院校顺利开展创业教育的重要保障

高职思想政治教育是高职创业教育的灵魂和中心内容，在创业教育中处于主导地位并贯穿于全过程。无论是创业教育内容的设定、创业意识的形成，还是创业心理品质的提高和创业教育实践的指导都是由思想政治教育为其确定方向的。同时思想政治教育还能促进高职学生培养有利于创业的内在素质，客观上营造有利于高职学生创业的外部环境。

（三）是培养德才兼备高职学生的有效手段

高职院校的创业教育与思想政治教育的有机结合，有助于学生在创业教育过程中，通过创业课程的学习与创业实践活动的开展，培养自己的专业能力、实践动手能力及永不言败的自立品质、创新创造的思维品质、公平竞争的道德品质、团结协作的意志品质，使学生成为德才兼备的、适应社会需要的高技能人才。

（四）是高职院校全面推进素质教育的重要举措

素质教育的重点是培养学生的创新精神和实践能力，学生的创新精神和实践能力实际上是开创事业的精神和能力，即"创业素质"。创业教育是以培养学生创业基本素质为核心，以学生自主学习、自我发展、自我管理、自主创业为目标的教育活动，是一种更深层次的素质教育，是素质教育的重要内容。要深化高职院校教育

改革必须大力推进素质教育,推进素质教育必须大力加强创业教育。高职创业教育与思想政治教育的有机结合是全面推进高职院校素质教育的一个重要举措。

三、思想政治教育与创业文化教育结合的途径

(一)高职创业教育与思想政治教育相结合的可行性分析

1.教育目标相互融合是必要前提。

创业教育是一种主体性教育,一种健全人格的教育,一种全面发展的教育。高职创业教育的目标是培养学生的创业基本素质,把学生培养成为社会实践活动能动的主体,调动学生的主体性,挖掘学生的主体潜能,培养学生的主体意识,发掘学生的主体能力,塑造学生的主体人格。高职思想政治教育的目标是以理想信念教育为核心,深入进行树立正确的世界观、人生观和价值观教育;以爱国主义教育为重点,深入进行弘扬和培育民族精神教育;以基本道德规范为基础,深入进行公民道德教育;以高职学生全面发展为目标,深入进行素质教育。通过这些教育,体现学生的主体地位,开发学生的创造潜能,培养学生的健康人格,促进学生的全面发展。高职思想政治教育与创业教育在调动学生的主体性、开发其健全人格和促进学生全面发展的目标上是相融合的,这是二者结合的必要前提。

2.教育内容相互贯通是重要基础。

高职创业教育是以培养学生创业基本素质为核心的,内容包括创业意识、创业能力、创业心理品质、创业精神等方面的教育。创业意识包括创业素质、需要、动机、兴趣、理想、信念和世界观的形成与培养。创业能力包括发现、把握、利用、创造机会的能力,收集、处理、利用信息的能力,综合判断、快速决策和用人的能力,交往、公关等社会活动的能力,组织控制、沟通协调、经营管理的能力,等等。创业心理品质包括独立性、敢为性、坚韧性、克制性、适应性、合作性等。创业精神是开创事业的思想和信念,是自强自立、艰苦奋斗、想要建功立业的精神状态;高职思想政治教育的内容主要包括世界观、人生观、政治观、道德观、法治观等五个方面的教育。其中理想信念教育、诚信教育、团队协作精神教育、艰苦奋斗精神教育、心理健康教育是重点内容。从中我们可以看出,高职思想政治教育与创业教育的内容相互贯通、相互交叉、相互渗透,这是二者相结合的重要基础。

3.教育模式相互依托是关键因素。

高职创业教育和思想政治教育都注重增强教育的针对性和实效性,都注重理论教育和实践教育的有机结合,在教育模式上可以相互渗透。高职创业教育可以依托思想政治课教学,在教学中渗透创业教育,培养学生的创业意识、创业能力和创业心理品质;高职思想政治教育可以依托创业教育教学,对高职学生进行理想信念教育、诚信教育、团队协作精神教育等。高职院校也可以将创业教育作为切入点

和突破口，依托各种思想政治教育基地建设和创业扶持项目，积极鼓励学生自主创业，不断创新思想政治教育模式。与此同时，高职院校又可以广建思想政治教育基地，指定专业老师指导，创造宽松创业氛围，以基地为平台为学生创业创造条件。

（二）高职创业教育与思想政治教育相结合的措施

1. 调整和改革课程体系，明确创业教育是思想政治教育的重要组成部分。

创业教育作为高职教育的重要内容，已成为高教领域的共识，但将其作为思想政治教育的内容还没得到广泛认同，尤其是教育管理部门还未明确将其列为思想政治教育的内容。高职创业教育的实施载体是课程的内容和体系，学生创业意识的培养、创业品质的熏陶、创业能力的锻炼、创业实践的开展等都需要通过课堂教学完成，这样才能真正实施创业教育。高职思想政治教育经历长期发展，已经形成完整的课程体系。因此，在高职思想政治课教学中，通过渗透、结合、强化等方式，不断加强学生创业意识、创业精神、创业品质、创业能力的培养是完全可行的，而且只需在现有的课程中挖掘、开发、增加创业教育的内容即可。这样做是对传统课堂教学方式的改革，容易做到理论联系实际，增强思想政治课的针对性和实效性。将创业教育纳入思想政治教育之中，可以利用创业教育的特点消除传统思想政治教育培养的学生存在依附型人格的弊端，使学生具有更强的社会适应性和独立生存与发展的本领，从而实现“人的全面发展”的思想政治教育目标，实现培养德才兼备适应生产、建设、管理、服务等高素质技能型人才的高职教育目标。

2. 建设良好校园文化，营造思想政治教育的创业氛围。

校园文化是指高职院校在长期人才培养实践中形成的具有自身特色的一种精神和某些物化的精神，包括高职院校的价值观念、历史传统、道德规范、行为准则、师生素质及蕴涵在规章制度、校园形象中的文化特色。作为高职院校思想政治教育的重要载体，校园文化对学生具有十分重要的导向、激励和同化作用。良好的校园文化是高职思想政治教育发挥育人功能的有效途径，也是创业教育的切入点，是开展高职创业教育的主要形式，把创业教育融于校园文化建设之中是实现创业教育与思想政治教育相结合的有效途径。

（1）以校园文化活动为载体，营造校园创业文化氛围。校园文化活动属于行为文化的范畴，是校园文化的重要载体。学校相关职能部门应充分利用宣传主阵地，通过学生社团、院报、广播、专栏、讲座、社会实践等活动方式大力宣传，通过这些方式，有助于校园内形成尊重知识、尊重人才、尊重创造的良好风尚，能够引导高职学生认识到把知识转化为产品和服务的关键就是首先要具备心理、品质、意志等创业素质。同时，围绕学生创业教育积极组织开展系列主题活动如创业大赛、创业之星的评选等，举办这些活动不但丰富了学生的课余文化生活，活跃校园文化，而且有助于培养学生的创业意识、创业品格和创业能力，有助于激发学生的创业热情。

(2)以学生社团为基地,培养学生的创业能力。校园文化中最活跃的主体是众多的学生社团组织,它们是高职生进行社会活动、开阔眼界、广泛接受外界信息、提高自身素养和创业能力的良好场所。不少学生社团积极开展创业实践活动,丰富了校园创业文化,在校园的创业活动中很多学生逐渐培养自己的创业意识和创业人格,提高自身的创业能力。

3. 加强师资队伍建设,培养一批能从事创业教育的思想政治教育工作者。

高职思想政治教育的主体是思想政治课教师、辅导员和从事学生工作的管理者。如何培养一批专兼结合的,有一定创业理论知识、创业实践经验、创业能力而且能胜任创业教育的思想政治教育工作者是实现高职创业教育和思想政治教育相结合的关键因素。

高职院校要实现创业教育目标,就必须组织课程教师参加创业知识培训和创业实践,以便积累充足的创业理论知识和实践经验。为此,高职院校可以组织思想政治教育工作者参加国际劳工组织的 GYB 和 SYB 等相关创业培训,使他们了解创业知识,具备创业教育的基本素质;可以组织思想政治教育工作者到创业一线去挂职锻炼,让他们深入高新技术企业,体验创业过程,积攒创业案例,丰富教学经验;可以选派一些有潜力的思想政治教育工作者开展创业实践,开展产、学、研一体化的教学实践,使这些教师成为学校创业教育的骨干教师;可以聘请校外有创业经历的公司或企业老总作为学院的创业教育的外聘教师,他们能够给学生提供真实、丰富的创业经验和创业知识。同时,他们还可以成为学生创业的智囊团,为学生提供智力支持。高职创业教育与思想政治教育相结合,是新形势下高职教育的必然要求。作为高职学生思想政治教育工作的教师,应该不断强化自身的创业教育意识并采取有效方法将二者结合起来,从而提高高职创业教育与思想政治教育的科学性、针对性、实效性,以便更好地实现创业教育和思想政治教育的目标。

【案例展示】

成都职业技术学院开创“1245”模式创新思政课教学模式

当前,国内很多高校都非常重视思想政治理论课的实践教学,但往往遭遇运行成本高、难以全覆盖、难以消除安全隐患等难题。对此,成都职业技术学院根据人才培养规格和思想政治理论课教学目标,充分挖掘四川本土“三基地一窗口”以及“从悲壮走向豪迈”的“感恩奋进”文化,整合各高校德育教育资源,在教学实践中逐渐形成了“围绕一个宗旨、创新两大机制、整合四大模式、凝练五大主题”的“1245”实践教学模式,具有较强的可操作性,形成了鲜明的地域特征和特色,取得了良好的育人效果。

1.明确了人才培养宗旨。

课程模式取决于人才培养模式，而人才培养模式由人才培养目标决定。高职院校的人才培养目标是培养面向生产、建设、管理、服务第一线需要的“下得去、留得住、用得上”的实践能力强、职业素养好的高端技能型人才。为此，学院领导指出，增强就业能力是应用型高校学生的优势需求，对学生的服务意识、创新精神、职业道德和人际沟通能力等综合职业能力要求很高，思想政治理论课也应该具有工学结合、理实一体的课程教学模式的特征，其实践教学必须围绕“提高学生职业素养、培养社会主义事业的建设者和接班人”这个宗旨来实施。

实践中，学院在思想政治理论课的教学设计中，坚持以职业素养培育为着力点，着力培养爱岗敬业、诚实守信为主要内容的职业道德，着力培养乐于奉献、团结协作为主要特征的职业意识，着力培养善于沟通、敢于担当为主要内涵的职业行为习惯。从职业理想、职业规范和工作价值观等方面对学生进行职前培育，联系改革开放和社会主义现代化建设的实际，联系大学生的思想实际，把传授知识和思想教育结合起来，把系统教育和专题教育结合起来，把理论武装与实践育人结合起来，让他们明白自己未来在社会上和企业中应承担的角色、应负的责任和应尽的义务，教育培养他们具备诚实守信的品质、爱岗敬业的精神、良好的责任意识和遵纪守法意识，以满足经济社会发展的需要。

2.创新了校内外协作机制。

(1)创新校内协作机制，构建思想理论教育与团学等工作部门深度合作的机制。

通过与团委、学生处、实习就业中心、后勤等部门深度合作，依托这些较为成熟的活动平台，获得丰富、真实的思想政治理论课实践教学的活动项目，以此整合德育教育资源，创新思想理论教育与社会实践教育互动，才能实现第一、二课堂一体的知行统一的德育教育机制。这种机制，可以把校内的德育教育力量整合起来，相互合作，达到资源共享，形成齐抓共管的局面，取得很好的育人效果。

(2)创新校内外协同机制，构建思想理论教育与学生专业教育互通的机制。

高职院校有着产学融合的突出优势，有很多联合办学企业。将联办企业的专业实习基地改造为思想政治理论课的实践教学基地，通过工学交替、专业实践的机会，将学生工学结合的专业实习实训载体打造为思想政治理论教育的教学平台，将思想政治教育与学生专业学习结合起来。同时，要求思想政治理论课教师深入学生实践，为学生提供个性化引导，延伸思想理论教育教学链条，拓展思想政治理论教育的教学时空，提高思想政治教育的实效性和针对性。

3.推进了现有教学模式改革。

充分挖掘四川本土“三基地一窗口”和企业实习实训的思想政治教育资源，以

"服务学习"为主线,整合"基于网络"的虚拟型实践教学模式、"基于社群"的服务型实践教学模式、"基于情感"的体验型实践教学模式和"基于问题"的探究型实践教学模式,力争做到全员、全程参与实践教学。

(1)探究型实践教学模式。

为培养学生人际沟通与交流、分析和解决问题的能力,提高学生的理论素养和思想政治素质,学院教师组织学生针对"大学生网络道德、新媒体视域下社会主义核心价值观、职业道德与职场生涯发展、市场经济对大学生素质要求"等关于世界观、人生观、价值观问题的调研,还组织学生针对"新农村建设中面临的问题及解决对策、科学发展观与城乡统筹发展问题、灾后重建的成就与改进、留守儿童与空巢老人、当地住房调控政策的实效与房价走势"等社会热点问题开展调研,提高学生的理论素养和思想政治素质。

(2)虚拟型实践教学模式。

为推动学生在网络虚拟世界和现实真实世界践行所学知识,分析、解决社会现实问题或者自身困惑,提高理论素养、思想政治素质和职业素养,学院建立了"思政视窗"红色专题网站,结合课程教学内容,开设红色影院、思想宝库、时事学习、文件汇编等栏目,并链接了相关红色网站,还将灾后重建和成都天府新区建设、北改惠民生等本土教育资源放在专题教育网上,引导学生学习。

(3)服务型实践教学模式。

为引导学生在自我价值的追寻中完成自我价值的定位,在社群的互动中发现对共同价值的追求和共同历史责任的承担,在社群服务中发现在社会中应当承担的责任、意识和公共利益,学院借鉴"服务学习"理念,与学院后勤产业处,学院附近的高新区石羊办事处、桂溪街道办事处、肖家河街道办事处以及高新辖区的三元、新北、新街、新园、和平等社区签订协议,合作建立了10余个思想政治理论课实践教学基地,并将合作办学的企业建设成思想政治理论课实践教学的基地,形成了一个个大学生思想政治教育的社群。

具体来说,一年级学生在教师和物管公司工作人员的指导下,完成教室、宿舍、实训室、图书馆、运动场馆、会议室等区域的清洁打扫和环境美化服务,"日事日毕、日清日高",按照企业标准进行检查评分,培养学生的劳动意识、服务意识、团队协作意识,提升职业素养;二年级学生在思想政治理论课教师和社区、企业工作人员的指导下,到社区、企业进行服务学习,培养公民意识和社会责任感。组织学生到新街社区、桂溪街道等社群送文化、送科技下乡,宣传城乡统筹,关心留守儿童和空巢老人等,让学生在社群的道德践行中培育美德与善端、在真实职场工作中认同企业的工作价值观,让学生通过社会服务而端正做事态度、明白做人道理,习得知识、培养技能、发展能力、提升素质,培养公民责任感和历史使命感。

(4)体验型实践教学模式。

学生在教师的引导下，对参加的德育实践活动的认知、情感、意志等方面进行归纳和总结。注重学习者对所参加活动的反思、回味、深化，侧重活动体验过程的隐性目标的实现，注重学习者人格的完善和素养的培育。学院组织学生参观考察金沙博物馆、武侯祠、建川博物馆，感悟源远流长的祖国文化；组织学生到联办企业考察，感悟产业文化，认同企业的工作价值观，提升职业素养；组织学生到北川、汶川等灾区参观，感悟从悲壮走向豪迈的救灾重建的伟大成就，深刻体验"共产党好、社会主义好、人民解放军好"的内涵，从而养爱国之心，立报国之志，探强国之路。

4.积极开展实践教学活动。

学院根据职业岗位素质要求，从学生成长成才与职业生涯规划设计入手，采用"服务学习、工学交替、社会调研、参观考察、模拟法庭、法律咨询等形式"，凝练"走进社区、转变角色——规划职业生涯，促进成长成才""奉献爱心、关爱孤老——传承阳光工程，践行社会主义荣辱观""我行我秀、我秀我家——营造服务文化，创建和谐校园""服务社区、建设家乡——促进城乡一体，我为城乡统筹建言献策"和"普法宣传、法制社区——普法回故乡，提高公民法律素养"等五大主题实践教学活动。

在实施过程中，学院与成都市高新区 11 个社区、学校后勤产业处以及 100 余个联合办学单位签订合作协议，建立实践教学基地，提供真实的工作环境，让学生在做中学，在践行社会主义核心价值观和社会主义美德的行为中，提高道德素养；在联合办学单位的工学交替的真实工作环境的顶岗工作中，体验职场文化，内化企业、行业对学生思想政治素质的要求，提高职业素养。

实践表明，"1245"实践教学模式，以"提高学生职业素养、培养社会主义事业的建设者和接班人"为宗旨，将实践教学与社会调查、志愿服务、公益活动、专业课实习等结合起来，有效促进了教材体系向教学体系转化，知识体系向信仰体系转化，收到了很好的教育教学效果。

第二节　政校企一体化创业教育促进创业文化培育

政校企深度融合是高职教育改革和发展的重要途径。尽管目前高职院校都在不同程度地开展校企合作，甚至一些高职院校取得了一定的成效，但是校企合作的深度不够，构建稳定、长效的政校企深度融合保障机制成为目前高职院校重要的任务。

一、政校企合作提升育人质量，促进创业教育协同发展

教育部在2010年提出，职业教育要以提高质量为核心，以合作办学、合作育人、合作就业、合作发展为主线，不断深化职业教育教学改革，进一步推进体制创新。根据职业教育发展趋势，针对以服务为宗旨，以就业为导向的办学方针，高职院校应积极推进职业教育从计划培养向市场驱动转变，调整课程设置，推行工学结合、订单培养的校企合作的人才培养模式。通过深化校企合作，建立系统培训机制，校企能实现共同培养符合社会、企业需求的高度适应型、复合型人才，努力建设中国特色现代高职教育。

（一）深化校企合作，构建校企合作教育新模式

1. 校企合作，推进专业建设。

学校成立专业建设指导委员会，通过校企合作，企业参与学校专业建设，在专业设置、培养目标和规格、培养计划的制订上进行有效合作。指导委员会对专业人才培养目标定位、人才需求及人才培养计划进行认真研究，制订教学计划，研究职业素养培养方案，加强实践性教学，实施双证书制度，调整课程设置，整合课程内容，全面进行教育教学的改革与发展。通过校企合作，建立适合学校教育，符合企业生产要求的实训基地。学校设备与企业生产设备对接，有利于学生快速熟练掌握企业要求的技能，学以致用，成为有一技之长的专业人才。在校企合作过程中，学校要选择设备工艺先进、管理水平高、适合学生动手操作、有利于发挥学生创造力的优秀企业作为校外实训基地，同时在校学习和对口专业进行顶岗实习交错进行，实现高职教育“做中学、学中做”，达到校企合作共同育人的目的。

2. 校企合作，加强“双师型”教师队伍建设。

学校与企业合作，建立校企合作“双师型”教师培训体系。校企紧密合作，切实加强对教师实践技能的培养。首先是学校有计划地派遣骨干教师到对口企业实践锻炼，由企业按照自身相关培训要求进行培训，培养符合企业培训师素质的“双师型”教师。学校依托企业培训教师，参加企业生产实践，深化教学改革，提高教学质量。同时，通过“双师型”教师企业学习，能及时吸收新技术、新工艺、新科技和现代化管理知识等方面的内容，使教学内容和手段与产业、科技的发展密切结合。

3. 深化校企合作，校企联合教学。

校企合作，建立校企一体的培训体系。企业的管理人员或工程技术人员定期到学校进行一定时间的教学工作，与学校一起进行职业素养和职业技能的教学，同时企业为学生提供部分工作岗位，使学生在校期间有机会进入生产实际领域，获得真正的职业训练和工作体验。实行教学过程与企业生产过程对接，采取“走出去、请进来”的办法，“走出去”就是让学生到生产现场实际操作，“请进来”就是校企合

作的企业派遣一些经验丰富的技术员和企业培训讲师到学校来指导学生实训，使学生更加容易适应企业的工作环境。

（二）深化校企合作，创新工学结合人才培养模式

1. 实施“零距离”上岗人才培养模式。

高职教育要实现“零距离”上岗人才培养，包括专业技能培养和职业素养培养。具体措施是从高职教育特点出发，进行人才培养模式的学制改革创新，构建和实施“1.5（校）＋0.5（企）＋0.5（校）＋0.5（企）”或“2（校）＋0.5（企）＋0.5（企）”模式。这种人才培养模式，是指在三年制高职教育中，用2学年进行专业基础理论和基本技能教学，0.5学年集中顶岗实训，0.5学年自主顶岗实习。这种灵活的学制改革，符合高职教育特点和人才培养规律，实现了理论教学与实践教学资源的优化配置，重构了课程体系，加强了实践教学环节，密切了校企合作，促进了“双师素质”教师队伍建设，提高了学生的学习积极性和“顶岗”能力，实现了“零距离”上岗。

2. 深化校企合作，订单式人才培养。

深化校企合作，建立校企合作专班订单式人才培养模式。随着我国制造业的快速发展，企业对高技能人才的需求缺口越来越大，高技能人才单单靠企业的培养很难满足企业的需求。可建立深度的校企合作的高技能人才培养专班，根据企业的要求，订单式培养，校企双方共同参与课程体系的构建，共同参与到教学过程中来，充分发挥学校和企业的长处，培养出符合企业要求的高技能人才。专班的管理制度模仿企业管理制度，通过企业、行业规章制度来进行管理。校企合作专班实行专班着装管理，实训室实行与企业一致的管理制度。通过全方位地与企业管理制度管理对接，专班学员在校学习及顶岗实习期间，提高自我管理能力，就可以成长为准企业人。

3. 深化校企合作推行“双证书”制，使教学内容与职业资格、企业行业技术标准接轨。

在高职教育中，一般的高职院校实行的是毕业证书、职业资格证书“双证书”，职业资格证书是学生获得职业能力的标志，也是学生顺利就业的通行证。通过深化校企合作，引入企业行业标准和规范的技能证书的考核，学生在校期间就可以通过相关的企业培训，考取相关的行业证书。当学生结束学校的学习，进入相关企业工作的时候就已经是一个技术岗位的专职人才，可以领取相关证书级别的岗位津贴，而不再是普通工人，缩短了职业成长的时间。通过这种校企合作模式，企业获得了紧缺的人才，学校学生的就业也有了质的改变，促进高职教育的发展，做到了真正的产学结合，也提高了校企合作的深度。

(三)深化校企合作,建立人才培养的保障机制

1.校企合作的顺利和深入发展,离不开完善的机制予以保障。

构筑长效的利益驱动机制,获得利益是校企合作的根本目的,利益是校企合作的最佳推动力。高职学校参与校企合作是为了培养更加适合社会发展所需要的技能型人才,而企业参与校企合作则是为了获得更多有助于企业发展的人才。近年来,随着我国社会老龄化进程的加快,普通劳动力人才开始出现紧缺,变得更加匮乏,推进校企合作,可以提高企业人才储备的深度,同时在一定的程度上减缓企业在人才市场上的用工需求。

2.统一思想,深化校企合作。

校企合作需要学校、企业统一思想,加强沟通交流,才能不断深入发展,做强做大。有的校企合作仅仅限于冠名校企合作班,流于一种名誉上合作的形式,学校与企业没有深入交流,虽然也有部分企业的投入,但没有建立一个完整的合作体系,这样的校企合作很难给高职教育带来长久发展。教育是一种事业,很多时候需要很多无私奉献,才能把教育做强和做大。企业在平时生产的过程中追求的是经济效率最大化,校企合作的初期投入和付出比较多,收获来得比较慢。因此,校企合作的深入发展需要企业和学校一样,统一思想,把其作为一种事业来做,而不仅仅是为了通过校企合作的方式,从学校招募一批普通员工。深化校企合作可以提升高职教育的人才培养质量,同时也可以为企业长远发展提供充足的高技能人才储备队伍,是互惠互利的双赢合作。

结合国情和行业特点,抓住企业需求点,深化校企合作的层次,寻求学校、合作企业各自利益驱动点,建立互惠互利、共同发展的动力机制,在学校教育体系中引入企业的精华,使企业向学校输出先进行业技术,唯有如此,校企合作教育才能真正成为高职教育人才培养的有效途径。

二、校企一体办学模式创新创业教育模式,激发创业活力

(一)进一步完善校企合作的契约

学校与企业作为两个独立的部门,在合作中主要依赖契约进行合作,明确而完善的契约是校企合作的基础。在当前校企合作中,尽管已经有所实践,并且制订了相应的契约,但在目前情况下,校企合作本身就存在不足之处,并且在逐渐完善中,与之相应地,维系两者关系的契约也要发生改变。加之当前时代与政策的变化,人们对校企合作也不断产生新的要求,这就要求契约不断修改与完善,推动教学目标的发展。当前校企合作模式主要有三种类型,包括学校主导型、企业主导型及校企共同主导型。在这个过程中,无论是学校主导还是企业主导,都会有所偏差,但校企的合作,本身就是在这种偏差中寻找平衡,实现学生的创新创业教育。在这个过

程中，唯有不断调整与尝试，才能达到最终的平衡。

（二）实现校、企、政府三者间的互动

校企合作不仅关系到学校与企业，更与政府有着紧密联系。原本高职院校建设就受到政府的管理，即使创新创业教育，也是根据政府的政策指导逐渐开展起来的。尽管随着教学改革，高职院校扩张，高职院校已经逐渐摆脱政府的财政支援，走上自主发展的道路，但在政策导向、发展指导等方面仍会受到政府的影响。传统高职教育存在着院校与企业分离、教学与实践分离等问题，校企合作需要教师进行指导，校企合作需要政府的指导与联系。在校企合作中，学校与企业的关系是利益相关体的关系，涉及利益权衡，但作为学校，教学的过程又不能单纯利益化，这就导致矛盾的产生，需要政府加以指导；传统高职院校缺少与企业合作的基础，与企业合作的过程需要政府从中帮助联系与协调。政府、企业与高职院校三者之间实现良性互动，能够对创新创业体系的建设起到促进与维护的作用。

（三）应用校企双师制

在校企合作与发展的过程中，校企双师制将是发展的必然，但在建设中，不仅学生需要一个适应的过程，教学整体也都需要进行调整。在高职院校实现校企合作的过程中，校企双师制成为一种发展的必然，但这对高职教学与企业都是一个挑战。例如，在高职教学中，要打破传统上以学术研究为重点的教学模式，以培养学生创新性思维为目标，以促进学生的创新创业发展为方向，转变教学思路。这首先要求高职院校对教学体系进行重新规划，对教学目标进行重新调整。对于企业而言，企业要派员工到高职院校进行教学，这本身也是对企业员工素质的挑战。企业员工要将企业文化、一些课程的集体操作，尤其是理论与实践如何统一的知识传递给学生，完成教学目标。以往企业员工并未经历过站在讲台上教学，并且是面对知识文化水平相对较高的高职院校学生，这就给企业员工的心理带来压力。这一系列问题都是高职院校在教学中需要注意到的。学校与企业之间的磨合尚需一定阶段。

校企合作是当前优化高职学生创新创业体系的必经之路，也是人才与社会发展紧密结合的重要步骤，高职院校改革必然会迈出更为坚实的实践之路，需要做好准备。高职学生群体的创新创业发展，不仅需要依赖于高职院校与企业的发展，也需要依赖于学生的自主探究。

三、将企业文化融入创业教育，培养学生职业素养

高职教育主要培养生产、管理、服务一线的技能型人才，强调毕业生对岗位的适应能力是高职院校办学的重要特色。但很多学生在就业或实习期间，角色不能很快转变为企业员工，面对与校园氛围差异很大的全新的企业氛围，心理准备明显

不足，显得无所适从，不能适应一线工作岗位，感觉所学知识与工作实践相脱节，不习惯企业的管理方式，而企业也普遍对学生缺乏职业素养和职业精神而感到失望。究其原因，很大程度上是学校在教育教学过程中没有或者没能很好地引入企业文化理念造成的。因此，对于为社会培养实用型、技能型人才的高职院校而言，如何提升学生职业素养，缩短毕业生适应岗位的时间，是需要重视的问题。而加强企业文化的渗透是解决这一问题的重要途径。

(一)渗透企业文化的必要性

1.是现代社会发展的需要。

现代社会的开放性特征日益明显，教育不再是封闭式的教育。包括企业文化在内的一些社会主流文化已逐步渗透到校园，学生尤其是高职院校的学生在校园内已感受到企业的气息。

2.是高职教育自身发展的需要。

学校的教育教学活动很大程度上围绕企业的需求而展开。企业希望毕业生到岗后能尽快适应企业、融入企业。如果学生在校期间，学校就通过校园文化有意识地加强企业管理规范、行业质量标准等方面的教育，那么学生就业后可以缩短过渡期。此外，目前高职教育的教学模式、管理模式都脱胎于普通教育，与现代企业生产和管理有一定的距离，而作为企业文化核心内容之一的企业管理模式可以成为职业教育模式、管理模式的借鉴。

3.是企业发展的需要。

企业文化对员工的心理和行为有巨大的凝聚和规范作用，但企业文化的形成是一个漫长的过程，而且是不断发展变化的，其形成和变化的关键还在于企业员工。分析现代企业员工的组成，我们可以看到企业所需的专门技术人才主要来自高职学校。从这个层面上讲，高职教育可以通过对劳动者基本素质的培养来影响他们的职业文化素养，帮助企业更好地建设、发展企业文化。

4.是学生职业生涯发展的需要。

目前许多学校比较重视学生专业知识的学习与专业技能的培养，却往往忽视职业道德、职业精神、沟通与交往能力、团结协作精神、纪律服从意识等职业素养的培养，对学生的个人职业生涯发展非常不利。渗透企业文化，不仅能使学生关注专业技能的提高，而且能关注作为一名企业员工应该具备的人文素养。如学生能够深刻理解企业制度文化的本质，就会自觉履行单位的各项规章制度，增强职业责任感；如果学生关注企业家应具备的企业文化与创业精神就会更注重自我的创新精神与创业品质的培养；如果学生认同了企业的经营哲学和企业精神，就会敬业爱岗，养成吃苦耐劳和诚实守信的个人品质；如果学生注重企业形象文化和团队文化，就会主动加强人际交往和团队合作的精神。因此，渗透企业文化，可以让学生在职业生涯过程中会不断地完善自己，提高职业素养。

（二）渗透企业文化的途径

1.环境渗透。

环境渗透就是将企业文化的有关元素有机渗透到学校物质文化建设之中，努力在校园内营造浓烈的企业文化氛围。具体要做好如下几个方面的工作。

（1）在精神文化上，要吸取先进企业文化的理念。把企业所推崇的创新意识、竞争意识、质量观念、效率观念、服务至上理念和创业、敬业精神渗透到学校的校训、校风、教风、学风等办学理念中去，使学校精神与企业精神有机结合，产生共鸣，使高职学校精神富有企业文化的内涵与特色。譬如海尔公司“创新”的核心价值观、“敬业爱国，追求卓越”的精神、“快速反应，马上行动”的作风，又如“小胜凭智，大胜靠德；认真做事，诚信做人”的企业文化等，都可以渗透到学校精神文化中去。

（2）要将学校建成“准企业”。主要是将专业技能实训室包装成企业的“车间”，尽可能按照企业生产场景布置，并张贴安全标语、生产操作流程、安全操作规程，使学生踏进技能实训教室就仿佛置身于企业生产车间；同时在上相关实训课时把学生包装成企业的“工人”，要求统一穿着工作服，凭胸卡进“车间”上岗。

（3）学校校园环境布置体现企业文化特色。关于教室、宿舍、食堂、公共区域等位置的宣传标语，学校可以根据专业实际分别张贴行业有关的国内外或本地知名企业家、劳动模范、优秀技工的寄语，着重宣传与本校所开设专业联系紧密的知名企业的管理理念、管理规范以及行业质量标准。

2.5S管理渗透。

要实现高职院校毕业生零距离就业，学校必须引进企业管理模式，让学生在校学习期间就熟悉、了解企业管理的特点，逐步适应企业的管理要求。5S管理是不少企业采用的一种管理模式，高职院校在进行学生管理时可以借鉴这一模式。在具体操作上要把握三大环节。一是管理内容。5S包括整理、整顿、清扫、清洁、素养五个方面，学校要在遵循学校管理规律的基础上，将5S要求细化成教学区、实训区、生活宿舍区的管理标准和要求。二是管理载体。可以把企业的“工资制”作为学校的管理载体，对学生进行日常量化考核。三是管理形式。按照企业的架构构建班集体，让学生在虚拟的环境中体会到企业的存在。如可以以企业的名称命名班级，以企业的组织模式设置班干部和学习班组，以企业的管理形式实行“总经理（班长）负责制”，按照企业的制度制订班级制度公约。

3.课堂渗透。

在教学内容上，开设相关课程展现企业文化内容，感受企业和社会需求的气息，使企业文化成为学生知识结构的一部分。及时吸纳企业一线的新知识、新技术、新工艺、新材料、新设备、新标准，将最新的职业道德、职业文化等纳入教学内容的整个体系之中。改革教学方法，引进项目教学、一体化教学、案例教学等先进教学法，以培养学生的技术应用能力为主要目标，训练学生的职业态度、职业规范和职业习惯，使学生在课堂中就能感受到浓厚的企业文化的熏陶，接受具有企业特色的文化教育，领悟企业的严格管理和文化内涵，在平时学习中就能按企业的要求来规范自己的言行。

4. 校企合作渗透。

高职学校应通过校企合作，搭建校企文化对接的平台，实现企业文化的渗透。具体操作如下：一是安排专业教师到企业进行生产实践锻炼，让教师与企业实现“零距离”接触，回校后在教学过程中将企业管理和企业文化引入课堂。二是多组织学生到企业参观或实施工学交替，让学生感受企业的氛围，熟悉企业的环境，了解企业对员工、对岗位的要求。三是学校从一线工人中聘请实践经验丰富、技能过硬的专业技术人员担任兼职教师，把企业管理和企业文化引入课堂，更好地按照企业的综合需求，有目标地培养学生。如学校专业课教师队伍中，若有相当一部分有企业背景，使学生在课堂上领略到企业文化的内涵、要求与特点，就会加强学生对企业的认识，培养学生的主人翁精神和敬业精神，为顺利实现由学生到企业员工的角色转换打下基础。

5. 就业指导讲座渗透。

学校定期邀请行业、企业的领导、专家、业务骨干和优秀毕业生进校，为在校学生做讲座，让学生在校园内接受企业文化的熏陶，触摸市场的脉搏。讲座的内容涉及行业的发展趋势前景、企业文化、企业精神、企业管理理念、行为规范、道德准则和毕业生的工作感受与反思等，让学生亲耳听到行业、企业需要什么样的人才，初步认识并了解企业的管理模式和方法等，从而反思自己的行为，有针对性地设计自己的职业生涯。

6. 顶岗实习渗透。

学生通过顶岗实习直接体验企业文化。顶岗实习是学生职业能力形成的关键教学环节，也是深化“工学结合”人才培养模式改革，强化学生职业道德和职业素质教育的良好途径。通过顶岗实习，学生能够尽快将所学专业知识与掌握的能力和生产实际相结合，实现在校期间与企业、与岗位的零距离接触，快速树立职业理想，养成良好的职业道德，练就过硬的职业技能，从根本上提高学生职业素养。

（三）企业文化的渗透对学生职业素养的影响

通过渗透企业文化，在校内营造良好的职业教育环境，帮助学生认识未来的职业角色要求，了解企业未来的发展趋势，认识自我在企业发展中应发挥的作用，让学生在浓郁的职业教育氛围中更直观、更有效地接受职业教育，从而培养学生树立正确的职业观，爱岗敬业、恪尽职守的职业意识，严谨负责、一丝不苟的职业纪律，顾全大局、团结协作的合作精神，促使学生不断提高专业技能和职业素养，全面增强素质。这也在无形中提升了学生的就业竞争力，将高职教育的就业导向真正落到实处。

第三节　“互联网＋”背景下创业教育与创业文化培育

众所周知，互联网的发展极大地改变了人们的生活。随着互联网技术的飞速发展，“互联网＋”开始进入人们的视野。“互联网＋”的概念由国务院总理李克强在十二届全国人大三次会议政府工作报告中首次提出，他指出“要制定‘互联网＋’行动计划，推动移动互联网、云计算、大数据、物联网等与现代制造业结合，促进电子商务、工业互联网金融健康发展”。此后，“互联网＋”成为全民热议和关注的重点，各行业都在考虑怎样借助“互联网”推动自身的发展。对于高职院校来讲，怎样借力互联网推进高职学生就业、创业工作也迫在眉睫。

一、“互联网＋”背景下的创业文化教育的特点和优势

（一）“互联网＋”时代背景综述

早在 2014 年 11 月，李克强总理在首届世界互联网大会上，就指出“互联网是大众创业、万众创新的新工具”，2015 年 3 月 5 日，李克强总理在政府工作报告中首次提出“互联网＋”行动计划，随后在 7 月 4 日，国务院印发《关于积极推进“互联网＋”行动的指导意见》，“互联网＋”迅速在国内受到热议，成了我国当前新经济发展的重要趋势和方向。

所谓“互联网＋”，通俗来讲就是利用互联网的创新理念和技术，与传统行业有效地结合起来，从而创造出新的经济形态。“互联网＋传统行业”并不是简单的二者相加，而是将二者进行深度的整合，开展跨界融合，利用互联网信息革命的创新理念和手段，重塑商业模式，创造出新的创新驱动和发展生态。现如今“互联网＋”已经逐渐上升为国家战略，在社会经济各个方面进行着相关的探索，各种“互联网＋”的项目和企业也不断涌现，因此，社会对“互联网＋”相关人才的需求也是日渐旺盛。面对高职学生就业压力巨大的不利形势，国家层面也在出台各种政策鼓励高职学生进行创新创业，从而出现了很多高职学生利用“互联网＋”进行创新创业的事例，有的甚至取得了不小的成功。国务院也在 2015 年 5 月下发了《关于深化高等学校创新创业教育改革的实施意见》，意在建立健全我国高职院校创新创业的教育体系，增强高职学生创新创业的精神和能力，促进高职学生创新创业走向成功。

（二）我国创新创业教育的不足

新形势下，我国高职创新创业教育正着手改善、提升教学水平和质量，但在开展实施过程中还存在诸多挑战，具体表现为：

1. 教育教学内容与形式单一。

当前高职院校创新创业教育的内容普遍狭窄，主要体现在课程体系设置中没有体现出创新能力建设和创业能力的培养，创新创业课程没能与专业课程紧密融合，未真正把创新创业教育纳入培养目标及培养方案中，只落在了纸面上，未真正落实，与教育教学、科学研究、生产需要严重脱节。学生缺少创业能力培养和创业实务训练，学校互动体验的实训方法和手段不足，学生对实践创新过程的学习亟待加强。

2. 师资专业化水平有待提高。

当前，高职院校缺少创新创业教育的学科、专业带头人和学术骨干，只能照本宣科，纸上谈兵，教育教学中不能有效地融入创新创业教育，形成不了优秀教学团队。创新创业教育师资队伍没有经过创业实践和系统、专业的训练。出于种种原因，教育者对创新创业教育的重视度不够，不具备结合实际、因地制宜地开展创新创业教育的能力，不能与学生互动，不能有效激发学生创新创业的激情。

3. 教育理念不能与时俱进。

国家依据形势变化更新、下发和颁布了一系列有关创新创业教育的纲领性文件和要求，但文件和要求不能得到及时落实，导致学生的创意不能及时与现实对接。目前，多数高职的创新创业教育还只是停留在运用创业计划大赛，让个别学生参与浅层次创新创业讲座教育，或者只是象征性地设立高职学生创业基地等方式上。因为师资力量不足，学校对学生的实践指导教育匮乏。

4. 人才培养模式改革不彻底。

因为不具备整合资源和构建、实施创新创业教育体系的能力，高职院校往往没有把创新创业教育纳入人才培养工作，普遍没有形成或建立统一且与实践相结合的人才培养方案，创新创业教育和教育教学体系的融合度不足。绝大多数学生不能接触到与创新创业教育相关的教育内容，无法接受相关培训。

改革观念，打破传统模式，“以学生为中心”并依托网络提升创新创业教育水平，已经成为我国高职院校的迫切任务。

（三）网上创业的特点和优势

“创新人才是指具有创新精神、创新意识、创新思维、创新能力，并且能够取得创新成果的人才；而创业人才则是懂得一定的专业技术，具备开拓创新、组织沟通、企业家的素质，善于发现商业机会并通过创造性的生产或经营活动进行商业行为并获取效益的人员。”在“互联网＋”背景下，创新创业教育可以使高职学生具备“创新精神、创新意识、创新思维、创新能力”，甚至成为“创业人才”，对帮助其顺利走出象牙塔并融入社会，维护社会稳定乃至中国特色社会主义事业的发展具有重要意义。高职院校应当积极实践，在已有的经验基础上努力探索适应新形势的思路、方法和举措。

1. 依托高职学生就业和创业指导课，结合实际开展创新创业网络教育。

随着网络的普及，人类认知不断向纵深拓展，观念创新层层推进，落后的模式不断被淘汰和摒弃。2007年，萨尔曼·可汗(Salman Khan)通过网络平台成立非营利性的“可汗学院(Khan Academy)”，实现教育模式的创新，“被认为正打开‘未来教育’的曙光”，并让受教育者“真正实现了‘按自己的步骤学习’”。传统经典理论和模式不断被人们重新解读和认识，并通过网络快速获得认同。创新创业教育面向的是学习自主性较高的青年群体，更应该积极提升这一群体的创新能力，帮助其树立创新合作的意识。在网络成为教育重要舞台和载体的大背景下，高职院校应当依托已有的校园网络平台，结合变化及时充实、更新内容和素材，建立对应的教育网络系统，推动载体创新。可以利用新媒体技术，把传统教育方式、方法和MOOC等现代教学手段结合起来，搭建与现实对接更紧密的课程体系。这过程中，应当积极关注业态发展，让最新的创新创业案例成为学习素材；应当把学生关注的社会热点转化成其可接触的教育资源；还可邀请业界精英、行业专家参与网络教学，拓展学生学习的时间和空间，并通过面对面交流、网络微专栏等互动形式，切入学生关心的就业创业等现实问题。

2. 利用网络平台，通过持续性创新，让高职创新创业教育跟上社会变革的步伐。

从博客、微博，到App应用平台和微信，可依托的网络平台越来越多，使用越来越便捷。创业创新教育只有适应互联网时代的快节奏，持续创新并创造性地利用好网络平台，才能充分发挥其引导作用。应当注重利用互联网参与的广泛性和渗透性，通过碎片化、互动化、交互性等手段让创新创业教育深入学生日常生活并与之融合，调动学生的积极性和主动性，提升参与性。现代企业拓展市场时，往往依托网络，通过场景应用和故事情节吸引客户。高职院校可以借鉴并恰当运用“场景+故事”的表述方式对传统教学模式予以改造，以世界日新月异的变化为场景，以各行各业的风云变幻为故事，与学生开展深层次交流，帮助其树立创新创业的意识。

3. 建立高职学生创业网络基地，重视创新创业教育工作效率的提升。

网络的方便性、直观性越来越为社会认同，该平台受众面广、影响力大，可以最大限度地发挥优质教育资源的作用。在实施创新创业教育与网络平台对接过程中要注意资源的有效共享和充分利用，有效提升创新创业教育在学生中的影响力。

ebay、淘宝、拍拍、易趣、京东、微店等已经成为青年高职学生生活中密不可分的一部分，高职院校在开展创新创业教育过程中完全可以借助上述平台搭建创业基地并鼓励学生参与。

4.利用网络时代的特点，探索创建更多的实践平台和实施的可能性。

当代青年追求自我价值的展现，网络的高度开放性和广泛参与性为其提供了展示自我的平台。以博客、播客、闪客、维客、创客等为代表的“客”文化进一步深化了网络文化，其个性化、多元化、多样化更加明显。而我国当前的创新创业教育实践依旧借助“挑战杯”及创业设计类竞赛，学生的参与度不高。一些高职院校已经针对这种情况陆续推出了与“互联网＋”相关的创新创业教育训练和实践计划，为拓展创新创业教育提供了良好的基础。创新创业实践应当结合网络创新不断被开发出来的各种需求，结合学生自我价值实现的要求，积极诱导学生发挥其创新、创意能力，充分引导、鼓励其参与创新创业实践。

5.尊重个体，建立个性化创新创业的人才培养模式。

个性化创新创业人才培养模式，主要是指以个性化教育为基本手段和途径，以高素质创新创业人才培养为根本的一种崭新的高等教育范型。当代青年自我意识突出，追求自我价值的实现。高职院校在开展创新创业教育过程中，也应当注重尊重学生的个性，并结合个性化教育，以高素质创新创业人才的培养为价值目标和立项追求，以个性引导为基础开展工作。

“互联网＋”的实施，无疑将为我国传统产业的转型升级注入根本性的变革力量，促进产业的数字化、网络化、智能化发展，而这正是我国实施“中国制造 2025”战略的核心所在。在我国深入推进经济结构转型，全力构建创新型国家的关键阶段，高职院校只有始终不移地贯彻党和政府对新时期高职学生创新创业教育工作的要求，才能达到“苟日新，日日新，又日新”的工作要求，为中华民族伟大复兴的稳步推进输送更多的优秀人才。

二、加强“互联网＋”背景下创业教育，激活学生创业基因

随着近两年互联网在中国的迅猛发展，各种网站如雨后春笋般涌现，电子商务以极快的速度贴近我国的社会经济生活。当下，高职学生在互联网上自主创业的例子屡见不鲜，那么高职院校在面对高职学生运用互联网自主创业的问题时应该做出怎样的反应呢？从 20 世纪 90 年代到 21 世纪初，在全球范围内，基于互联网络的电子商务正以前所未有的速度迅猛发展，不仅改变着传统的社会生产方式，而且对经济结构的调整产生了极为深刻的影响，成为世界经济新的增长点。当前，基于互联网平台的低门槛、小成本、收益快的特点，越来越多的人加入互联网创业，可是在这风光一片的背后我们也应看到潜在的危险。如何指导高职学生在校创业时

规避潜在风险，成功创造一个又一个的奇迹是当前高职院校创业教育的首要任务。

创业者在开始创业之前要面对三个问题：你是谁？你在干什么？你应该干什么？清晰的自我认识、客观的自我评价是成功的一半，而这些来源于自身的软实力。很多学生在创业前期没有把这些问题想清楚，过早地投身于创业中，结果惨败而归。所以，高职院校创业教育可以从这一块入手。深入高职学生就业指导课程，在理论层次对学生的自身创业素质方面给予指导，提供更多的前沿信息使学生更好地发掘自身潜力，培养学生在创业道路上向多元化多层次方向发展。

有的学生虽熬过了艰难的创业初期，可没有坚实的互联网运营技术，最终也铩羽而归。在这里，技术显然是当前互联网创业的关键。高职学生通常以较低的门槛进了创业的门，但因为没有专业的互联网运营技术的指导，很快所有的努力就付之东流。究其原因，其一，高职院校目前开设的计算机课程只有简单的计算机操作，不能满足学生对互联网其他技术的需求；其二，除了商学院的学生以外，其余各个院系的学生对专业的商业投资规划、实施运行知之甚少。鉴于此，高职院校在充分利用现有教学资源的同时，可以拓展更多的教育资源，分门别类，使学生各取所需，既满足了术业有专攻，又为触类旁通、兼容并包提供了一条路。

创业不是一件简单的事情，创业者首先要面对的问题就是资金的投入。高职学生普遍没有经济基础，通常在创业前期有人刚考虑到这个问题就决定放弃了，就算有好想法也不能实现。这是一个现实的问题，高职院校鼓励高职学生在校创业就必须为他们解决这个难题，降低创业成本。方法如下：其一，专门开辟创业场所，提供场地方面的支持；其二，与银行进行商谈，建立合作关系，为学生搭建一个申请自主创业贷款平台；其三，配备专业的老师随从指导，减少商业操作失误。

三、“互联网+”背景下高职院校创业文化培育策略

“大众创业、万众创新”的提出为高职院校学生的创业提供了新的指导思路，在大数据和互联网不断发展的背景下，高职院校学生创业迎来了新的契机，互联网的发展对学生创业提出了更为严格的要求，使其难度不断增加。在互联网背景下高职院校学生创业还存在诸多问题，比如对互联网的利用程度较低，缺乏必要的实践能力，缺乏高职院校系统性的指导，等等，都在很大程度上限制了高职院校学生创业成功率的提升。因此，必须要对这些问题进行系统性的分析，并提出相应的对策建议，以全面提升互联网背景下高职院校学生创业的能力，进一步缓解其就业的压力。

（一）互联网背景下高职院校学生创业存在的主要问题

1.对互联网的利用程度较低。

在大数据的推动下，互联网在各行业的发展中得到了最大程度的应用，在高职院校学生创业的过程中，互联网具有关键性的作用。而目前很多学生对互联网的

应用程度较低。一方面,很多学生在创业的过程中还停留在初级阶段,没有充分考虑到互联网的重要性,使其创业的质量较低,成功率也难以提升,进而限制了高职院校学生的创业积极性。另一方面,互联网的产生使学生的创业压力不断增大,其在创业的过程中很难正确认识和应用互联网,这样不仅没有提升创业成功率,反而加大了其创业的压力。这都在很大程度上影响了高职院校学生的创业之路。

2.缺乏必要的实践能力。

当前,高职院校学生在创业的过程中还缺乏必要的实践能力,使其在互联网背景下的创业存在较大的困难。一方面,很多高职院校虽然以提升学生的实践能力为教学的主要任务,但是大部分学校进行较多的还是理论教学,使得学生所掌握的理论得不到有效的实践,学生在实际的应用过程中容易出现各种各样的问题,因此难以适应互联网模式下的创业需求。另一方面,大部分高职院校的学生还缺乏社会实践的机会,很多学生只能通过网络招聘的形式找一些短暂的社会实践机会,缺乏系统化和全面化的实践,因此其实践能力很难得到系统性的提升,使其在互联网背景下的创业压力不断增大。

3.缺乏高职院校系统性的指导。

在互联网背景下,高职院校的相关指导对提升学生的创业成功率具有十分关键的作用。目前,很多高职院校在这方面的作用还没有全面发挥。一方面,很多高职院校之间存在较为激烈的竞争,学校将主要的资源和精力集中于办学和招生方面,很少投入较多的资源在学生创业过程中进行互联网等方面的指导,使得学生在互联网模式下的创业能力得不到有效的提升。另一方面,高职院校目前还没有建立完善的创业支持和指导政策,难以联合企业和政府为学生在互联网背景下的创业提供有效的资金和政策支持,因此使学生在创业的过程中面临各种困难,难以提升创业成功率。

(二)互联网背景下高职院校学生创业的对策建议

1.加强对互联网的应用程度。

在互联网背景下,要想提升高职院校学生创业的成功率必须要首先加强其对互联网的应用程度。一方面,学校要帮助学生在现有的基础上学习互联网的相关知识和技能,对互联网在创业过程中的应用进行分析,借助互联网的优势创业。另一方面,要充分吸收和借鉴现阶段一些创业的成功经验,对其应用互联网的模式和技能进行分析,并根据高职院校学生自身的特征和创业情况,对其进行分析,使其成为指导高职院校学生创业的重要基础。

2.提升学生的社会实践能力。

在高职院校学生的创业过程中,最关键的就是要提升其社会实践能力,尤其在互联网背景下,创业的竞争力不断加大,实践能力就显得尤为重要。一方面,高职院校要在现有的教学基础上，提升理论教学的深度，为学生提供完备的理论教学指导，同时要对学生进行必要的社会实践教学，使得学生能够实现理论与实践的完美结合，提升其创业的整体素质。另一方面，要充分支持学生积极进行有效的社会实践，使其利用假期和课余时间深入企业内部进行系统化的实践，提升其社会实践能力。同时，高职院校要积极加强自身与企业的合作，为学生创造更多的实践机会，提升学生的实践能力。

3. 全面强化高职院校的指导。

互联网背景下，学生的创业将面临更大的压力和困难，因此要想提升其创业的成功率必须要有高职院校的支持和引导。一方面，要在高职院校中成立专门的创业指导部门，通过对互联网与创业之间的联系的分析，为学生的创业提供完善的指导，为其创业进行有效的规划，并及时对其进行答疑解难，为其提供新的思路和方法，使得学生能够在创业的过程中少走弯路，提升创业成功率。另一方面，要促使高职院校积极加强与政府和企业的合作，为广大高职学生在互联网背景下的创业提供强大的资金支持和完善的政策支持，以此提升学生的创业积极性，为其创业开拓更广阔的空间。

高职院校学生目前已经逐步成为创业的主力军，对缓解社会的就业压力具有重要的作用。互联网背景下高职院校学生创业在面临巨大机遇的同时也将迎来很多挑战，如何有效提升学生的创业成功率成为目前高职院校及其学生考虑的重点问题。从文本的研究来看，必须要从加强对互联网的应用程度、提升学生的社会实践能力、全面强化高职院校的指导等方面出发，提升学生在互联网背景下的创业成功率和创业质量。

第六章
基于创业教育实践的创业文化培育体系建构

第一节　政府主导培育公平诚信创业文化环境

一、转变政府职能部门观念，树立诚信观念

人无诚信，则无以立足，行事无以通达，人有诚信才可以立足，行事才可以通达，以诚信为本，才会事业有成。我们身边一些人有过上当受骗的经历，一些企业社会信誉度打了折扣，诚信道德遭到了严峻的挑战与冲击。现在从中央到地方，各级领导层都对诚信予以极大关注，意识到打造诚信社会的重要性。因此，我们要大力加强诚信道德教育和有关法制建设，转变政府职能，打造诚信社会。诚信是立身之本，更是立国之基。如果政府缺乏诚信，则法治难行，权威不力，会严重影响建设社会主义市场经济体制的进程。当然我们不能否认社会道德生活与民众之间交往的主流是讲诚信的，党和政府也在大力倡导和进行诚信社会建设，但社会上的诚信问题依然存在。

（一）政府良好的诚信形象

政府是行使国家赋予职权，执行国家意志，代表国家处理政务的机关。政府用手中的行政权力，履行行政职责，维护社会和人民的利益，对人民负责，对人民守信。这不但是我国建立社会主义市场经济体制的要求，也是我国参与世界经济竞争的要求，是信用经济发展的基石。

一方面，政府诚信是建立完善社会信用体系的必要前提和价值导向。在社会体系中，政府作为最高的行政权力组织，处于社会的重要地位。政府行为直接影响社会信誉度，政府的一言一行都是普通公民学习的榜样。因此，在社会信用体系中，政府诚信居于主导地位，政府诚信度高对企业信用和个人信用具有很强的示范

作用。因此政府诚信是政府有效发挥社会管理职能的一个重要前提条件。另一方面，政府诚信是社会主义市场经济体制建立和完善的保证。作为制度的制定者，政府怎样保证制度得到公众的认可，在社会经济活动中真正发挥作用，主要取决于政府诚信度的高低。一个强有力的政府必然能够有效地实施政府方针和政策，所制定的制度也就更易于被公众认可和遵循，反之，弱势政府失去了公众的信任，制定的制度只不过是些空空的白纸黑字而已，难以执行。一个诚信度高的政府所制定的制度更易发挥作用，从而进一步提高政府的信用度和公信力，而一个诚信度低的政府所制定的制度不易为大众所接受，较难取得较好的效果，从而进一步弱化政府的诚信度和公信力，造成恶性循环。

（二）我国政府诚信建设现状

改革开放以来，我国政府在公众心目中的威望和公信力大大提高。但是，个别政府官员对政府守信问题认识不够，认为政府权力可以随意行使不受制约，甚至认为行使职权可以不考虑信用问题。在这样的观念支配下，违法行政，公然违背中央政策，失信于民的现象就发生了。有些政府官员在经济活动中，不恰当用人，以公共利益为借口，公然违约，不守承诺，“透支”了政府信用。

（三）政府树立良好诚信形象的途径

第一，提高对诚信的认识，各级地方政府及其公务员，要充分认识政府诚信的重要意义，形成信用共识，把加强政府诚信体系的规划和建设作为自己的重要使命。对政府成员进行广泛深入的诚信教育。作为政府公务员应自觉规范自身行为，做到公正履行职能，建立国家工作人员的诚信，在诚信的基础上更好地履行自己的职责。

第二，坚持依法行政。人民遵法守法，政府依法行政，应该是社会主义市场经济的基本要求。改革开放以来，我国在行政领域制定了众多的法律法规，只有依法行政，依法执法，才能树立政府为人民服务的形象。

第三，建立信用考评机制和追究、赔偿制度。从中央到地方逐级建立政府信用考评机制，上级政府负责下级政府的信用考评，本级政府负责所属部门的信用考评，国家工作人员的信用考评由其所在单位负责。考评结果向社会公布，集体考评结果作为其参评先进的依据，个人考评结果则作为本人晋升、晋级的依据。同时，国家要尽快制定政府违规失约的追究、赔偿制度。对缺德失信的行为要依法追究其行政及经济责任，并给予受损方一定补偿。通过强制性的外在约束来防止随意施政的现象发生。

（四）打造诚信社会，提升政府诚信是转变政府职能的关键

政府在打造诚信社会的过程中起着至关重要的作用。政府在推动建立规范统一的社会诚信体系，完善立法、严格执法，创造信用环境、倡导诚信精神等方面，仍

能够有许多作为，诚信社会的打造需要社会各方面的参与，政府、行业协会、中介组织，乃至每一个社会成员都是诚信社会的积极建设者。而政府作为维护社会稳定和经济秩序的重要部门，在打造诚信社会的过程中具有不可替代的作用，其中一项重要工作就是转变政府职能，规范政府行为。

1. 调整经济管理的思路。

无限政府就是无所不包，这样的政府往往自以为是，在行为上表现出"越位"和"错位"，在"越位"和"错位"的同时必然出现"缺位"现象，轻诺寡信，缺乏服务意识。在我国社会主义市场经济体制下政府应退出微观竞争性领域，推动行政审批制度改革，取消和减少政府审批事项。现行政府的经济管理职能主要是制订公共政策，进行公共管理，提供公共服务，创造公共产品。因此政府的角色换位至关重要，不应是事事有所作为，而要树立起服务的观念，放手让企业在市场中竞争，政府则着力做好市场软硬环境的建设，营造诚信氛围，由过去干预、扶持部分企业和产业发展的做法转变为服务和引导企业面向市场；对所有的企业，不论规模大小，也不论所有制结构如何，一视同仁，使企业能够在市场上充分施展自身的特长，而政府则在职权范围内开展服务工作。

2. 增加工作透明度。

传统计划经济体制下政府的许多活动都处于不公开状态，从政府的机构设置、人员安排、职责权限，乃至工作程度等，很难为外人所知。近年来，人们对于政务公开的要求日益强烈，改革政务公开也取得一定的成效。从政府职能转变角度来看，政府必须具备公开、公平、公正和公信力，其中政务公开是基本前提。各级政府的政务公开已是体制改革发展的必然趋势，随着我国入世，世贸组织的一项基本原则即透明度原则也在政府行为中体现出来。因而公开办事制度，及时公布有关市场主体和公众利益的政府法规、行政措施以及其他行政命令等，应成为政府的自觉所为，如政府对某一领域的管理依据哪些法规，必须有明确的规定，做到程序简化，公开透明，这对树立政府的诚信形象很有益处。在法治社会中，公开已经被强调到这样的高度，即仅有结果公正是不够的，只有在明白与无可怀疑地被注视下实现公正，才可称为公正。也就是说，"公开"不仅仅是实现公正与效率的保障，而且还具有独立的法学价值。打造诚信社会，实行政务公开，搞公开政府是必需的，只有这样，才能做到处事公平与执法公正，政府才有真正的公信力。

3. 树立公正高效形象。

政府行使的每一项权力背后都连带着一份责任。转变政府职能为一项工作，就是要使权力和利益彻底脱钩，实现权力和责任的紧密挂钩。如果政府部门错误地行使了权力，就必须承担责任，并且是承担法律责任，这就要求政府珍惜自己的权力，在合法的范围内以合理的方式行使权力。诚信社会的政府取信于民，就要言而有信。从经济学角度讲,政府与社会构成了一种契约关系,即社会提供税收,政府提供公共服务。如果政府提供的服务不能满足社会的要求,或根本不提供服务,就会被认为是违背契约,不讲诚信。而政府失信会对整个社会的诚信体系产生恶劣的影响。如果政府不能做到诚信,市场主体也会加以效仿,失信行为将会受到鼓励,从而导致社会诚信的大滑坡,为了帮助政府树立讲诚信的社会形象,应推动建立起政府部门行政效能评估监督制度,鼓励社会各界监督政府工作,以确保政府诚信形象的塑造,确保政府是负责任的公正与高效政府。

4.按程序、规划办事。

政府诚信出问题的一大表现为,在行政决策方面有失科学,拍脑袋决策,失误频频,不停地交"学费",看似有所作为,实质是瞎指挥,什么也没做成。加上各经济管理部门的职能交叉、重复和机构设置的"小而全",造成政出多门,法治理念不强。而有限政府是按社会分工集中权力做好本职工作,在经济管理方面只承担调控者、公益者、管理者、仲裁者和制裁者的职责,政府不再是无所不包,而是承担有限责任和有限信用,尤其是把政府不该管的部分明确出来,把属于企业和公众的自主权利还给他们,取消那些本该由企业自主决定,可由市场进行调节的审项,这样反而更易取信于民。事实上,政府结构的改革与精简,已成为打造诚信社会的一部分。

5.建立高素质的公务员队伍。

政府本是为人民服务的机构,要取信于民,政府的一切工作都必须以全体人民的根本利益为出发点,千方百计地满足人民的需要。

要达到这个目的,建立法治政府,一是要提高政府公务员的执政水平,建立一套严格的任职资格规定;二是要建立监督制约机制,通过监督机制建设和职业道德培养,加强职业道德的监督机制建设和职业道德的养成机制建设,使政府公务员成为遵守、执行社会主义法律和实践社会主义道德的模范,成为依法治国的有力促进者。通过公务员的身体力行,使政府在开展道德建设、营造诚信氛围等方面做出成绩。

6.完善法律体系

法律是打造诚信社会的有效补充与保障,完善法律体系是政府在打造诚信社会的主要职能之一。社会主义市场经济是法治经济,在实行依法治国时,应该结合诚信社会的打造,使依法治国、以德治国紧密相连。在社会主义市场经济体制中,政府的职能具有权威性。但这种权威性不是靠某个人或某几个人,而是依靠法律来实现的。通过完善的法律体系做保障,诚信社会体系才能充分发挥其作用。我国法律建设的当务之急一方面是要迅速健全相关的法律、法规,使不守诚信者没有空子可以钻,有专家建议制定颁布《公平信用报告法》《公平信用机会法》《个人破产法》之类的有关法规;另一方面要加大执法力度。增加惩罚强度,对于破坏市场经济秩序的违法犯罪活动予以严惩。从经济学角度讲.就去大大抬高造假者的成本，使造假行为得不偿失。法治政府依法惩治不讲诚信者，要真正做到有法必依，执法必严，让人们在品尝丧失诚信的种种恶果之后，更加深切地认识到诚信是经济活动中一种重要而不可或缺的社会道德。

二、舆论导向正确，服务创业文化建设

（一）媒体对高职学生创业的报道现状

在就业难这样的社会大背景下，“高职学生创业”成了一个敏感和重大的话题，也成为主流媒体报道的一个重大主题。理性、客观、积极的创业报道能够及时满足高职学生及其亲友的信息需求，在很大程度上起到“情绪稳定器”的作用。打开报纸、网络等，我们会发现，关于高职学生创业的新政策或是创业成功典范的报道并不少见，但这些报道往往是分散式的、断断续续的，连续性的报道和深度报道比较少见。在报道成功范例时，媒体更多关注回到农村养鸡、种树等创业形式，而对于在城市创业的高职学生的报道则相对较少，对创业失败的高职学生，对从事家政服务、服务生、保安等职业以外的高职学生鲜有报道。媒体报道并没有完整呈现出当代高职学生在就业和创业中的完整形象。综观全国各类纸质媒体，有不少开设了理财类版面，关注股市、基金、汇市、黄金等投资品种，邀请专家为个人制订理财计划等报道十分常见，明星式创富人物的报道也屡见不鲜，但扎扎实实为百姓创业尤其是高职学生创业提供服务的栏目或报道尚不多见，部分曾有过尝试的媒体也出于种种原因逐渐减少了对相关栏目的投入力度。

（二）媒体如何履行社会责任为高职学生创业服务

新闻媒体如何履行社会责任为高职学生创业服务？

1. 为高职学生创业提供信息支持。

(1)政策信息。据调查，高职学生对创业政策的了解比较少，在“毕业后有创业打算”的学生中有60%的学生知道国家对高职学生创业有鼓励政策，但在具体政策的了解上仅有10%的学生是完全清楚的。造成这种信息不对称的原因是多样的，其中笔者认为最重要的一点是缺少信息来源：学校还未提供足够的创业信息，其他网络信息也少有针对高职学生创业所提供的信息，这凸显出政策出台后宣传滞后的问题。针对这种情况，媒体应顺势而为，逐步丰富报道形式，结合选题特点开展有针对性的公益性活动，如培训、邀请各方代表座谈、现场答疑等。尤其要加强高职学生创业相关政策宣传普及，还可开设“高职学生创业宣传咨询服务”窗口，为大学毕业生创业提供政策咨询、跟踪辅导等“一条龙”服务。

(2)行业信息。高职学生创业通常是小本创业，一个小店的背后是一个行业，可以采用专题的形式，以四到五篇的篇幅，从不同角度，既总结该行业的市场潜力、

创业经验等，又提示需注意的风险和教训。这样，可让对创业有兴趣的高职学生在看了这些报道之后，对怎么入行、经营有哪些要点、启动资金、成本费用等问题有初步了解；而经营该项目的创业者可从中有所借鉴。

2. 对高职学生创业进行理性引导。

我国社会目前正处于“黄金发展期”和“矛盾凸显期”，社会利益主体的多元化特征越来越明显，一个事物往往不再只有两面性，而呈现多面性。高职学生创业，绝对不能一窝蜂，成功模式可以复制，但是成功绝对不可能一蹴而就。因此，在对高职学生创业进行宣传报道时要做到视角的多元化、多面化、多层化。在进行新闻报道时，媒体必须以尊重基本事实为前提，形成富有特点的立场、判断。要做到宏观与微观的统一。“宏观”指的是高职学生创业报道的大环境，即一定时期的社会、经济环境，“微观”是指具体的创业行为中方方面面的显著例子及相关报道。二者之间存在着一般和特殊的辩证关系。处理好宏观与微观的关系，掌握辩证的思维方法，对各类新闻报道都具有重要意义。比如有关网络购物、选秀活动等的报道，当各类网站红红火火之时，我们听到的是一片赞誉之声，而当这一经济现象遭遇第一股寒流时，各家媒体的怀疑和冷落又令受众心存疑惑。因此，辩证地看待各种现象、客观冷静地分析现象背后的原因，对新闻报道来说显得十分重要。新闻工作者必须加强自身素养，从宏观与微观的统一中发现和挖掘新闻视角，积极引导高职学生树立正确的创业观、人生观。

3. 建立高职学生创业企业对口宣传服务工作机制，为高职学生创业企业提供服务。

媒体可选择性地与一些高职学生创业企业建立对口宣传服务工作机制，为这些企业提供宣传自己的平台和窗口。在广告费用上可为高职学生提供优惠，让小成本创业的高职学生们能有更多宣传企业、宣传产品的机会。

三、完善政策支持，保障创业文化活力

创业有利于社会资源的更优化配置，更有利于充分利用社会资源，从而将国家、集体、个人的潜在力量最大限度发挥，进而更好地推动社会经济的快速发展。高职学生创业一方面实现了资源合理化利用而让利益最大化，并有效地减少了社会资源极大的浪费；另一方面高职学生创业起到积极的带头作用，从而带动更多高职学生加入创业活动，加快我国社会主义现代化建设的步伐。

20 世纪 90 年代末，我国高职开始大量扩招。随着毕业高职学生的总体规模不断增长，2014 年，教育部统计，我国高职应届毕业生人数约为 750 万人。然而，在城市劳动力市场竞争日益严峻的背景下，高职学生就业难的问题日益激化，如何解决岗位少、就业难的问题成了经济发展的重中之重。为了解决就业问题，缓解就

业压力，如今政府越来越提倡高职学生选择自主创业这条道路，支持高职学生创业的相关政策也越来越多。联合国教科文组织在“面向21世纪教育国际研讨会”中提出高职高专的创业能力，将其诙谐地比喻为学习能力的“第三本护照”。研讨会认为创业能力与学术性和职业教育处于同等地位。目前，我国政府、企业积极与高职联合举办高职学生创业大赛，积极征集适合高职学生创业的各类创业项目，举办创业项目展示和推介引导工作，而这些跟政府的重视和新闻媒体的关注与报道有着密不可分的关系。

（一）高职高专院校创业支持政策体系理论概述

我国高职高专院校创业相关支持政策体系的发展历程。1999年，教育部出台了《面向21世纪教育振兴行动计划》，并率先提出“加强对教师及学生的创业教育”政策，为我国高职高专的自主创业搭建了一个广阔的平台。随后，国家各部委对高职高专创业方面的项目给予高度重视，为其顺利进行陆续出台了相关支持政策，并逐步加大扶持力度。随着各项政策的进一步落实与加强，每年教育部公布的《关于做好普通高等学校毕业生就业工作的通知》中，也都强调了对高职学生创业进行大力扶持。在党的十七大报告中，也提出了“促进以创业带动就业”的思想，在党的十八大报告中，做好以高职毕业生为重点的青年就业工作仍作为重点进行强调。

（二）高职高专院校创业支持政策体系的完善

国家为了解决社会就业压力，鼓励有创业意向的高职高专学生走向创业的道路，在经济发展的历史中相继出台了许多对高职高专学生创业有利的政策，如减免税款、贷款便利、对创业人员培训等。借助这些政策支持可以更加方便高效快捷地解决创业无门、就业无门的深层次社会问题。

1.创业投资金融政策。

资金是创业的必要条件，也是创业规模、创业形式的基石。虽然高职高专学生对自主创业有着颇高的热情，但面对资金匮乏的问题只能望洋兴叹而停滞不前。国家为了解决高职高专学生创业条件艰苦的问题出台了如“首违免罚”“名师指路”等有效政策，极大地缓解了高职学生创业资金匮乏的现状，减轻了创业者的负担。当前，国家对高职高专学生创业资金贷款的支持政策具有以下特点：一是优先贷款支持，合理适当发放信用贷款；二是手续简单容易办理；三是利率有适当的减免。

2.税收减免方面。

高职高专学生创业者作为一种特殊的创业群体，在创业过程中属于政策需要保护的弱势群体。为了鼓励高职高专学生自主创业，在税收方面，国家出台了一系列优惠政策，为高职高专学生的自主创业提供了保障。高职毕业生从事个体经营并符合优惠条件者，国家对其免收行政事业性费用。高职高专学生创立新办的独立核算的从事交通运输业、邮电通讯业的企业或经营单位，新办的从事咨询业、信息业、技术服务业的企业或经营单位，新办的独立核算的从事公用事业、对外贸易业、旅游业、仓储业、居民服务业饮食业、教育文化事业、卫生事业的企业或经营单位，以及到“老、少、边、穷”地区新办的企业，国家免征或减征其一定年限比例的所得税。

3. 高职高专学生创业教育政策方面。

我国的创业教育相对于世界而言，起步较晚，发展水平较低。近年来，教育部在每年发布的相关报告中明确强调要加大对高职高专学生创业的扶持力度。党在十七大报告和十八大报告中都明确提出了“促进以创业带动就业”的思想和做好以高职毕业生为重点的青年就业工作的指示。各级政府根据指示也分别对地方政策进行了改进，从而更好地为高职学生自主创业提供有利条件。同时，高职也大力开展各种创业创新大赛，极大地提高了高职高专学生自主创业的积极性。

（三）高职高专学生创业支持政策体系存在的问题及其成因

我国高职高专学生自主创业普遍存在着诸如“自主创业人数少”“自主创业成功率低”等一系列问题。麦可思提供的数据显示，2010 年，我国高职毕业生创业人数占比为 1.5%，而发达国家高职学生创业比为 20%—30%，我国高职毕业生创业人数比率远低于发达国家。根据《社会蓝皮书》的数据，我国高职高专学生创业成功率为 2%—3%，这一比例也远远低于发达国家。这与高职学生创业者自身的原因和当前的高职学生创业支持政策体系存在不足是密不可分的。

1. 时政新闻报道的数量和质量不足。

随着新闻传播媒介数量和技术的提升，很多新闻媒体都把力气花在经营文艺体育、名人逸事等娱乐新闻方面，而关乎国计民生的时政新闻的报道量不足而且报道的质量和力度也有所欠缺。正因如此，国家政府虽然重视高职高专学生创业鼓励高职学生创业，并多次制定、发布有关支持高职学生创业的政策，但是大多数的高职高专学生只知道政策的存在，并不能通过公开报道得知政策的内容和具体的政策优惠福利及如何利用。

2. 资金支持力度小，享受优惠政策门槛高。

一方面，高职高专学生创业资金支持力度小，融资渠道不畅。对于任何创业者来说，资金问题都是最大的“拦路虎”。尤其对没有收入来源初出茅庐的高职高专学生创业者来说，资金问题更为凸显。据统计，大学毕业生能承担 3 万元以上自主创业资金的只有 36%，而有 81%的大学毕业生认为资金是制约自己创业的最重要因素。目前多数高职院校迫于自身办学经费不足的压力与限制，很难拿出充足的专项资金来保障高职高专学生创业者创业活动的开展。同时，虽然政府的相关政策出台成为就业资金保障，但始终没有有效地解决巨大的资金缺口这个一直存在的问题。另一方面，高职高专学生享受资金优惠政策门槛高。创业融资是决定一个企业生存发展壮大的重要问题。我国的高职高专学生创业资金支持政策优惠政策名目特别多,在表面上看似减免了许多经费花销,但是实际算来减少的金额只是凤毛麟角,而且获得优惠程序十分烦琐。首先,在高职高专学生申请贷款过程中,由于政策对申请人条件的要求过高,许多自主创业的高职学生因难以达到政策规定的要求而放弃创业的想法。其次,贷款过程烦琐、审批的时间过长,而且需要办理一系列复杂的法律和经济手续。一套程序下来消耗的人力、物力、财力超过了贷款金额,而且在办理过程中倘若一个环节出现差错,贷款便很难获批。

3.创业教育体系滞后。

目前我国高职的创业教育仍处于初级阶段,同国外的先进创业教育理念仍有较大差距。我国高等院校经常将自主创业课以选修课的形式进行开展授课,导致学生的重视程度明显不足。而且创业教育课程课时少、内容零散,大多以政策理论学习为主,很少有实际操作、模拟练习。同时,缺乏对高职学生自主创业素质和精神方面的培养。因此,高职学生往往缺少实践操作,多为"纸上谈兵"的理论学习,对以后的创业起不到学习和实践的作用。

4.创业政策执行力弱。

虽然中央政府强调大力发展和扶持高职高专学生自主创业,并且中央政府多部门相继颁布了相应的支持高职高专学生创业的政策,但是落实到地方后,一些政策并没有得到很好的细化实施和操作。部分地方政府往往只是为了响应中央政策出台,在口头和精神上对高职高专学生创业者进行鼓励,高职高专学生创业者往往得不到中央政府政策的实际福利和优惠。同时,部分地方政府在政策实施方面上也没有进行细化,致使一些创业政策到了地方操作不当。

5.营销手段单一。

高职高专学生对市场欠缺深入的理解,很多人只是注重技术方面如何更加优化,却忽略与市场匹配的适合度,进而导致了产品时效性差,难以适合激烈的市场竞争。在产品营销方面,许多人仅仅通过广告这一单一的手段让大家知道产品发明问世。而且营销策略配套不健全,造成销售量少,严重影响企业经营,产生不良后果。相反,那些技术含量低但却能满足消费者对日常生活需求的商品,常常会得到社会大众的喜爱。

(四)高职高专学生创业支持政策体系完善建议

1.加强创业政策的时政新闻报道。

高职学生主要是通过网络、电视、报纸的介绍与宣传了解我国的创业政策。所以,加大时政新闻对创业政策的宣传与讲解力度,并在相关创业网站和创业期刊增设高职学生创业政策解读板块,这样才能对即将走向创业道路的高职学生起到政策普及和积极引导的作用。政府必须加大对高职学生自主创业的宣传力度,在宣传的过程中树立起创业的榜样，在每年年底评选出优秀创业者、优秀创业公司进行奖励，并对成功自主创业的高职学生的创业起步、过程、成果做持续性的报道和关注。

2. 开拓创业融资新渠道，降低高职学生条件。

一方面，努力追求创业融资新方法。就目前地方政府对高职学生资金补助扶持的现状而言，部分地区在下放问题上仍然存在不足，如融资金额条件规定不明确，手续下发没有统一规范的标准。所以建议中央财政和地方银行出资设立贫困基金补助，如设立创业基金，发放创业贷款。这样贫困地区高职学生创业更容易，从而实现脱贫致富，对贫困地区经济的发展也起着积极的促进作用。另一方面，降低高职高专学生创业资金门槛。高职高专学生创业资金门槛高，是制约创业借贷的最大阻碍，要降低门槛必须做到：第一，降低高职高专学生创业者资金借贷条件，简化高职高专学生创业者资金借贷程序和审批手续。第二，企业所得税、营业税与企业营业额密切相关，而大部分地区是对这两税实行优惠政策的，但个人所得税、城建税等没有得到减免。这对于创业初期的高职高专学生是一项沉重的负担，制约了企业初期发展速度。所以将行政事业性收费列入优惠范围无疑是对高职高专学生初期创业的最大鼓励与支持。第三，对于优秀的高职高专学生创业人给予奖励性补贴，每年评选出优秀的创业企业、创业人，树立榜样，进而带领更多的有志青年走向创业之路。第四，对以知识成果出资的限制进行修改，加强知识产权的保护，开办创业园区、政策场地资金支持，进行广泛校园宣传，为高职高专学生自主创业奠定良好的政策基础。

3. 建立健全创业教育体系。

创业教育是以培养学生创业素质、创业技能、创业精神、创业意识为目标的教育，是全面发展学生智慧和个性品质的教育，并注重人的主体精神，是素质教育的延伸。首先，高职院校的创业教育不仅要立足于课本，立足于理论政策学习，同时也要加强成功案例的分析解读与学习，更重要的是要面对社会，重视高职学生自主创业模拟练习和实践，进一步完善创业相关课程设置与创业指导，进一步提高高职学生的自主创业水平与创业技能。其次，高职院校应该多聘请创业成功人士和有着高职学生成功创业经历的年轻自主创业企业家走入课堂，用他们的成功案例和成功经验来激励高职学生，可以开设把握商机、撰写创业计划、如何承担创业风险、如何进行融资等讲座。这样不仅可以讲授创业知识，进行创业教育，同时也可以宣传创新精神，激发高职学生自主创新的热情。高职也可以在学校开展相关主题的模拟创业竞赛，组织学生到企业进行工作实践，深入企业考查企业的运作流程，等等。通过理论学习，从实践中真正了解创业的过程。高职院校也可建立高职学生创业导师制度，组织具有社会责任感的企业家和专业人员成立高职学生创业志愿团，创业导师团队，为创业高职学生进行指导帮扶，通过媒体进行宣传，使更多企业家参与其中。开展评选表彰活动，定期表彰创业先进个人、集体，优秀指导教师，推动宣传与交流，共同总结经验，引导社会舆论，加强全社会对高职学生创业的支持。

4. 加大政策的执行力度。

各级政府应该促进高职学生创业政策内容形式的多样化，让执行渠道更加便利。为进一步推动高职学生自主创业的热情，地方政府要更好地落实和执行中央部门出台的关于高职学生创业支持政策，按照地方的实际情况加以细化，并按照地方情况实施操作。同时，中央政府可以在地方下设关于高职学生创业政策实施与资金利用的监督机构，从而加强监管力度。更重要的是，中央各部门、地方政府和高职要协调好三者在高职学生创业支持政策实施过程中的关系，中央各部门作为政策的出台者要做好政策引领工作，地方政府要根据地方情况对中央政策进行细化实施并做好中央政府与地方高职的协调和沟通工作。

随着高等教育体系的完善和发展，中国已建立世界上规模最大的高等教育体系，为社会的发展培养和输送了源源不断的人才。创业是民族振兴发展的基础，创业是发掘自身力量的不竭源泉，同时有利于更好地解决高职学生的就业问题。如今，对于高职学生自主创业，国家在税收、贷款等方面给予了一系列的优惠政策。社会有必要形成有利于高职学生创业的公众舆论氛围，媒体应该积极宣传与高职学生创业有关的优惠政策，以便帮助高职学生理解并掌握自主创业的相关政策和知识，从而解决在创业过程中存在的问题；组建创业平台，借助媒体资源，多方为高职学生寻找风险投资与融资资金。创业者应充分利用这些有利条件，将自己的事业发展壮大，实现人生价值，为社会、为国家创造更大的价值。

第二节　高职院校创业文化体系构建

一、构建特色校园创业文化，增强创业意识

高等职业教育的办学目标在于全面培养和提高学生的实践能力、创造能力、就业能力、创业能力，为经济社会的发展服务。培养学生的创业意识与创业能力，为青年学生就业创业服务，是每一所高职院校应尽的责任与义务。因此，如何更好地利用校园文化这块高职教育的主阵地扎实培养高职生的自主创业能力，是一个值得我们深思的问题。

(一)校园文化及高职校园文化的功能

校园文化是学校在发展过程中形成的包含学校发展目标、共同价值观、作风和

传统习惯、行为规范、思维方式、情绪情感等的有机整体，是以物质为载体的各种精神文化。它以社会文化为背景，以学校全体员工为整体，以广阔的校园为活动空间，以特定的校园生活方式和校园精神为特征，是每个学校在办学实践中逐渐孕育和形成的独特的办学理念、道德规范、组织制度。高职校园文化作为大学文化的重要组成部分，具有教育、导向、凝聚、激励、控制、辐射等功能。这些功能的有效发挥，使处在价值观、行为方式、思维模式和行为规范不断形成和完善时期的高职学生受到校园文化的影响，激发学生的积极性、主动性与创造性，使他们保持高昂的情绪和奋进精神，获得各种精神需求的满足。校园文化通过其独特的教育方式，塑造学校的形象和培养高素质的应用型人才。高等职业技术院校作为高等教育的组成部分，更有必要让校园文化具有其自身的特殊性，并发挥其他课堂教育形式无可替代的独特作用。

（二）高职生自主创业的意义及创业现状

近年来，我国高职招生总体规模一直在不断扩大，因此，通过自主创业来解决高职生就业的问题是一种可行而且有效的办法，一个学生创业可以吸引若干个学生的参与，创业成功就可解决一批学生的就业问题。学生自主创业的风气，将大大缓解社会就业的压力。创业教育应该是一项教育的系统工程，它的教育过程是通过几种可利用的教育方式来培养创业者的创业意识、创业思维、创业技能等各种创业综合素质，并最终使被教育者具有一定的创业能力。西方发达国家早在 20 世纪 70 年代末就开始了大学生创业的有益尝试。重视创业教育和对高职学生创业能力的培养，在英国高职是一个很普遍的现象，有 96％的高职院校开展了创业教育。在我国，创业教育也已作为职业教育的一种新的发展形式，不断得到重视和加强。但调查结果表明，目前很多在校高职生都仍然把政府部门、国有企业作为择业的首选目标，自主创业的发展步伐缓慢。部分学校仍停留在就业教育的阶段，很少对学生进行创业教育。相关配套教材不够完善，各类创业文训基地和创业教师队伍的规模和质量不能满足创业学生的实际需求，导致学生对国家在学生创业方面的方针政策知之甚少，创业技能等方面知识和能力欠缺，直接影响了高职学生的创业热情。面对重重困难，许多学生望而却步，因此，创业教育需要学生转换观念，将被动的就业观念转变为主动的创业观念，鼓励学生将创业作为自己职业的选择，并将自己的专业技能和兴趣特长相结合，创造出自己所期望的价值。

二、改革高职教学模式，融合创业文化与专业文化

创业文化是指与创业有关的社会意识形态、文化氛围，其中包括人们在追求财富、创造价值、促进生产力发展的过程中所形成的思想观念、价值体系和心理意识，主导着人们的思维方式和行为方式。

高职院校专业文化形式是多样的，高职院校的专业设置是与行业对接的，专业口径相对狭小，再加上区域内许多行业规模不大，职业岗位需求量小，专业设置名目繁多，校园内专业文化的多样性更为突出，从而使高职院校各专业以职业性格围标的个性文化成为一种普遍而独特的校园文化。

作为高等职业教育培养模式核心的教学模式，是完成人才培养的主体工程，直接关系着高职教育的成败，按照高等职业教育培养应用型人才的目标要求，高职教育必须打破常规，既要遵循高等教育共同的教育规律，又要体现高职的特色，来完成教学设计，不仅要构建适应高职培养目标需要的理论教学模式，而且要构建适应高职教育教学。具体步骤如下：

1. 根据培养目标设置课程，确立教学内容。

2. 合理改造理论教学模式。

3. 努力建立完善的课程体系。

4. 加强教学计划的建设。

5. 教学大纲配套完整、规范。

6. 注重教案建设，突出教学内容改革。

改革高职院校的教学模式，增加专业课程的学习跟专业文化的建设，不断融合跟创业有关的社会意识形态、文化氛围等，融合创业文化跟专业文化，培养立足专业，结合区域文化的创业性人才。

三、加强校园创业实践平台建设，提升创业精神

（一）把学生社团作为创业教育的窗口

对学生进行创业教育，除了开设相关的创业指导类的课程，进行全面、系统的培训之外，还可利用各种管理类、技术类、艺术类的学生社团，在团委的指导下，接受各种创业教育和培训，指导学生创业的老师必定是技术专业过硬且具有相当热情的老师，这些老师一般是具有教师资格和工程师资格的双资格型教师，经其创业培训的学生所学的知识更加实用，创业的欲望也会更加强烈。

（二）学习成功的创业楷模

榜样的力量是无穷的，榜样有更为丰满和使人亲近的意义。可聘请校友、企业成功人士、劳动模范、首席工人等参与职业教育。通过报告会、座谈会等形式与学生展开具体而深入的交流与探讨。用他们的思想、行为和切身体会使学生获得激励与鼓舞，产生仿效的欲望与实践的信念，为今后走上社会自主创业奠定坚实的基础，

（三）开辟“高职学生创业孵化园”，培养创业技能

学校可以在校园内开辟专门场地，作为“大学生创业孵化园”，免费为学生提供

创业经营场所。学校可聘请当地工商局、税务局的工作人员进学校进行政策法规类课程的指导，如学习创业前的准备工作和各项手续的办理方法，鼓励学生参加创业实践，一切自己亲力亲为：市场调查、项目确定、写出商业计划书、向学校递交申请等。学校组织有企业运作经验的老师进行评估，项目批准后，学生按照工商、税务管理规定办理注册登记。让学生结合所学专业，在全真环境下进行创业实践，不仅可以缓解学生的家庭经济压力，还可以激发学生的创业激情与潜质，增强竞争意识与合作精神。

（四）推行带薪实习项目

高职院校可结合学生所学专业与高职校园文化的地域特点，与平地企业进行深度合作，开展“学习＋带薪实习＋学习”方式，让学生通过实习，体验真实的工作环境，学到许多书本上学不到的知识，同时，更能体会专业知识的价值所在，更了解自己的兴趣和能力，更明白自己的职业发展方向。带薪实习还解决了家庭困难学生的经济问题，更好地激发了他们的创业欲望，真正做到高职院校“学做合一、任务驱动”的办学宗旨。

（五）增强创业意识，把创业当作一种人生态度

要打破高职学生所认为“学而优则仕”，去大公司、大企业才是找了一份好工作的传统观念，鼓励学生自主创业。在校期间应积极参与各种校园文化活动与社会实践活动。获取市场信息，不断扩大社交范围，提高社交能力。作为学生的父母应当敢于放手让他们去实践、去探索，在创业过程中，父母要关心他们的创业，给他们更广阔的展现自我的自由空间。社会舆论导向应当给予大学生创业更多的支持，包容失败，鼓励冒险，在创业者遇到暂时的挫折时，要以宽容的心态对待他们，不以一时的成败论英雄。

培养高职学生创业能力，是每一所高职院校义不容辞的责任。高职院校应该营造多专业多文化交汇的环境，使其成为产生创新成果的土壤。促进每一个高职学生的创造力得到充分发挥，让他们成为独具特色、认同自我、充满自信的人。

帮助学生树立正确的职业职向和职业信念，高职院校文化具有应用性与职业选定性，对学生进行职业道德教育是至关重要的，可通过演讲、知识竞赛，签订承带书等培养学生诚信、合法经营、遵章守纪、依法纳税的职业道德，还可以将催人奋发与进取的企业精神通过学习、各种活动或者工作渗透进学生价值观中，以有效的激励学生的责任感和驶命感，培养学生自强不息、创新进取，勇于开拓的生活态度与职业精神。如美的的“人生因为梦想而伟大”“原来生活可以更美的”的品牌理念，海尔的“敬业报国，追求卓越”的企业精神、“迅速反应，马上行动”的工作作风等，“细节决定成败”“没有最好，只有更好”的企业文化教育，可以使学生职业道德向更高层次发展，从而树立“未来在我手中”的职业取向与信念。

第三节 发扬区域文化，培育特色创业文化

一、区域文化与创业文化培育的关系

（一）区域文化

区域文化是一个地区群体意识、价值观念、精神风貌、行为规范和管理方法等非物质性因素的总和，反映了一个地区特定的人文历史，它对内具有共性，对外具有个性，有着鲜明的地域特点，与区域经济共生互动。文化结构和经济结构属一种同构关系，由于人类的任何经济活动最终都要落实在一定的区域空间，各地区都有其特殊的区域文化，对当地经济社会发展的作用不可估量。现代文化作为经济发展的动力，具有独特的不可替代的功能。从宏观层面看，文化发展不仅以物质文化、科技文化形式直接推动生产发展，还以政治制度、思想意识形态为经济发展提供制度保障和思想文化基础。从微观层面看，各经济主体重视文化建设，以弘扬企业精神，塑造企业形象，增强凝聚力，提高产品文化含量，因而能在市场竞争中立于不败之地。

（二）创业文化

从经济发展角度来讲，创业文化主要包括以下几个方面的内容：

1. 创业精神。

创业精神是指在创业的活动过程中，一个社会（包括创业活动过程中的多个参与主体）普遍表现出来的思想意识、价值观念、基本态度、行为方式等与创业有关的思想理念和精神状态。在这个过程中，创业精神是创业者们的精神动力和发展动机，是企业诞生与发展的灵魂和精神支柱，其对创业活动会产生重大的影响。

2. 创新意识。

创业家是经济的灵魂，而创新是创业家的基本职能。创新是“一个社会性的、地域性的、嵌入的互动过程，一个不考虑其制度和文化背景就无法理解的过程”。创新的地域性，不但使进行创新活动的主体和它赖以进行创新的地域背景一起构成了区域创新系统，而且使创新具有明显的区域特色和文化烙印。

3. 流动偏好。

现实世界资源配置扭曲总是客观存在的，资源并不总是处在边际生产效率最高的界域。创业文化鼓励资源流动，促进资源优化整合，达到动态最佳配置并增进社会福利。如珠三角地区，海洋文化中冒险、开拓、自由漂流、四海为家的潜能激发一代又一代的珠三角人们背井离乡，远涉重洋，开拓创业。

(三)区域文化与创业文化的关系

区域的文化环境包括区域内居民的风俗习惯和价值观念,区域内的劳动资源平均的文化水平、素质、主流的价值观、政策导向等。它代表的是本地深层次的社会文化环境,直接影响着人们是否有追求创新和创业的热情,对创业型经济的发展有至关重要的作用。

总体而言,要加大创业型经济的政策支持力度,加大对科学的技术研究,教育和文化设施等方面的投入,创造良好的科研教育氛围,扩大教育的范围和程度,培养较高素质和道德修养的国民,使区域具有坚实的科技基础和较强的创新能力,创造良好的区域文化基础和文化氛围,提高人们的道德水准和行为规范,不断总结自己区域的特殊文化,以文化创新提升区域的魅力,增加区域创新创业动力。

以区域文化培育创业文化,就是要引导人们树立自力更生、奋发自强的信念,在环境中立足区域文化寻找适宜的商机,在创业中追求物质财富,在奋斗中提升人生价值。

二、融合区域文化,推进特色创业精神建设

特色文化产业是指依托各地独特的文化资源,通过创意转化、科技提升和市场运作,提供具有鲜明区域特点和民族特色的文化产品和服务的产业形态。发展特色文化产业对深入挖掘和阐发中华优秀传统文化的时代价值,培育和弘扬社会主义核心价值观,优化文化产业布局,推动区域经济社会发展,促进社会和谐,加快经济转型升级和新型城镇化建设,发挥文化育民、乐民、富民作用,具有重要意义。近年来,我国特色文化产业发展势头良好,但还存在产业基础薄弱、市场化程度不高、知名品牌较少、高端创意和管理人才不足等问题。为贯彻落实党的十七届六中全会关于发展特色文化产业、国务院关于推进文化创意和设计服务与相关产业融合发展的精神,加快实施《国家"十二五"时期文化改革发展规划纲要》,推动特色文化产业健康快速发展,文化部、财政部特制定《关于推动特色文化产业发展的意见》。

传承文化,科学发展。坚持古为今用、推陈出新,努力实现中华优秀传统文化的创造性转化、创新性发展。

因地制宜,突出特色。立足区域特色文化资源和区域功能定位,发挥比较优势,把区域文化资源优势转变为产业优势。

市场运作,政府扶持。坚持企业主体、市场运作,更好地发挥政府的引导、扶持职能,完善政策措施,健全市场体系,优化发展环境,提升特色文化产业创新能力和发展活力,推进特色创业精神建设。

第七章 创业教育与创业文化的共生融合与创新发展

第一节　创业教育与创业文化的共生融合

创业教育的知识体系和教育“范式”可以在短时间内实现，而创业的价值观念、思维方式等的改变所需时间则要长得多，必须要有一定的文化机制给予保障。文化自觉理论中的反思、适应、整合、创造的时序观和共时、叠面、耗散的复合发展观，不仅为分析和把握我国创业教育的文化困境提供了一个科学视角，也为实现高职学生创业教育的文化超越提供了一种路径对策。

一、创业教育与创业文化共生融合的意义和现实基础

近几年，随着高职毕业生的就业形势日益严峻，更多的高职毕业生都开始尝试自己创业。某一高职学生创业网站的一项调查数据显示：我国 96.4％的高职学生有创业的意愿，但只有 7％的学生有创业的行为。而在发达的国家中有创业行为的学生一般占 20％至 30％。这些数据说明，在我国，有自主创业意愿的高职学生很多，但真正选择创业的学生却很少，创业成功率较低。在创业认同方面，根据教育部直属高职毕业生就业工作协作组在上海的调研，在被调查的 501 名已经创业的高职学生中，只有 23％的学生对“社会文化支持、鼓励创业情况”选项选择“满意”“非常满意”，可见缺乏校园创业文化严重影响了高职学生创业意识的激发。在 18477 名被调查的高职学生中，有 86％的高职学生认为“全社会关注创业、鼓励创业的氛围尚未形成”，有 61％的高职学生认为“高职针对高职学生进行的创业教育和创业实践活动还不够”，这两项均说明高职创业理念尚未形成，创业文化体系尚未建构。

（一）创业文化的内涵

创业文化是关于创业意识形态、知识体系，以及与之相适应的精神风貌、文化氛围和制度体系。创业文化也包含人们在追求财富、创造自身的价值、促进经济的发展过程中所形成的思想观念、价值取向、心理意识和行为方式。它是一种与创业相关的特定的群体心理素质、社会意识形态和文化氛围。高职院校的创业文化体系，从总体上看，主要从以下三个方面来看。

1. 创业文化从宏观上讲是一种社会文化。

创业文化是指人们在创业活动中表现出来的思想意识、价值标准、道德规范、精神风貌等文化规范的总和，是一种和创业相关的特定群体的心理素质、社会意识形态以及文化氛围。当前，国家鼓励特色创业，建设创新创业型的社会，这对学生未来的创业意愿起到一定的激励、引导的作用。对高职学生进行创业文化的熏陶，能激发学生的创新创业的意愿，主动开展创业活动，提升学生整体的创业技能，从而培养出创新型的创业人才。同时也颠覆中国几千年来的小农意识、官本位等传统思想，引领积极向上的社会创业文化，这对全体师生树立敢于自主创业的思想意识以及相应的价值观念有着重要的指导意义。

2. 创业文化从中观上讲是一种校园文化。

校园文化是影响高职学生成长成才的重要因素，是高等教育机制中的重要组成部分。它影响着高职学生创业意识的树立、创业行为的产生、创业心理品质的培养以及创业能力的提高。在国家大力提倡创业教育的背景下，在校园文化的建设中，要特别注重创业观、创业精神、创业能力的培养。完善创业教育的制度文化，开展创业文化活动，渗透创业教育的内容，组织一系列的特色创业文化活动，让学生在活动中检验、实践。在浓郁的融合创业教育的校园文化的熏陶下，高职学生的创业意识、创业心理、创业能力会有所提升。

3. 创业文化从微观上讲是一种专业文化。

社会需要的创业型人才是人文知识和专业知识并行，人格魅力和学问修养并举，集知识、技能、综合素养于一身的综合型人才。创业的过程中，学生不仅要具备扎实的专业文化素养，更要具备不怕挫折的勇气和毅力、敢于开拓事业的愿望。在专业的课程教学中要融入高职学生创业成功的案例，增强高职学生对创业的感性认识，举办形式多样的模拟创业活动，采用丰富多彩的课程教学手段，在课程的教学中注重学生创业倾向、创业意识的培养，将创业所需的知识技能融入课程的教学，激发学生的学习热情，培养学生的创业愿望。

“全球创业管理大师”拉里·法雷尔(Larry Farrell)指出：“培育充满活力的创新型经济，最重要的是在全社会范围内营造出良好的创业文化，同时引导创业资金有序流动并培育越来越多的知识型人才。”在这种背景下，构建以特色创业为主题，具有浓郁高职特色，凸显校企合作、工学结合特征的，集社会文化、校园文化、专业文化“三位一体”的复合型创业文化体系，提升学生的创造意识、创新精神和创业技能，培养出新型的创新创业人才，显得尤为重要。

（二）高职院校创业文化体系建设的必要性

1. 推动社会主义文化发展的需要。

十七届六中全会指出：当代中国进入了全面建设小康社会的关键时期和深化改革开放，加快转变经济发展方式的攻坚时期，文化越来越成为人们的创造力及民族凝聚力的重要源泉，越来越成为综合国力竞争的重要因素，越来越成为经济社会发展的重要支撑。创业文化是在社会的发展中不断激发人们投身创业实践的文化，随着我国的改革开放和社会主义现代化建设的不断深入，创业文化对我国社会发展的影响也越来越大，同时成为我国社会主义先进文化的重要组成部分。高职院校作为我国先进文化传承与发展的主阵地，在创新创业背景下，建设创业文化体系就显得尤为重要。

2. 弥补传统教育缺陷的现实需要。

高职院校培养传统技能型人才往往只局限在狭隘的“技术教育”上，只注重工具却往往忽视了目的。“技术教育”仅仅是传授知识、培养技能，只是提供给学生一种工具，或是将学生培养成一种“工具”，忽视了教育为促进人的自身全面发展与进步的最终目的。毋庸置疑，科学技术和人文素养的教育对培养高端技能型人才是必不可少的，只有把两者结合起来，才能使培养的人才具有丰富的理论知识、较强的实践能力及深厚的人文情怀，进而使高职教育既适应社会的需要又符合育人的目的。

3. 高职学生自身发展的迫切需要。

目前高职学生个性特征普遍较强，表现在其自主意识、独立意识和批判精神上。他们渴望摆脱对他人的依附，追求在最大程度上发展个性，实现自身价值。面对当前激烈的就业竞争，许多学生选择自主创业。他们为拓展自己将来职业发展的空间，在夯实理论知识、掌握技能技巧的同时，迫切希望能掌握一定的创业知识，了解创业相关的制度，提高自己的创业能力。因此，对他们进行创业文化的教育，让他们正确认识当前的社会形势，鼓励他们参加各种创业实践活动，增强他们的能力，培养他们的意志品质。只有这样，才能使毕业生具备就业竞争能力和自主创业能力，他们既可以去找合适的岗位就业，又能够走自主创业的道路，寻求更好的自我发展机会，实现自身的人生价值。

二、创业教育与创业文化共生融合的实践模式

(一)创业教育与创业文化嵌入式融合的基本原则

1. 以创业文化特点为基础。

良好的创业文化是创业的基础。创业需要有具体的方向，而方向的选择正是源自对相关专业领域的认知和了解。因此，创业教育不能脱离创业文化，更不能是简单的通识教育。创业教育要以创业文化为基础，以市场为导向，适应社会经济发展的变化，对学生的知识、能力、素养进行解构，搭建起社会与学校、专业与经济的联动关系。

2. 以创新意识与创业文化并举为导向。

创业教育的根本在于培养学生的创新意识，提高学生的创造力、洞察力和解决实际问题的能力，从而在学习和工作中能够创造机会，识别机会，抓住机会。把创业意识教育和创业文化教育结合起来，齐抓并举，可以帮助学生更深入地了解专业知识的用途，提高学生专业学习的积极性，使学生能够运用动态、发展的眼光理解其所学的专业，促进学生专业创新思维的发展，培养学生创新创业的意识和心理品质。

3. 以培养学生的终身发展能力为目标。

创业教育的目的在于培养适应社会发展的人才，其核心价值在于引领学生利用专业技术创造社会价值，将知识转化为生产力。创业文化知识要随着科技的进步而不断地更新，创新创业也要受到社会、经济、政治环境等多种因素的影响，只有不断地适应社会发展，才能更好地实现个体的目标。

(二)创业教育与创业文化的嵌入式融合模式

1. 具体内容。

(1)创业意识的嵌入。

创业意识是指在创业过程中起内驱动力作用的意识倾向，它包括创业的需要、创业的动机、创业的兴趣、创业的理想、创业的信念等要素，是创业素质的重要组成部分。把创业教育中的商机意识、转化意识、战略意识、风险意识等内容进行分解，嵌入课程教学的全过程，可以实现创业教育与专业课程教育的意识性融合。

(2)创业知识的嵌入。

创业教育的精髓是创新与创造。以专业课程内容为基础，引导学生从本专业开始培养创新精神，将创业教育的内容与专业教学的内容有机地结合起来，将SMART原则、SWOT分析方法、迪蒙斯创业三要素等基本的创业知识嵌入专业课程体系，重新设计全方位的课程体系，为学生提供与专业学习紧密联系的创业理论、创业知识、创业技能和创业方法，可以实现专业教育与创业教育的知识性融合。

(3)创业技能的嵌入。

创业技能是学生的专业知识、创业意识、职业素养、实践能力、身心素质等多个方面的综合能力的体现，是提升学生的生存能力、就业能力、创业能力，实现人生价值的核心能力。通过首创精神、冒险精神、创业能力、独立工作以及社交、管理等相关创业技能的嵌入，可以实现创业文化与创业教育的有效融合。

2.嵌入路径。

(1)知识的模块化衔接。

结合创业文化的特点来设置专业知识模块，并依托专业背景将专业知识及成果的产业化动态及与该专业密切相关的创业知识模块进行有机结合。

(2)教学方式的融合化衔接。

采用“互动＋体验”的教学方式，即通过教师与学生互动、学生与学生互动、课内教学与课外自学互动、教学与考试互动等方式，将创业体验融入日常教学过程，在案例分析、小组协作、项目博弈、经营竞赛等体验式教学下强化学生创业能力和实战能力的训练，激发学生创业欲望，全面提高学生的创业素质和能力。

(3)实训的仿真化衔接。

设立“模拟创业公司”，由学生自主选择组建创业团队，自己创办模拟公司，自己寻找创业项目，自己设定“模拟公司”的运营项目和岗位职责，自己进行公司经营管理，提升学生的创业实践能力。

(4)实践能力的社会化衔接。

一是建设校外学生创业实践基地，拓展学生创业实习活动的空间。二是鼓励学生利用假期等课余时间，积极参与和创业有关的岗位学习。三是定期进行前沿科技成果展示，吸纳有浓厚创业兴趣的学生。四是通过举办各类的创业竞赛、创业报告会等形式多样的课外创业文化活动，培养学生创新创业必备的核心素质。

(5)考核体系的多维度衔接。

除了现行的一些奖励内容，如给予学生适当学分奖励，对获奖项目的指导教师给予适当奖励，对参与指导创新创业教育的教师折算一定的工作量，等等，还应根据不同专业自身的特点，结合人才培养目标、人才培养过程和人才培养结果设立多维度考核系统。

3.需要注意的问题。

(1)结合学校特点制订创新创业人才培养模式。

学校要结合学科特色和地方区域经济发展的实际需求，从学生自身发展和创业需求出发来完善专业教育和创业教育相融合的课程体系，设计出适应不同学生需求、不同学科背景的创业教育形式，使创新创业元素有效嵌入专业教学过程之中，进行针对性和特色化的创新创业教育。

(2)学校、企业、政府三方形成良好的联动机制。

政府部门要积极出台相关政策来推进创业教育与专业教育的融合,做创新创业者的"后台服务器"。企业应充分发挥其在生产实践等方面的优势,将员工选拔和培养的端口前移至学校,与学校共同开展创业教育的相关教学工作。学校要做好与政府、企业的沟通和合作工作,为学生创业素质的培养创造良好的条件,鼓励学生积极实践,自主创业。

(3)创建专兼结合的师资队伍。

高职可以从校内和校外师资建设两个方面着手,构建一支专兼职结合的创业教育师资队伍。一方面通过创业教育培训,如给予教师一定的创业实践机会,参加创新创业领域学术交流的机会等,从而帮助教师提升其创业实践能力。另一方面可以从校外聘请一些创业者、企业家、技术创新专家,尤其是有创业经历的本校校友进学校、上讲台,作为学生的创业导师与学生交流创业经验。

三、创业教育与创业文化共生融合的实践路径

每一种文化都有其独特的结构,有内在的,有外显的,有物质上的,也有精神上的。高职院校特色创业文化体系的构建是复杂的,它是金字塔形的,可以从宏观、中观、微观三个方面去研究,从宏观上构建崇尚创业的社会文化,从中观上构建特色创业的校园文化,从微观上构建融合创业理念的专业文化。

(一)构建崇尚创业的社会文化,引导高职生自主创业

人们在从事创业活动的背后,有一种鼓励创业、支持创业的社会文化作为支撑,它直接影响着高职院校的学生及其师生群体的创业意识和创业行为的形成。创业文化是指一种能够激发学生及特定群体的创业理想及创业热情,提升创业能力和创业动力,鼓励并支持创业行为,为创业提供保障的价值观念、行为制度和环境氛围的统一体。它是一种不可超脱的社会力量,以其特定的方式使社会创业文化意识转化为高职生的创业意识,产生创业行为。因此,构建崇尚创业的社会"强势文化",是当代高职学生创业观形成的基础。

发挥地方文化,弘扬特色创业精神。在温州的区域文化中有着深厚的创业文化积淀。北宋以来,温州就形成了经世致用的价值取向,以叶适为代表的永嘉学派的理性提炼,促进了区域商业文化的形成,也成为温州人身上的文化基因。温州的区域文化中有提倡功利、重商、富民的传统,在市场经济的激发下,形成了人人讲创业、人人想做老板的创业精神。地处温州的高职院校,学生身上大多"先天"具有创业的意识和梦想、地方文化的传承和弘扬,形成学生的创业意识,引导学生追求以创业为自我价值取向和行为方式的目标,有利于实现学生的创业梦想;教师将创业理念植根于学生的头脑,有利于学生在实践中升华成创业精神。

导入企业文化,形成特色创业文化氛围。很多靠艰苦创业起家的温州民营企业家是高职学生的偶像,他们的创业经验更是高职学生创业教育的“活教材”。学校可定期邀请红蜻蜓集团、森马集团、华盛集团、藤桥禽业等知名企业的民营企业家担任指导教师,举办创业讲坛,在创业热潮中身经百战的“创业导师”与高职学生们面对面沟通,零距离交流,有助于激发学生的创业热情,形成浓郁的高职学生创业文化氛围。

运用媒体文化,形成特色创业意识。通过媒体对创业个体进行激励与表彰,树立创业的先锋及学习的典型。

引用典型案例,激发特色创业兴趣。改变传统的授课方式,采用案例教学,提高课堂实效。引用上海海运学院的傅章强、中国农业大学的廖峰、电子科技大学成都学院的谢文婷、上海大学广告艺术设计专业的洪祺良等高职学生创业成功的案例,尤其是淘宝网上唯一的皇冠级鸭舌卖家温州大学毕业生陈亮的典型案例,能使学生形成崇尚创业的氛围,增强自主创业的感染力和感召力,形成有助于创业的思想观念、价值取向和社会心理。

(二)构建特色创业的校园文化,增强高职生的创业意识

构建具有创业文化特色的校园环境,可以从硬环境支撑与软环境建设两方面着手。首先营造以创业为导向的校园文化氛围,宣传创业理念,促进学生树立正确的创业观。宣传创业典型案例,特别是选取身边的师生校友创业成功的案例,激起学生的创业意识和创业欲望,开展以创新创业为主题的校园文化活动。其次是提供支持创业、促进创业的物质条件。如加强创业教育的师资队伍建设,完善创业课程体系,丰富创业的实践环节。设立创业基金会,支持并鼓励师生的创新研究、技术开发和自主创业,设立创业园及校企合作基地的建设,实现研究成果快速转化,为区域经济发展服务。

营造以创业为导向的校园文化氛围。在校园文化建设中,创建创业的标志性的人文景观,如设置校内外创业成功人士的宣传栏,在教学楼、实验楼悬挂创业教育标语条幅,宣传毕业生创业的成功案例,等等,营造校园创业文化氛围,使创业文化在校园内达到“宣传媒体中有,人文景观中有,师生意识中有,实际行动中有”的效果,使创业文化充满校园。

建设学习型创业教育的师资队伍。创业教育需要一支“理实一体化”的教师,他们要具有渊博的创业文化知识、熟练的创业实践技能、持续的开拓创新能力、灵活的信息处理能力。这就需要高职创业教育教师是一位学习型的教师,通过系统的学习培训和实践体会,不断积累、储备、完善知识结构,真正完成从目前的理论型和技能型向智能型、创新型的师资转型。

设置凸显创业思想的课程体系。开设高职学生创业、KAB创业教育等相关的

课程,挖掘专业教学内容与创业教育目标相一致的因素,构建与创业教育相适应的内容体系。授课时对课堂教学目标重新定位,力争做到知识的掌握、技能的提高和创业素质的培养三者结合,把创业教育相关的内容渗透到教学中。在课程教学设计上重视职业技能与特色创业的整合、理论教育与职业实践的整合,探索出高职学生特色创业教育的新模式——"导师+项目+团队"的创业教育培养模式,即在导师的专业指导下,学生以团队为单位,以项目为载体开展专业创业。聘请企业专家、能工巧匠,开展创业项目的对接,指导学生特色创业的项目。通过该模式,我校培养出一批具有温州地方特色,凸显我院"农"字特色的新型创业型毕业生。

丰富学生校园创业的实践环节。针对高职教育的特点和创业教育的要求,充分发挥课堂教学、第二课堂、社会实践这三大板块的教学作用。本校建立创业团队近 40 支,创建了高职学生创业园、高职学生网商创业园,宠物医院、亲子农庄、经贸格子铺等创业实践场所,与温州喜得宝五金有限公司建立首个高职学生创新创业基金,构建起高职学生特色的创业教育模式,丰富学生校园创业的实践环节,有效地实现学生学习成果的快速转化。

(三)构建融合创业理念的专业文化,启发高职生的创业思路

改革传统的高职课堂教学,融合创业文化与专业文化结合的教学模式,提高高职课堂的教学实效,提高高职生的学习兴趣,启发高职生的创业思路。课程教学中体现专业的教学理念,运用课程教学、实践活动、校企合作等形式,积极扶持有创业倾向的学生,从培养学生的创业意识,提升学生的创业素质,培育学生的创业技能,实现学生创业,经营企业的最终目标。

优化专业课程设置。课程教学中融合创业理念、创业内容,把创业教育直接纳入专业知识的领域,将专业文化扩展为创业文化,形成融合创业文化的培养目标、课程设置、教学计划、实践性教学活动,形成完整的创业文化课程体系,让学生在创业活动中受到启发,从而培养学生的创业意识。采用创新的教学形式,构建创业文化课程结构,课程教学中广泛采用案例教学、互动教学、合作学习、模拟实习、举办技能大赛、规划职业生涯等丰富多彩的教学形式,积极创建校内外创业实习基地、提供创业基金、创业贷款等,让学生在获得知识、能力的同时,提高学生的创业能力。

开展创业实践活动。学生创业理念的形成仅仅靠创业教育传授的理论知识是不够的,还应依托学生的创业实践教育。通过学生的创业实践活动,才能让学生将所学的理论应用到创业的实践中去。目前高职院校的育人教育除课堂、实训室之外,还举办形式多样的创业活动,如举办"创意农园"、"都市农夫"、校园技能文化节、高职学生创业论坛、创业计划书设计比赛、模拟公司组建等各种创业竞赛,创办高职学生创业园、网商创业园、格子铺、亲子农庄等学生创业工作室,学校提供场地及师资的支持,让学生们放开手脚大胆尝试创业,营造浓厚的校园创业文化氛围。

依托优秀的企业文化。高职院校的学生创业要取得成功,必须学习优秀的企业文化。组织学生参观企业,参加企业活动,通过产、学、研合作的教育活动,创建自己的产业孵化基地。定期邀请本地创业领域的知名专家做专题讲座,给学生提供近距离接触企业家的机会,通过成功创业者的创业方法、创业过程、创业精神和创业法规等教育,启发学生的创业思路,调动他们的创业热情,拓宽学生的创业视野,让学生对创业有真实的感悟,并获得一定的创业经验。

立足特色的地方文化。特色创业文化体系的构建应力争把地方文化融入创业文化中,对地方典型的创业文化进行经验总结、分析、提升,将地方文化品牌引入专业教学中,找准结合点,把创业文化的构建和地方文化特色结合起来。如温州的一些高院院校把温州人的创业精神这个具有独特个性的地方文化融入创业文化中,围绕温州区域文化特色展开课程的研究与探索,形成融合地方文化特色的创业文化品牌,增强文化的感召力,在潜移默化中,让学生树立创业理想,激发学生积极创业、实践成才的热情。

构建高职院校特色的创业文化体系,让创业文化成为高职院校文化建设的亮点,成为高职学生开展创业活动的精神动力,转变高职学生的人生观、就业观,培养社会需要的创新型的创业人才,是我们高职院校责无旁贷的历史使命。

第二节　借力创业文化,促进创业教育创新发展

一、丰富文化育人内涵,全面提升创业教育质量

文化育人载体是指承载文化知识和信息,并成为育人要素的物质构建或理念展示。高等职业教育具有校企合作、工学结合育人的特殊性,因而,高职院校普遍建立了立足校内、延伸企业、辐射社会的文化育人载体架构。充分发挥校内外各种文化育人载体的作用,对于提高学生思想政治教育的针对性和实效性具有事半功倍的效果。

发挥学校文化育人载体的作用,塑造学生良好的思想品质。学校文化育人载体大体可分为两大类,一类是传统的物质形态,包括体现办学特色的校园主体建筑,展示校园文化的园林景观,反映办学理念的箴言警句及校训、校旗、校徽、校歌等;另一类是现代的媒介形态,主要是以互联网为传播媒介的相关理念展示,集中反映为网络收视终端的数字化声光电图像和语言文字信息。学校文化育人载体是教育价值取向的集中体现,是凝练学校办学理念、办学目标、办学特色、办学风貌的独特育人载体,其功能在于营造独具特色的文化氛围,发挥环境育人的独特作用,

其核心是通过文化渗透塑造学生的良好思想品质。学校文化育人载体的作用，主要体现在以下几个方面：一是校史文化传递。学校的发展史，往往是一部生动的艰苦创业史、改革创新史和文化发展史。例如，一组新旧校门的对比照片，能够反映学校变迁的历史，记录学校变化的痕迹，可以使学生感受到学校厚重的文化底蕴和自己应该承担的责任；一个展示教师风采的专栏，可以让学生领略教师教书育人的风姿，引发学生对教师的尊敬和爱戴，有利于其在教师的教育引导下成长成才。利用校史展览室、荣誉陈列室等阵地和声光电等现代教育手段，向学生介绍学校的创业史和发展史，能够激励学生刻苦学习、立志成才。二是校情文化感知。让学生有目的地参观校园风貌、文化景观和先进的教学设施，可以使他们感受校园文化的新鲜与厚重，激发勤奋向上、锐意创新、逆境之中不畏艰难的壮志和热情；通过碑牌石刻、簇锦花坛、光电屏幕等手段综合展示学校文化，形成浓郁的文化景观，使之成为学生汲取精神营养的"氧吧"。三是校园活动体验。校园文化活动是陶冶学生情操的重要载体。举办文化艺术节、体育节、德育节等系列主题活动，能在学生中形成良好的人际关系和成长氛围，增强学生的凝聚力，使广大高职学生实现自我教育、自我管理、自我约束。

发挥校企融合文化育人载体的作用，提高学生的综合职业素养。高职教育既依托学校，也离不开企业。"订单共育""厂校互渗""基地互认""工学交替"等都是校企融合的有效途径。在与企业合作办学、合作育人、合作就业的过程中，可以形成依托行业、校企融合的文化育人载体。发挥校企融合文化育人载体的作用，一应注重企业文化导入。如在校内专业实训室模仿企业车间进行布局，张贴安全标语、生产操作流程、安全操作规程，使学生走进实训室就像进入企业生产车间。可以邀请企业管理者、技术人员入校介绍企业文化、行为规范等，或者聘请企业管理和技术人员到校任兼职教师，优化学校的师资配置，使学生更多地感受和了解企业文化。二应注重企业师傅帮教。利用学生到企业实习实训的机会，使师傅与学生建立师徒关系。师傅在教技能、传技艺的同时，可以将职业心理、职业习惯等传授给学生，使学生形成良好的职业德能素养。三是注重企业精神传承。企业精神是企业文化的核心要素，是企业员工的共同价值理念、思想境界与理想追求。传承企业精神需要通过条例、标语、歌曲、座右铭等方式，以各种物化的和精神的形式影响学生；需要通过严格的职业技能训练环节，持续不断地熏陶学生感悟和体验优秀的企业文化，感受和实践企业精神。

发挥德育基地文化育人载体的作用，培育学生的社会主义核心价值观。学生的成长是家庭、学校、企业、社会等多方面因素相互影响、共同培育的过程。各种德育基地文化育人载体如博物馆、纪念馆、文物旧址、革命圣地等，对于树立学生社会主义核心价值观具有重要作用。发挥德育基地文化育人载体的作用，应注意以下几点:一是体现社会主义核心价值观这一鲜明的教育主题。党的十八大报告明确提出,“倡导富强、民主、文明、和谐,倡导自由、平等、公正、法治,倡导爱国、敬业、诚信、友善,积极培育和践行社会主义核心价值观”。德育基地文化育人载体应充分体现这一鲜明主题。二是突出民族精神教育和时代精神教育这两条主线。以爱国主义为核心的民族精神和以改革创新为核心的时代精神,已经深深地融入我国经济、政治、文化、社会、生态文明建设等各个方面,成为各族人民不断开创中国特色社会主义事业新局面的强大精神力量,也是对学生加强德育教育的重要内容。三是充分挖掘各类德育基地的特色和优势。德育包含丰富的内涵,需要从各个方面进行熏陶培育。不同德育基地具有各自的特色和优势,应予以充分挖掘,有的放矢地对学生进行教育。

二、发挥创业文化的育人功能,促进创业教育的根本转变

(一)从碎片化、松散性到机制化、组织性的转变

在商业模式不断裂变、细分、革新的年代,大学创业者的形成往往是零星的、松散的和自发的。因此,大学的创业教育在某些情况下被碎片化处理、松散化管理。碎片化、松散性的创业教育在一定程度上容易造成对创业教育知识体系的疏离,不利于创业型人才的培养。造成这种现状的原因主要有三个方面。

1. 对创业教育的认识有误,组织化程度不高。

“部分领导、教师和学生对创业教育的认识存在一定误区,片面地认为创业教育就是让学生创办企业、提高就业率,创业教育是精英化、功利性或实务性教育。”这是对创业教育的狭义理解,不利于创业教育的发展,在一定程度上给创业者和创业教育的组织者带来诸多不便,致使创业教育呈现出一种松散化的状态。

2. 规范化培训不够。

尽管创业教育在高职院校有着蓬勃的发展,但创业学尚未完全纳入国家学科建设体系,大部分高职院校的创业教育仍被划入第二课堂范畴,由负责学生工作的部门开设培训并开展相关工作,没有形成独立的创业课程,师资力量匮乏,创业教育模式缺乏独立性、针对性和系统性。目前,创业教育的模式比较单一:一种模式是在工商类课程教育的基础上加上创业学课程;另一种模式是面向全校选课学生开设创业学课程。这种课程设置模式距离中国创业学“课程体系”仍然很远。

3. 创业氛围营造不够。

受传统社会文化观念的影响,高职学生对创业的认知程度不高,缺乏主动学习创业知识的意愿;高职教育者和管理者也没有营造创业教育的氛围,很多高职院校只是将创业教育作为一项事务性工作,这直接阻碍了创业氛围的形成和创业文化的发展。

对于高水平大学来讲，创业教育更是关系着拔尖创新人才的培养，关系着创新型国家的建设和创新文化的实现，这对创业教育就提出了更高的要求。机制化、组织化、有序化的创业教育体系的建立是创业教育对高水平大学的必然要求。随着创业教育的持续深入发展，创业教育将从课堂教学走向“专业＋实践”教育模式。创业教育不仅是为了提高高职学生就业率，改变传统的就业观念，而且构建创业型人才培养模式将是未来高职创业教育的改革方向。因此，未来高职创业教育将在健全组织机构，加大创业扶持政策力度，构建多元创业资金体系，完善多样、灵活的课程体系和搭建创业实践平台等方面进行转变，推动高职创业教育的机制化、组织化发展。高水平大学开展创业教育要紧紧围绕建设中国特色世界一流大学的目标，把推动高职学生创新创业工作作为培养“时代高才”的重要组成部分，把向社会输送更多有志于担当社会责任、创造社会财富的创业精英作为创业教育的主要目标，逐步形成以学生需求为导向、以创业素能为核心、以创造价值为动力、以创业实践为抓手、“学研产用”相结合、分层分类的创业教育模式，逐步引导创业教育从碎片化、松散性到机制化、组织性的转变。

（二）从学科技术单一化到多学科集成融合的转变

“单一化”是众多创业者身上表现出来的主要特征之一，主要包括创业者的学科背景单一化、专业技术单一化以及投资项目单一化。单一化的创业模式带来了诸多问题：创业团队组成同质化；创业项目创新度不够，技术含量不高，可替代性强；管理水平不高，互补性差；等等。同时，单一化的创业模式在一定程度上使得创业教育呈现出单一化的局面，主要包括以下几个方面。

1. 教育目标单一化。

部分高职院校开展创业教育的目标不明确或者创业教育的目标过于单一，仅仅将创业教育作为解决高职学生就业问题的途径，而没有将其上升到人才培养和创新型国家建设的高度，在一定程度上限制了创业教育的发展。

2. 教育内容单一化。

虽然教育部要求各高职开院校展创业教育课程，但由于师资力量缺乏，“从事创业教育的教师一般由从事企业管理学教学和从事高职学生就业工作的指导教师担任，由于自身缺乏创业经历，在教学中更多倾向于理论教学，简单地照本宣科，对学生缺乏吸引力”。这在很大程度上造成了创业教育内容的单一化，不利于学生创业素养和创业意识的培养。

3. 教育模式单一化。

大部分高职院校的创业教育只是停留在事务性工作层面，多由就业指导中心牵头，主要通过学校以及省级层面的创业竞赛的形式开展，学校的创业教育形式多停留在讲座和分享层面，缺乏实践的内容。单一化的教育模式不利于创业项目的培育和创业人才的培养。

4.教育成效单一化。

教育成效的单一化主要表现在有的高职院校为了追求创业教育的效果,过于追求一些表面上的荣誉,而对学生的参与面和实际教育效果关注不够。"有的高职在组织学生参加具有标志性意义的全国高职学生挑战杯创业计划大赛中,为了追求获奖而安排高水平教师直接参与作品设计,一定程度上使学生比赛变成了教师比赛。"过于功利地追求创业教育效果的做法明显违背了教育规律和人才成长规律,不利于创业型人才的培养。

创业文化是一项系统工程,涉及经济、管理、人文、心理等多门学科,其目标是培养具有开创性思维与企业家精神,善于创新、创造并具备管理技能的人。创业教育需要理论与实践的紧密结合,需要从知识传授向素质教育的转变,需要把创业教育的理念扩大化,把创业教育渗透到各个专业中,打造跨学科的创业教育平台。高水平大学开展创业教育是顺应世界高等教育改革和发展的需要,也是促进高职学生全面发展的内在要求。它将更加强调多学科的继承与融合。"创业教育的目的在于为社会培养全面发展的人,即具有创业精神、探索精神、冒险精神、能够在社会上生存的人。"因此,创业教育就是要培养创业者的一种综合能力,这就决定了创业教育必然是跨学科、跨专业的教育。高水平大学的创业教育将从传统的"一言堂"式的课堂教学走向"理论+案例""仿真+平台""指导+实践""专业+创业"的教学模式,这不仅需要集合多学科的力量,在专业教育的知识体系基础上融入商学、教育学、管理学、心理学等多门学科,还意味着创业团队的成员也应具有多学科背景,其核心技术的组成也是多学科集成融合。

(三)从学而优则仕、学而优则研到学而优则创的转变

"学而优则仕"出自《论语·子张》。子夏曰:"仕而优则学,学而优则仕。"其含义是:若学习之余还有余力或者闲暇,就去做官。其主要目的在于推行仁政。"学而优则仕"主要是针对"公务员热"而言的。"学而优则研"主要是针对当前的"考研热"而言的。在2014年以前,高职学生报考公务员和研究生的人数持续上升。这充分说明高职学生对于公务员和研究生具有较高的认可度,也从另一个侧面说明高职学生的创业教育意识淡薄。创业教育是一种新的教育观念,它不仅体现了素质教育的内涵,注重学生实际能力的培养,更强调学生就业观念的转变以及创业意识和创业能力的提高。高职学生创业的内在动力不足,对创业教育的重视更多来自就业压力和政策等外界因素,认为创业教育就等同于自主创业,缺乏自主创业的意识。造成这种现象的原因主要包括以下几方面:

1.缺乏良好的创业支持氛围。

虽然国家出台了相关政策支持高职学生创业,高职和地方政府也配套了相应

的政策来鼓励高职学生创业，但“由于中国传统思想的影响，家庭对学生创业意识方面的支持少之又少，家长更加关注学生的学习成绩，因此没有营造出良好的创业支持氛围”。

2.面临多重角色的冲突。

其中，最主要的冲突就是作为学习者与创业者之间的角色冲突。高职学生的主要任务就是学习，部分在校高职学生虽然有创业的想法，但面对课程学习往往会延缓甚至放弃自己的创业梦想。此外，还有作为创业团队领导者与参与者之间的角色冲突，作为创业者与市场竞争者之间的角色冲突，等等。

3.承受来自多方面的压力。

首先是生存的压力。作为创业者，从项目的萌芽到落地，个人要生存，团队要生存，在激烈的市场竞争中求得生存是每个创业者所面临的压力。其次是来自社会关系的压力。在创业教育还没有成为主流的当下社会，创业需要一定的勇气和魄力，家庭的不理解在一定程度上为创业者带来了压力。再次是知识能力的压力。部分创业者由于缺乏管理学的常识，对于公司管理和团队运营缺乏一定的能力，这对创业带来不小的挑战。

4.创业的风险和艰辛使得部分同学望而却步。

高水平大学的创业教育应该是“专业知识与精神能力培育相统一的教育，创业教育的目标应当是培养学生的创业精神和能力，帮助学生成为敢于迎接挑战、具有坚强意志的人才”。

因此，创业教育的目标应该是培养有志于担当社会责任、创造社会财富的创业精英，简而言之，就是培育企业家精神。创业活动的广泛开展、创业观念的转变、创业氛围的形成，将促使青年学子反思传统的择业观。培养具有创业精神和革新能力的创新型人才将会是今后大学的新潮流。

三、构建能推动创业教育的创业文化，引导高职学生创业活动

（一）国内高职院校创业教育活动开展现状

如今，全国大部分高职院校都把创业教育与学院的发展紧密联系在一起，从而形成了全国性的高职院校创业教育环境。但国内目前还未形成一整套支持高职学生创业的政策和法规，工商管理部门和税务局方面对于高职学生创办企业并没有太多实际落实到位的优惠政策，所以我国高职学生创业还很艰难，创业整个趋势发展存在一定的难度。经过这些年的实践，国内的众多大学大体形成了以下几种创业教育活动开展模式。

1.以课程教育为中心开展的创业教育活动。

主要由各院校引进国际上成熟的创业课程，根据自身实际自主开发的创业类

课程，并将课程纳入学分系统，全方位开展学生的创业教育活动，达到增强学生创业意识的目的。

2. 以学生赛事和活动为中心的创业教育活动。

积极组织学生参加各种类型的创业实战大赛，例如由共青团中央、中国科协、全国学联在全国开展的"挑战杯"中国高职学生创业计划竞赛，"金蝶杯"创业模拟实战大赛，NCGE 高等院校创业教育案例大赛，用友 ERP 沙盘模拟实战大赛，SIFE 赛扶世界杯比赛，IVEY 案例分析大赛等一系列创新实践活动。活动极大地培养了学生的创新精神和创业意识，增强学生的创新创业能力。

3. 以建构孵化创业基地为中心的创业教育活动。建构各种孵化创业基地，提供相关经营和管理的培训指导，并给予政策扶持，从而培养高职学生企业家素质，促进和鼓励高职学生自我创业。

(二)构建能推动创业教育的创业文化、培养学生创业能力的途径

构建能推动创业教育的创业文化，结合新成立高职院校学院实际，可从以下途径开展创业教育活动，培养学生创业能力。

1. 从教师做起，转变创业教育观念。

首先，专职教师应对自己的教学内容框架进行调整，在教学中，将原有的知识结构与学生创业素质培养相结合，并有所倾斜。如高职学生就业指导课堂教学中，把国家和地方政府对高职学生自主创业的各项优惠政策详解给学生，激发学生的创业兴趣和动机，而学院的思想政治课，不应仅仅局限在高职学生的品德教育、法纪教育、意志教育和协作教育上，还可以结合创业实例来剖析和讲解思政知识。只有创业教育观念做出改变，才能更适应学生全方位发展的需要、满足社会发展的需要，创业教育也因此才会更具有科学性和实效性。

2. 从学生抓起，提升学生创业者综合素质。

通过开展系列创业教育活动，来弥补学生创业的经验，历练他们的心志，增强他们的信心，从而使学生的各方面素质得到普遍提高，如开展学生创业方案设计大赛、学生职业生涯规划大赛，参与"挑战杯"高职学生创业计划竞赛、"金蝶杯"高职学生创业模拟实战大赛以及青年创业方案设计(实践)大赛等。在参加比赛的过程中，可先安排专业教师跟踪指导，然后让高职学生创业者深入市场进行预先分析评断，清楚自己实力，充分认识自身能力、人际关系等，制订切实可行的规划；再通过模拟市场、模拟演练，让高职学生创业者及时寻找机会深入了解行业的基本运作模式，积累创业经验；最后还要引导高职学生创业者增强法律意识，加强关注和研究创业与法律问题，提升学生创业者的综合素质。

3. 从活动形式抓起，规范学院创业活动模式。

以创业各项活动为载体及铺垫，通过学校各级相关部门的配合、协调、合作，调

动学校各层面的支持、关注、宣传，通过积极营造创业文化氛围、完善创业管理模式、构建创业平台这三步，形成一套学院独特的创业活动模式。具体表现如下：

(1)积极营造创业文化氛围。国家政府一直都在大力倡导和培育创业文化，把全民自主创业作为政府的重要工作，把创业教育作为应届大中专毕业生职业教育的重要内容。学校应借此良机，积极营造学校浓郁的创业文化氛围，大力宣传创业的意义和价值。如利用学校的广播、院报、刊物、横幅、橱窗、板报和学校带有标志性的事物等宣传工具，进行长效创业宣传，使创业的相关知识与政策深入人心，形成尊重规律、求真务实、积极进取、乐于创业的校园文化氛围。通过无形的创业氛围营造，在潜移默化中提高学生的创新奋斗品质，保持朝气蓬勃的精神风貌，激发广大高职学生的创业精神。

(2)努力完善创业创新管理模式。制订学院学生校内创业活动管理办法，从制度上保证校园创业活动正常实施，通过把校园商铺经营权交给学生，实现学生的自我管理，从而在一定程度上改善和构建出一个有利于学生创业活动发展的政策环境和规范化的管理模式。

(3)搭建学生创业平台。除开展各种类型的创业比赛外，还可建立各类形式灵活的创业格子铺以及开展高职学生创业活动一条街等创业实践平台，让学生创业才能得到更充分的发挥，把创业的想法付诸行动，在实践中感受创业的艰辛，了解创业的过程，领悟创业的内涵，提升自主创业的能力，使更多的学生创业活动最终从书本走向社会，从理论走向实践，从而使学院的创业人才培养模式转向更广泛的群体。

高职院校创业教育活动问题是关乎职业教育发展的重大命题，高职院校应积极吸收国内外各院校创业教育成功模式，结合本院实际，在组织开展学生各种类型创业活动时不断开拓创新，进一步构建学院开展创业教育活动的良好环境，真正为学生的成长成才服务。

第三节　以创业文化为动力构建创业教育生态发展体系

一、构建以创业文化为驱动力的创业教育理念转换

创业是一种高风险的活动，涉及创新、变革、新产品与服务开发、新企业经营管理以及促使企业可持续成长等。一国或地区的创业活跃程度取决于个体的创业意愿的高低，识别与开发机会能力和企业经营管理能力取决于创业者对创业管理知识素养的掌握情况。培育高职学生创新精神，提升高职学生创业意愿与创业能力，

需要高职院校、政府、高职学生个体、社会及家庭多方努力,而高职院校是主体。高职院校要深入贯彻党的十八大和党的十八届三中、五中全会精神,明晰创业教育目标,完善高职学生创业教育课程体系建设,创新教学方法,加强师资队伍建设,加快推进产学研一体化步伐。

(一)明晰创业教育目标

创业教育的首要目标是培养高职学生的创业精神,激发高职学生的创业意识,转变就业观念。高职学生要通过系统学习,掌握创业管理的基础知识和基本技能,提高创业品质素养、创业知识素养和创业技能素养。创业品质素养,即创业者应具备的使命感和责任心、创新意识、冒险精神、正直诚信、坚韧执着等品质。其中,使命感和责任心是驱动创业者勇往直前的力量之源,创新意识和冒险精神是进行创业的内在要求,正直诚信体现了成功创业者的人格魅力,坚韧执着是对创业者意志力的挑战。创业知识素养是开展创业的基本要素。创业者不仅要具备必要的专业知识,更要掌握经济学、管理学、社会学、心理学、法学、哲学、文学、艺术、伦理学等综合性知识和管理科学知识。创业技能素养包括战略规划能力、团队组建能力、决策能力、沟通协调能力和执行力等。

(二)完善高职学生创业教育课程体系建设

高职院校要更新教育观念,加强高职学生创业教育课程体系建设,全面提升高职学生的创业意愿与能力。在大学中开设创业学专业或研究方向,并相应授予学士学位、硕士学位、博士学位。学校要围绕创业精神、创业理论与知识、创业实践三大模块,针对不同年级、专业,分类别设计各具特色的创业教育课程体系。针对大学一二年级学生,开设通识类创业教育课程;针对大学三年级学生,开设差别化的创业专业课;针对大学四年级学生,开设个性化的创业教育及实践课程,帮助其实现创业梦想。同时,允许学生跨学科、跨层次、跨阶段选修创业课程。

(三)创新教学方法,注重创业教育内容的体验

在课堂教学中注重创业教育教学过程的"启发性",更多采取案例教学、创意设计、企业创建模拟训练等形式,以创业项目为依托,将创业理论贯穿于创业实践之中。培养高职学生独立思考能力和创新思维品质,沟通能力与合作精神,以及敢于拼搏、百折不挠、坚持不懈的意志品质。通过举办高职学生创新创业大赛,建设创业模拟实践基地及创业孵化基地等,推进高职学生创业企业建立。

(四)加强师资队伍建设,实施创业导师辅导制

加强对从事创业教育教师的专业系统化培训,不断提高教师创业教育理论水平。积极引入具有创业经验的企业家,通过创业座谈或举办创业讲座等,提升高职学生对创业及管理的感性认识。构建以专业教师、资深专家、创业者、企业家、天使投资人、风险投资家、政府官员等为核心的专兼职师资队伍,丰富教学内容,促进创

业教学理论与实践有机结合。组建创业导师咨询委员会，对有创业意愿的学生进行指导，辅导他们撰写商业计划书并提供其创业所需要的条件。

(五)加快推进产学研一体化步伐，搭建高职学生创业实践平台

高职学生是协同创新的主力军，协同创新要求高职，特别是研究型大学要加强与企业、社会的深度合作，建设高职学生创业孵化基地及大学科技园，对高职学生创业项目进行预孵化。依托大学，搭建由政府、风险投资公司和校友提供创业项目与基金支持的合作平台，不仅为有创业意愿的学生提供实践机会，而且帮助他们评估项目，资助有发展潜力的创业项目，提高高职学生创业企业成功率。

总之，高职院校要以面向全体学生、注重引导、分类施教为原则，在全校范围内开设创业通识教育课程和专业教育课程，并将创业教育有机融入专业教育。创业教育教学，可以使学生掌握创业的基本理论和基础知识，熟悉创业的基本流程和基本方法，以提升高职学生的创业意愿，提高创业成功率。构建专兼职教师队伍，以课堂教学为主渠道，以专题讲座、创业论坛、创意设计、企业创建模拟及社会实践为补充，将创业理论与实践有机结合。加大政府政策支持力度，引入风险投资基金，对高职学生创业项目进行预孵化，精心扶持高职学生创业。最终将高职学生培养成为具有创新能力、创业精神和良好的创业品质的人才，为创新型国家建设和人力资源强国建设服务。

二、培育社会和高职院校创业文化土壤，大力推进创业教育实践

高职院校创业文化管理中，注重增强学生的社会实践能力具有特殊意义，主要有以下几点理由。

(一)高职学生实践性教学的意义

1.注重高职学生的实践能力培养。

注重高职学生的实践能力培养是党和国家对高职人才培养的重要指导方针，也是深化教学改革的重要途径。中共十六届六中全会提出："注重增强学生的实践能力、创造能力和就业能力、创业能力。"《国家中长期教育改革和发展规划纲要(2010—2020年)》也强调"着力提高学生的学习能力、实践能力、创新能力"。教育部《关于进一步加强高等学校本科教学工作的若干意见》(教高〔2005〕1号)中提出"大力加强实践教学，切实提高高职学生的实践能力"，在《关于进一步深化本科教学改革全面提高教学质量的若干意见》(教高〔2007〕2号)中进一步强调"要加强产学研密切合作，拓宽高职学生校外实践渠道，与社会、行业以及企事业单位共同建设实习、实践教学基地"。

2.实践性教学。

实践性教学对于创业教育管理学科的教学改革和人才培养，具有特殊意义。

尽管创业教育专业也需要校内实验室教学(如计算机模拟训练),但是由于其研究对象属于管理学科,社会实践应当是实践性教学的主要形式。现在,随着高职院校招生数量的急剧扩张,我国高等教育进入大众化阶段(许多大城市已经进入高等教育普及阶段),这与学生就业难形成矛盾,根本原因是教学各个环节脱离社会实践,而用人单位非常重视学生的实践经验。

3. 实践经验成为管理学科学生就业、创业的金招牌。

高职院校扩招以来,由于种种原因,高职学生就业难成为最突出的问题之一。从人才市场用人单位对高职学生就业的反馈来看,毕业学校、毕业专业和实践能力,成为用人单位最关注的三大要素。第一,毕业学校。全国共有 2041 所(截至 2011 年底,包括普通高职 719 所,普通高职院校 1105 所,独立学院 217 所)。但是用人单位相对青睐的 211 高职(截至 2012 年底全国 112 所,其中含 985 高职 39 所)是少数,占高职总数的 5%左右。第二,毕业专业。这是个很复杂的问题,令人困惑的是,高职学生在入学时选的热门专业,毕业时就有可能成为冷门和过剩专业,别说学生很难把握,就是政府与高职院校也很难把握这类问题。第三,最为现实和相对容易解决的,就是提高学生的社会实践能力。

(二)调整和完善实践性教学环节

增强创业教育学科学生的社会实践能力,要通过教学环节体现出来。

1. 科学分析学生能力结构,实现与“实践能力”的对接。

“学历本位”向“能力本位”转移,这是培养学生的必然趋势。实现“能力本位”的教育,从根本上说,要着力解决好“社会实践”这个根本环节。经过长期探索,高职院校提出了将创业教育专业本科生(实际上适用于人文社科类各个专业)所具有的能力结构,分解为五项基本专业能力(写作能力、调查能力、公关能力、计算机应用能力、组织能力)和三项高级专业能力(策划能力、设计能力、谈判能力),并通过课程设置和社会实践来加以对接。

2. 面向社会实践,对课程内容重新设计。

这一环节包括理论教学与实践教学的科学安排、教学文件的完善、学生成绩的考核等。进一步完善社会实践的形式和水平,如社会调查、项目申请、专题研究、课外兼职等。通过项目申请和运作龙头,带动课程建设,即通过学生申请项目、老师带做项目、社会寻找项目等方式,进一步把学生学习的积极性和学习的兴趣调动起来,把课程建设搞活搞好,不仅要出“名师”,还要出一批“名生”。

3. 探索“四位一体”的社会实践形式。

经过多年实践,我们探索出学生“社会调查”“社会兼职”“社会活动”“科研活动”四位一体的社会实践的基本形式。

(1)社会调查。经过几年的调整,教学计划中社会专题调查所占比例逐步提高，此外，还设置了课程内调查环节和计划外调查环节。

(2)社会兼职。学生社会兼职的岗位包括调查员、策划师、编辑、培训教师、电子政务设计助理、会议设计与主持人、会展业务助理、见习经纪人等。从公管02—06级的情况看，所在兼职单位予以肯定的学生占学生总数的64.7%。这对于学生总体素质的提高和就业竞争能力的增强，起到了很好的促进作用。

(3)社会活动。

社会活动涵盖的内容包括各类竞赛、科技创新与制作活动、专业社团活动、创业活动、受托完成项目活动、义演义卖、志愿者活动的组织和参加等实践活动。

(4)科研项目。鼓励学生参加各类适合本科学生层次和专业要求的科研项目，项目来源包括学校学生科技竞赛、教师的科研项目、学生到社会争取的项目、有关单位委托完成的项目。

4.建立三个支点，系统推进社会实践。

社会实践是一项系统工程，我们在推进创业教育专业加强社会实践的过程中主要着眼于实践组织、实践基地、指导教师三个支点的建设。

(1)建立社会实践组织。为推进创业教育专业建设，推动学生的社会实践锻炼，对学生的社会实践进行规划、组织、指导和支持，在2005年成立了创业教育专业实践协会，截至2010年已经到第六届。协会的组织机构包括：指导委员会(主要有学院领导构成)、业务活动指导小组(主要由指导教师构成)、秘书处(日常事务安排，主要由学生干部组成)，各社会实践部(策划部、联络部、项目部、协调部等组成)。社会实践活动范围与内容主要涉及：社会调查、社会咨询、兼职实习、活动策划、社会志愿活动等内容。

(2)建设校外实践基地。

近年来，各专业逐步建立健全了较为完善的实践基地网络。校外实践基地在办学协议、费用承担、组织联络、教师配备、学生成绩测评等方面都取得进展。

建设专兼职结合的指导教师队伍。在师生自愿与相互选择的基础上，本专业教师每人负责不多于10名学生的社会实践指导工作，包括帮助学生联系实践单位，指导学生的调查报告、实施方案、论文等的撰写、修改，等等事宜。专职教师参与学生社会实践指导工作，其业绩与学院的考核挂钩，每指导一名学生，折合5个课时绩效，从大学三年级开始，担任专业课的教师，可在每门专业课中安排4—8个课时进行专题社会实践。聘请了9名兼职教师。这些兼职教师有丰富的阅历和经验，在指导学生的社会实践方面起到了巨大作用。

(三)制定和完善有关规定，激励学生和教师参与社会实践

有学生参加社会实践的积极性还是不够的，学生缺乏经验，其社会实践的指导、评判、联络等各个环节离不开教师，为此还必须调动和激励教师指导学生社会

实践的积极性。通过政策激励，调动学生和教师“两个积极性”。一是针对学生制定了“创业教育专业学生社会实践学分激励政策”，学生参加社会实践可在计划内课程30%—100%内由主讲教师或系主任核算考试分数；教学计划外的社会实践，其效果经实践单位和学院双重认定，可以记为选修课学分(一般是每项2个学分)，这有力地调动了学生参加社会实践积极性，二是针对教师制定了“创业教育专业激励教师指导学生社会实践暂行办法”，在课时计酬、教学考核、经费支持等方面予以激励，调动了教师指导学生社会实践的积极性，使课题组成员指导的学生社会实践项目获得多项省部级奖励。

三、优化创业教育文化环境促进创业教育生态发展体系重构

自2010年以来，我国教育部门为了提高高职学生的创新创业能力，提出了“卓越计划”，2011年教育部门为了使高等教育的水平得到进一步的提升，将创新能力作为高职教育的重点内容，特别提出了《高等学校创新能力提升计划》，即“2011计划”。据悉，这一系列计划的提出与现如今高职毕业生的就业形势密切相关，我国人口众多，自高等教育门槛放低以来，高职学生的数量更是居高不下，并且，由于学校的教育偏重于理论的学习，而缺乏一定的实践经验，再加上学生自身的素质问题，每年我国高职学生就业的问题都是一大难题。近年来，我国面临着企业的转型升级，高职学生群体是高新技术的掌握者，鼓励高职学生创业，既能带动就业，又能帮助我国创建更多的高新技术产业。但是不得不说，目前我国的高职学生创业的成功机率偏低，因此更要注重构建高职创新创业教育生态培育体系，以此来达到教育生态的平衡，促进我国高等教育质量的提升。

(一)我国高职院校创新创业教育生态培育体系的失衡现状

目前，我国的高职院校对创新创业教育的重视程度还不够高，没有将其融入高等主流教育，创新创业教育发展的趋势呈现出边缘化，教育形式流于表面，与专业教育存在较大的差距。毕竟创新创业教育生态体系的建立也不是学校能够独立完成的，一个良性的循环系统的建立更需要来自社会各界的支持与配合，一个完整的生态体系毕竟是牵涉到生态链的各个角色，需要由政府、社会、家庭与学校共同协作。在很多高职院校，创新创业教育生态培育体系难以构建的一大原因就是学生工作部门与学校的教学部门没有进行共同的努力，从而致使学生创业的层次较低，创业教育与专业教育的分离，更加大了学生创业成功的难度。除此之外，也有部分高职院校只是被动的接受学生创业创新工作，而没有真正主动地投入到其中，参与体系的构建。

(二)高职院校创新创业教育生态培育体系的构建措施

1.学校措施。

(1)开办创新创业教育相关课程。在我国的高职教育体系中，对于创新创业教育课程的设置仍属于起步阶段，而没有真正落到实处，大多创新创业课程只是作为选修课而存在，再辅之以学校举办的各类创新创业活动，而不具备专业性，层次较低。而高职院校创新创业课程的设置则是要根据高职学生的实际情况，形式要新颖，内容要专业，选修必修相结合，这就需要各教学管理部门工作的改进，将资源进行优化整合，着力培养高职学生的创新创业能力。

(2)进行精准的教育目标定位。学校首先要明白，进行创新创业教育并不是为了让每个学生都去创业，而是要培养学生关于创新创业的能力，提升学生综合素质。既要培养学生的专业技能，更要培养其洞察力、实践能力、创新思维等等，从而将学生培养成具有创新能力与专业技能的新时代人才，以适应社会的需求，也有利于学生实现其人生价值。

(3)营造良好的校园氛围。创新创业是一门文化，而不能速成，唯有营造良好的创新创业氛围，方能在潜移默化中激发学生创新意识。创新创业文化的构建有以下几点要求：一是要培养学生的协作精神，具有团队合作意识；二是要有意志力，创业需要不断地坚持和努力，学生要学会吃苦耐劳；三是要具备创业能力，即基础知识的储备；四是要敢于创新，即树立创新思维。

2.家庭教育措施。

由于传统家庭观念的影响，学生的思想和行为与家庭的影响息息相关，家庭更要给予孩子鼓励，而不是将父母的想法灌输给孩子。孩子有自己的思想，有创业想法，同时也需要家庭的支持。对于一个完善的创新创业教育体系来说，家庭因素是其中重要的一环，切不可忽视其作用。

3.政府措施。

政府能够为高职学生创新创业起到保驾护航的作用，制订相关文件鼓励创新创业，为学生开辟道路，给予学生优惠政策帮助学生创业，提供多种渠道为学生创业寻找出路，协调好各部门的关系，在社会上营造良好的创新创业氛围，发挥自身的优势，为高职学生的创新创业提供服务与帮助，在高职鼓励实施创新创业，积极为高职与企业搭建桥梁，致力于共建一个和谐的高职创新创业教育生态培育体系。

高职学生树立创新创业意识，是中华民族崛起的关键，少年强则国强，我国全民族创造力的提升与构建一个良性的创新创业教育生态培育体系密不可分。

【案例展示】

珠三角地区高职院校创业教育的研析

高职教育要完成好培养高素质技能型专门人才的任务，必须走工学结合、校企合作的改革发展之路。然而目前，我国高职院校存在校企合作能力不足等缺陷，导致企业参与积极性不高，校企合作水平只处于低层次发展阶段。本文在对广东珠三角地区校企合作现状研究的基础上，对校企合作三方主体学校、企业及政府面临的问题进行了阐述并提出相应的对策。

1. 广东珠三角地区高职教育现状。

珠江三角洲面积约为41596平方千米，这个地区的人口和土地面积只占全省的31.2%和23.4%，但它的国内生产总值占了全省的70.2%。2005年，广东省委省政府规划在广深珠三地建立高校园区，实现资源优化，还准备新建一批高职院校，经过5到10年的时间，把广州、珠江三角洲建成华南地区乃至全国的高等教育中心。目前广州大学城已启用，广东省高校总量的70%以上集中在珠三角地区，高校数量在全国名列第二。

近年来，广东省高等职业教育得到稳步推进，发展势头良好，从1998年到2005年，高等学校数量从43所(其中高职高专17所)增加到101所(其中高职高专65所)，招生录取人数从6.1万人(其中高职高专3万)增加到35万人(其中高职高专22万)，毛入学率从8.16%提高到21%。高等教育毛入学率翻了一番以上，录取学生达到了1998年的5倍以上。2004年经教育部批准或备案的普通本科专业195个，比2003年增长59%，备案高职高专教育专业323个，比2003年增长46%，受理全省高校备案或审批高职高专教育专科专业申请376个。2005年全省共有高等学历教育招生资格的本科院校36所(含两所民办高校广东白云学院和广东培正学院)，高职高专院校65所，招收高职教育学生的成人高校26所。

2. 广东珠三角高职校企合作存在的问题。

教育部《关于全面提高高等职业教育教学质量的若干意见》指出，高等职业院校要以服务为宗旨，以就业为导向，走产学结合发展道路，为社会主义现代化建设培养千百万高素质技能型专门人才。由此可见，校企合作办学是高职教育发展的必由之路。当前广东职业教育校企合作模式呈现多样化，按照学校和企业合作的紧密程度和层次，可分为实习基地模式、订单培养模式、企业办校模式、政府主导模式、职教集团模式、校办企业模式。尽管广东高职的校企合作在培养生产、建设、服务第一线的技术应用型人才方面进行了大胆的改革和探索，在实践中发挥了重大的作用，取得了多方面的成功，但是，我们的校企合作仍然存在许多问题，主要表现在：

(1)制度环境不良，政府保障乏力。

从地区分布来看，校企合作成熟度与地区发达程度成正比。广东职业教育校企合作的经验大多数出自珠三角地区，珠三角校企合作的理念与实践走在全省甚至全国前列。但是，从合作的程度来看，珠三角校企合作虽然“百舸争流”，亮点突出，不少模式在全国具有借鉴意义，但多限于个案运作，尚未形成机制和制度。就目前我国的校企合作来说，主要还是依靠自发的或基于人际关系的情感机制维系。因此，健全有关政策与法规，寻求资金投入的保障，并得到政府的重视与支持，这是亟待研究解决的问题。必须依靠政府部门制订及实施约束机制和激励机制，为校企合作提供良好的公共服务和有利的发展环境，统筹规划，协调各方利益，才能保障校企合作的深入持久开展，才能使校企双方在人才培养与使用上实现双赢。

(2)主体地位缺失，企业无自主合作意识。

校企合作要充分利用企业教育资源和教育环境，必须有企业的共同参与和大力支持。然而市场化背景下，企业在校企合作中存在着以下问题。其一，机制不完善，企业主体地位缺失。其二，无利益驱动，企业缺乏自主合作意识，在市场经济条件下，企业拥有自主经营权，其与学校在经营理念上存在一定的差距，这就给校企合作设置了一道障碍。企业运作的根本目标是追求利润的最大化，往往考虑经济效益，而在校企合作中，企业对与职业院校的合作没多少兴趣，主要在于没有利益"诱惑"，因此其参与合作的积极性自然不高。政府作为主导方，必须建立和完善相应的约束和鼓励机制，调动企业参与校企合作的积极性。

(3)合作理念肤浅，高职院校"一头热"。

虽说是"校企合作"，实际上只是我国高职教育"一头热"，从现有的合作模式来看，校企合作本质上是一种"以学校为主的校企合作模式"。这种局面的形成，首先是由于我国职业教育发展的历史不长，技能型人才培养的质量还不高，因此，很多高职院校仍然将校企合作定位在提高人才培养质量的结果上，仅在学生就业阶段进行合作，这说明一部分高职院校还存在着校企合作理念上的偏差。其次，一些高职院校的领导决策层认识肤浅，只是从表面上认识到高职教育的目标是培养适应市场需要的技能型人才，而并没有真正领会到其中的深意，办学思路、专业定位等还不清晰，导致不能从行为决策上去做决断，没有结合区域经济的发展形成具有自己特色的专业，学生没有真正特长，因而没有足够的竞争力，社会认可程度不高，影响到校企深度合作的质量。很显然，从目前的形势来看，高职教育应面向市场、面向企业办学，积极主动地配合企业的需求，使专业设置与当地产业发展对人才的需求相适应；增强主动服务意识，以服务求支持，以服务求发展。

3. 完善高职校企合作的对策建议。

(1)以市场为导向，政府进行职能转变。

目前我国高职院校缺乏与企业进行深入合作的能力，导致企业缺乏利益驱动，参与校企合作的热情不高。但是，由于政府管理的权、责不同，也由于学校与企业的属性不同，政府部门对学校所能施加影响的程度远高于对企业的干预程度。因此，在我国的校企合作中，政府的合理选择是：首先，为高职院校提供教育管理、教育融资、教育信息等方面服务，如下放权利，提升高职教育自主权；加强对学校人才培养质量的监管;等等。其次,针对企业建立健全法律法规及实施保障机制。基于企业的属性,政府不能通过行政手段对其进行管理,以免打击其积极性。因此,各级政府应通过政策导向,在财政、税收、奖励政策等方面引导和激励校企合作,有效调动企业资源为学校教学服务,将校企合作纳入国家法律保障体系之内,强化政府在校企合作中的统筹协调作用。

(2)改变观念,企业寻求有效的盈利模式。

目前,企业正面临全球性的产业与经济结构大调整,随着科技的不断进步,技术密集型、创新型的企业必定成为国家的支柱产业,创新必定成为企业发展的必然趋势,因此,企业需要在变化的市场环境中找到恰当的生存空间和发展方向,寻求有效的盈利模式,就要真正意识到,参与职业教育不是给企业增加负担,而是使企业摆脱困境的重要手段和可持续发展的"原动力"。企业应根据自身的具体情况与企业产品及服务发展相关的学校进行校企合作,不能紧盯着当前所付出的几个小钱,而忽视它的成长性。企业领导要将校企合作当作一种长期投资,用心经营,支持学校提高其人才培养质量及科研水平,借助高职院校的知识、技术、人才、科研成果提高生产效益,转而为企业服务。

(3)以社会需要为导向,高校及时调整人才培养方案。

高职院校普遍地缺乏与企业进行深入合作的能力,这是制约我国校企合作利益机制建立的瓶颈,也是我国校企合作流于形式化的根本原因所在。要改变这种缺陷,高职院校必须以市场为导向,分析学校面临的内外部环境及优劣势,从以下方面确定自己的市场化对策:第一,以市场为导向,设置适应企业人才需求的专业和课程;第二,提高专兼职教师水平,建立市场化教学质量评估体系;第三,引入市场机制进行校内外实训基地建设;第四,建立市场品牌,大力推广招生就业;第五,提供职业资格培训等社会服务,拓宽市场领域。

伴随着科学与技术的发展以及产业结构、职业变迁,现今高职院校迫切需要打破传统的垄断供给模式,在进行校企合作时,必须注重根据市场变化和社会需求不断进行自我调节,提高学校对社会供给的质量和能力以及办学的效率与效益,在政府的宏观政策调控下,创新校企合作的实践模式,实现高职教育从数量增长型、规模发展型向质量提高型和内涵发展型的转变。

参考文献

[1] 王士星.职业教育"校企合作、产教结合"模式研究[D/OL].成都:电子科技大学,2007[2017-03-05]. http://jour.duxiu.com/thesisDetail.jsp? dxNumber=390101319809&d=44595D0BFA9567833B27E90B07E416FF.

[2] 陈启强.论我国高等职业教育中的校企合作[D/OL].成都:四川师范大学,2008[2017-03-05]. http://jour.duxiu.com/thesisDetail.jsp? dxNumber=390101345035&d=E82178107BC113169F527A79EB41C522.

[3] 刘建龙.我国高职院校校企合作之现状分析[J].经济师,2008(9):151-152.

[4] 蒋大平.从公共服务市场化看我国高职教育市场化发展的思路与对策[J].职业教育研究,2007(12):15-16.

[5] 周丽华,李守福.企业自主与国家调控——德国"双元制"职业教育的社会文化及制度基础解析[J].比较教育研究,2004(10):54-58.

[6] 景云祥.全民创业:概念框架、核心要素及生成路径[J].江汉论坛,2006(3):21-25.

[7] 毛家瑞,彭钢,陈敬朴.创业教育的目标、课程及评价[J].教育评论,1992(1):26-30.

[8] 谢丽丽.日本高校创业教育课程模式及典型个案分析[J].教育探索,2010(10):146-148.

[9] 刘敏.法国创业教育研究及启示[J].比较教育研究,2010(10):72-75.

[10] 张春虎.英国高校创业人才培养的实践及借鉴[J].中国高校科技与产业化,2010(7):58-59.

[11] 衣俊卿.对高等学校开展创业教育的理性思考[J].中国高等教育,2002(10):13-15.

[12] 彭钢.创业教育学[M].南京:江苏教育出版社,1995.

[13] 沈壮海.思想政治教育发展报告2011[M].北京:高等教育出版社,2011.

[14] 席升阳.我国大学创业教育的理论与实践研究[D/OL].武汉:华中科技大学,2007[2017-03-05]. http://jour. duxiu. com/thesisDetail. jsp? dxNumber=390101156339&d=965CF5328DB7C2BBA2CF265A462247FF.

[15] 张玉利,杨俊.国外企业家精神教育及其对我们的启示[J].中国地质大学学报(社会科学版),2004,4(4):22-27.

[16] 刘沁玲.中国创业教育发展研究[J].科技进步与对策,2006(5):173-177.

[17] 李红梅.关于创业教育的探讨[J].广西粮食经济,2000(4):40-41.

[18] 刘沁玲.知识创业论[M].西安:陕西科学技术出版社,2004.

[19] 杨宁.创业教育:高校培养创新人才的有效途径[J].高教探索,1999(4):7-10.

[20] 蔡克勇.教育发展的新趋势:加强创业教育[J].求是杂志,2001(18):55-58.

[21] 蒋璟萍.创业教育与人的全面自由发展[J].中国高教研究,2004(3):87-88.

[22] 吴金秋.创业教育的目标与功能[J].黑龙江高教研究,2004(11):99-101.

[23] 马建会,李萍.广东劳动力市场结构性失衡探究[J].当代经济,2008(9):102-103.

[24] 王伟华,陈丽君.广东省高职院校专业设置问题调查研究[J].中国职业技术教育,2013(23):30-35.

[25] 叶萍,何志锋.广东省高职专业设置与区域产业动态适应性研究[J].长沙民政职业技术学院报,2012,19(3):94-98.

[26] 王一群.基于高职院校专业设置与产业对接的思考[J].高职论丛,2011(2):56-59.